中国咨询业发展蓝皮书

2020—2021

中国科技咨询协会◎组织编写

科学技术文献出版社
SCIENTIFIC AND TECHNICAL DOCUMENTATION PRESS
·北京·

图书在版编目（CIP）数据

中国咨询业发展蓝皮书. 2020-2021 / 中国科技咨询协会组织编写. —北京：科学技术文献出版社，2023. 4

ISBN 978-7-5189-9687-2

Ⅰ. ①中…　Ⅱ. ①中…　Ⅲ. ①咨询业—研究报告—中国—2020—2021　Ⅳ. ① C932.82

中国版本图书馆 CIP 数据核字（2022）第 193446 号

中国咨询业发展蓝皮书（2020—2021）

策划编辑：杨　杨　责任编辑：孙江莉　责任校对：张吲哚　责任出版：张志平

出 版 者　科学技术文献出版社
地　　址　北京市复兴路15号　　邮编　100038
编 务 部　（010）58882938，58882087（传真）
发 行 部　（010）58882868，58882870（传真）
邮 购 部　（010）58882873
官方网址　www.stdp.com.cn
发 行 者　科学技术文献出版社发行　全国各地新华书店经销
印 刷 者　北京虎彩文化传播有限公司
版　　次　2023 年 4 月第 1 版　2023 年 4 月第 1 次印刷
开　　本　710 × 1000　1／16
字　　数　342千
印　　张　23.75
书　　号　ISBN 978-7-5189-9687-2
定　　价　78.00元

《中国咨询业发展蓝皮书（2020—2021）》

编委会

支持单位

（按首字笔画排序）

上海印开锐企业管理咨询有限公司
天津滨海规划建筑设计有限公司
中国标准化研究院
中国移动通信集团设计院有限公司河南分公司
中咨管理顾问有限责任公司
北京市长城企业战略研究所
北京同心动力企业管理顾问有限公司
北京智囊维实企业管理有限公司
生物质资源化利用国家地方联合工程研究中心（南开大学）
同济大学建筑设计研究院（集团）有限公司
江苏蓝鲸咨询有限公司
零点有数数据科技股份有限公司

鸣 谢

虽然语言难以表达我们深深的谢意，但是我们还是希望对本书编写过程中给予帮助的所有人表示真挚的感谢！特别是感谢支持单位的主要负责人和案例研究的撰稿人给予的大力支持，你们是本书值得依赖的伙伴。

还有很多在调研过程中接待了我们的访问，并给予热情支持的所有人，你们的慷慨大方和远见卓识让我们受益匪浅，无比激动。

在此也特别感谢中国工程咨询协会和中国注册会计师协会，与我们一道携手完成了40年中国咨询业的发展大事记。

我们也感谢上海市咨询业行业协会、江苏省科技咨询协会、湖南科技咨询业协会、天津科技咨询业协会、北京科技咨询协会长期以来对我们的大力支持，并积极配合我们的调研活动，无比感谢你们中的每一个人，以及你们给予我们的启发、观点和基于我国国情的各具特色的第一手资料。

中国科技咨询协会

2022年5月30日

序

2020—2021年这两年全球在防疫中度过，对咨询业也形成了不小的冲击，对经历了这两年的所有商业公司而言，不确定性及其可能产生的瘫痪效应是一项重大挑战，再加上全球经济衰退，许多公司面临着严峻的短期压力。值得庆幸的是，我们广大会员坚定不移地一直努力帮助客户应对当前各种危机对其业务的直接冲击，同时努力保持和增强他们的长期实力和价值。

在危机随之发生的情况下，我们会员从客户的利益出发，公平对待客户，依据自己长期积累的力量，创新工作方法，在客户遇到问题时提供专业帮助，进而取得了不凡的成绩。为此我们将这些典型咨询项目作为咨询独特价值集中展示出来，从而说明我们正在经历一生中令人难以置信的人类适应性。这一时期为我们想象和构建商业模式的根本演变创造了条件。最具前瞻性的人会认识到这一时期是一个关键的进化时刻，并享受着为未来十年设计优势商业模式的机会。

在缤纷复杂的社会中，咨询基于专业知识和实践经验，能为客户带来新的洞察力。清晰的洞察力和深厚的专业知识，加之采用数据的深入分析研究，会对客观现实和客户遇到的复杂问题提出有持久影响力的、务实的、有创造性的解决方案，这就是为什么很多行业虽然已近成熟，但仍保持着对咨询的巨大需求。

目前咨询也正在向以大数据分析为基础的方向转化。释放分析、人工智能和大数据的力量，并将其转化成清晰的、可操作的洞察力，以制定相应的工作策略。

咨询队伍中有一批充满求知欲的多元群体，他们具有敏捷的思想，被好奇心和解决问题的愿望团结在一起。在工作团队中，以挖掘数据或找到问题本质为核心，以先进的分析技术和创新方法，加速时间尺度的运作，解决客户面临的复杂问题，使客户从中受益。

从咨询的角度，我们认为促进企业在竞争中发展是一项非常特定的工作，其可以多种方式利用咨询团队资源和专业知识及实践经验，最大限度发挥咨询影响力，并为所有员工提供发挥作用的机会，支持客户解决遇到的各种发展中涉及社会和环境的复杂问题。

对咨询而言，每个客户的挑战都是独一无二的，因此样板解决方案无法解决问题。咨询顾问团队与客户一道面对客户的挑战，不断分析各种现象，直到找到问题的根源，然后开发出一种强大的方法解决它。不会回避困难的答案，为客户提供他们需要的策略。

我们将这些帮助客户一同成长的咨询工作以蓝皮书的方式向社会报告，主要促进客户和广大社会公众对咨询角色、作用的认知，以促进专业化社会的形成。

璐　羽

中国科技咨询协会发起人

中国科技咨询协会第二届副理事长兼秘书长

目 录

第一章　2021年中国咨询业发展素描

回首2021年，这一年，我们见证了建党百年的辉煌成就；这一年是中国“十四五”规划的开局之年；这一年，中国经济发展的底层逻辑正在发生根本性转变，中国正在革新经济治理框架，从实现“小康社会”阶段的增长优先，转向“共同富裕”时代力图平衡增长和安全；这一年，数字化转型、碳达峰碳中和、元宇宙、生态、共同富裕成为热词。

2021年，伴随着“十四五”规划的逐步落地、愈加复杂的外部环境、迫在眉睫的转型重任、数字化建设的势在必行都勾勒出了一个欣欣向荣的咨询未来，这是所有咨询公司在中国的“大势”。

2021年，中国GDP总量超过114万亿元，接近美国总量的80%；人均GDP超过1.25万美元，超过世界平均水平；进出口贸易总额超过6万亿美元，同比增长30%，顺差超过6700亿美元；机电产品出口量占出口总量近六成，进口芯片超过4300亿美元，同比增长25.6%，占进口总量的16%。

2021年，全国全社会用电量8.31万亿千瓦时，同比增长10.3%，占全球比重接近1/3；全球燃煤发电预计增长9%，火电约占中国发电总量的七成；中国新能源发电占总量的15%左右。我国比特币的耗电量可以位列全球耗电量最大的国家前三十；中国数据中心的耗电量占全国全社会用电量比例接近3%。

在百年未有之大变局叠加世纪疫情的情形下，中国经济取得如此成绩着实不易！正如新冠病毒感染疫情看似几近结束但愈演愈烈，外部环境的压力还会继续加码。受资源和外部因素约束，“结构性短缺”与“结构性过剩”长期并存，整个经济表现为紧运行状态。短期看，靠宏观调控的紧松缩放来维持紧平衡状态；长期看，靠科技创新和体制改革突破约束边界，实现经济发展的动态平衡。

咨询服务业不仅面临难得的机遇，也面临严峻的挑战。世纪疫情冲击下，百年未有之大变局加速演进，世界不确定不稳定因素增加，外部环境更趋复杂。我国经济发展不仅面临“质的稳步提升、量的合理增长”两大要求，也面临需求收缩、供给冲击、预期转弱三重压力。

近年来市场频仍的变局、企业发展的难题正在给中国咨询业带来越来越多的机会：大型专业服务机构的加大投入、顶级战略咨询公司的规模增长、本土咨询的异军突起、企业内部咨询部门的逐步建立，以及广告营销、市场调研、信息技术相关领域向咨询行业的全面渗透。

咨询业务的发展从一开始就与中国市场经济进程相伴相生，与我国科技体制改革相互促进，也凝聚了一代人倾力探索的成果。如果说前20年是以跟随模仿西方咨询发展模式和道路为主，那么2010年以后，我国企业面临的机遇和挑战需要我国咨询走自主发展道路。特别是党的十八大以来，习近平总书记高度重视，确立了强化国家战略科技力量、提升国家创新体系整体效能的改革战略方向和重点，咨询业始终坚持用科学理论和技术方法为企业决策、管理及创新服务，帮助企业不断提升自主发展能力。咨询业在业务发展领域涉及很多企业和产业发展前沿领域，参与研究很多产业的顶层设计，并发挥了重要的战略性和引领性作用，其跨界融合作用发挥得也比较突出。

在以上大背景和总体发展趋势下，2021年咨询领域业务发展主要集中表现在以下几个方面。

一、变革与创新

2021年，随着数字化时代的到来，咨询行业正在发生以下变化。

1. 随客户的需求转变而转型

咨询有两大动能：一是理论创新；二是商业实践。最近十年，理论创新非常匮乏，已经很久没有推出什么划时代的咨询理论了，但是商业实践却蓬勃发展，为咨询市场注入了新的动能和活力。企业决策建议从传统咨询公司所能提供的行业经验、管理实践和逻辑推导，向全面数据采集和数据分析做支撑转变，即以大数据支持决策为核心。因此咨询机构的服务内容也从传统的问题诊断、建议和变革实施模式向大数据决策模式转变。用数字化的思维与技术帮助客户实现“数字化转型”，这成为咨询公司必须跨过的门槛。

在数字化时代，很少有公司会制定长周期的战略规划了，传统的战略咨询服务失效了！管理咨询需要重新定义，需要更加聚焦客户需求，提高咨询效率，提高咨询质量。具体体现在以下方面。

聚焦客户需求：每次只聚焦客户关键的、少量的问题，确保咨询服务更具针对性，更加快速地见到效果；

提高咨询效率：尽量压缩不必要的咨询流程，如使诊断时间更短，用集体决策的方式减少设计周期，通过为客户持续服务降低沟通成本等；

提高咨询质量：针对核心问题一次性集中多个跨不同领域的专家资源，使用“道－术－为”的方法，从策略到工具到落地一次性搞定问题等。

支撑咨询行业发展的驱动力来自以下几个方面。

一是“十四五”规划的落地。以前做战略规划更多像是在完成上级布置的作业，但是最近来看，很多企业做战略规划需要有结果了，也更关注落地实施了，这也推动了本土咨询公司和外资咨询公司近年的一波业务增长。

二是数字化转型和商业模式创新。数字化已成为企业关注的重点，而且外资咨询公司在这一块的获益更多，本土咨询则仍需要很大的努力。伴随互联网的纵深发展、云服务的融合、数据智能的发展，以及近年来新冠病毒感染疫情所带来的巨变，数字化服务的需求爆发式增长，IT咨询业未来的发展红利触手可及。加上原本中国的IT服务支出与成熟市场相比就有巨大的差距，相关专业服务市场的想象空间不可限量。也因此，市场中涌现了各类围绕数字化解决方案的服务机构，IT公司、软件公司、硬件公司、互联网公司等都想分一杯羹，从各自的角度切入市场。

三是碳达峰碳中和目标引发绿色转型需求。中国2030年实现碳达峰、2060年实现碳中和的目标，如今几乎家喻户晓。2021年10月公布的双碳时间表和路线图更是展示了顶层设计的决心，碳中和概念很快热到发烫。碳中和本质是要改变经济增长方式，创造新的投资方向和空间，所以会改变所有的产业生态，最后可以创造零碳家庭、零碳园区、零碳工厂、零碳数据中心、零碳网络、零碳医院、零碳学校、零碳停车棚等，进而实现零碳乡镇、零碳城市、零碳省份、零碳国家。这就是历史进程，而且是全面的再造。企业、各地政府包括开发园区都是碳中和服务的大户，其服务大体包括：应对气候变化政策解读及咨询；落实能耗双控制度，提出减少化石能源工作路径及方法，协助完成能源利用目标，合理降低能耗总量和强度，减少碳排放；协助制定“碳达峰和碳中和目标”实施路径及行动方案，提升碳减排和碳资产管理能力；组织开展碳中和核查、低碳产品认证、产品碳足迹核查和“碳中和工厂”认定工作；在碳交易过程中，为买卖双方提供咨询服务，确保交易过程的有效合规；推进低碳领域的标准化建设，制定、发布相关标准。

四是以 CSR（企业社会责任）、ESG 为代表的企业社会责任成为主流趋势。随着当前社会需求的转变，企业在谋求长远发展的进程中，不仅应当持续增强商业领域的“硬实力”，更需要思考如何在履行企业社会责任这一“软实力”方面成为业界标杆。近年来 ESG 体系也随之火了起来。所谓“ESG”，E 代表 Environmental（环境），S 代表 Social（社会），G 代表 Governance（治理），是一种关注环境、社会、公司治理绩效的新的价值理念和评价体系。目前，我国经济正处于由高速增长逐渐转向高质量发展的阶段，ESG 为整合环境、社会和公司治理责任提供了一个综合框架，传递追求经济价值与社会价值相统一的发展观，高度契合高质量、可持续发展诉求。大浪潮下，ESG 逐渐成为一种主流价值理念。

五是互联网公司做得比较多的面向企业市场和企业服务的转型。现在主流互联网公司都在往这方面推进，而且他们过往在 C 端的“砸资源”打法，在 B 端市场的推进中不灵了，需要有更复杂的手段甚至组织的革新，这也使得很多互联网公司逐渐开始投入到咨询公司的怀抱。

六是金融市场的变局。随着注册制的逐步推开和对外资银行管理的放开，以及金融支撑实体经济发展导向的逐步推进，中国金融市场将进一步发展并与实体进行连接，不仅将给中国金融领域各个细分市场带来更多机会，也将对实体经济的发展起到更直接的推动作用。

【相关链接】

碳中和咨询服务炙手可热

碳中和，就是通过某种抵消方式或者完全停止排放，来实现二氧化碳等温室气体的净零排放。简单地说，就是排放的碳和所吸收的碳相等。它的原理看似简单，但其中涉及的碳排放管理、碳捕集技术、碳普惠等概念等，对大众仍是陌生地带。

在国内，帮企业做碳排放数据核查、制定碳中和体系制度、环境权益开发等，都被纳入碳圈咨询的业务范畴。

国内的碳管理行业兴起于 2005 年的《京都议定书》，这也是人类数百年工业狂奔历史上，首次对排放二氧化碳等温室气体做出限定。不过，在这一发达国家主导国际减碳规则的时代下，国内的碳圈一直处于混沌状态，也未得到官方认证。直到“双碳”目标颁布之后，2021 年年初人力资源社会保障部才发布了“碳排放管理员”这一职业认证。

以光伏、风电为代表的清洁能源行业、辅助的储能行业、节能环保行业都是碳中和时代下的利好行业，双碳最直接受益的，还是碳管理行业——各行各业的降碳都需要碳管理行业的辅助。在双碳的背景下，碳管理行业未来会像 IT 行业一样，“成为每个企业的标配”。

碳中和咨询服务和其他咨询服务没有太大差别，业务员们需要在全国各个城市的公司做碳排放数据的统计核查，以及碳中和方案的制定。姬宏旺公司的员工们 2021 年下半年回家的次数屈指可数，他们不是在出差，就是在出差的路上。

那些前来寻求碳减排的企业，大致可以分为以下两类。

一类存在于那些已经被纳入地方碳试点，或者已经/即将被纳入的全国碳交易的八大行业公司（石化、化工、建材、有色、钢铁、造纸、电力、航空），高碳排放是原有商业模式的“阿喀琉斯之踵”。这些行业的碳排放几乎是其他行业的数倍，不主动考虑降碳，就面临着高额罚款，履约迫在眉睫。

另一类则是为了争取大品牌订单的供应商。苹果此前提出要在2030年实现全面碳中和的目标；为了跟随比尔·盖茨，微软是一众互联网公司当中最激进的，甚至提出了“历史碳中和”的概念，到2050年，要把公司成立75年来排放的碳一把子消灭。

《碳中和时代》一书中提到了目前国内碳圈人才紧缺的难题：中国真正了解碳中和并且从事与碳有关工作的不超过一万人，而能带领团队独自做完整碳规划和管理的，不超过一百人。

2. 咨询服务模式创新加速

“买方—卖方”信息不对称被打破，改变企业实质是另一种咨询成果界定标准——企业一定要做适应自身发展的变革。

诞生于1960—1990年的前互联网时代的经典咨询理论，其根本上都是在利用“信息不对称”的便利：因为信息不对称，因为市场和用户无法及时了解真实的情况，通过集中、刷屏式营销宣传带来的感知，可以大于企业和品牌事实本身。

当消费者/用户因为互联网变得“信息灵通”后，卖方单纯树立品牌形象，企业和产品事实如果不跟上，最终将被买方“拆穿”，这些认知却比过去更为脆弱，更容易被推翻，消费者/用户有太多的方式可以了解到事实，其结果，就是咨询的成果，在企业和产品事实没有跟上的情况下，可能变成一场虚假繁荣。

相比诞生于互联网尚不足够发达时代的“脑白金”，现在即便投入再大的宣传成本，恐怕也已经很难再出现一个类似的产品了。

这种信息不对称的打破，对咨询而言意味着成果界定标准的改变。互联网嘲讽写PPT的比干活的挣钱更多的现象，但熟悉咨询业务的人都知道，以往传统咨询的“成果”往往也就是一个PPT，短则几十页，长则数百页。

过去用PPT作为咨询成果呈现的方式十分盛行，这种方式能普及新的理念，找到企业发展的逻辑关系，但现在它正在失去土壤，咨询的成果评判标准转化为客户企业在事实上有了哪些改变，是否能够匹配上提升后的品牌形象，能否在消费市场上持续。

在大数据及信息爆炸的时代，各大产业公司加速跨界融合，其自身业务边界进一步模糊化，未来由产业融合触发的模式创新将大大加速。相应的，咨询公司正在向具备为客户提供创新创业战略和管理模式设计、创新转型的服务能力开发进行过渡。

【相关链接】

零点有数登陆创业板上市：数据智能应用打开增长新空间

2021年11月3日，零点有数在深交所创业板挂牌上市。

零点有数主要为公共事务和商业领域的客户提供数据分析与决策支持服务，是将互联网、大数据等新一代信息技术深度融合应用于主营业务的创新型企业。公司业务起步于调研咨询服务，形成了有影响力的行业品牌——“零点调查”，并进一步发展出多源数据分析与数据智能应用业务。

目前，零点有数两大主要业务分别为公共事务数据分析与决策支持服务和商业数据分析与决策支持服务。

在公共事务领域，零点有数在政务服务、城市管理、市场监管、营商环境、法治与公安、文化旅游、社会群体研究、“一带一路”等领域提供数据分析与决策支持服务，助力客户提升其决策水平、治理水平和服务水平。

在商业领域，零点有数为消费品、金融、汽车、房地产、TMT、物流等行业中的知名客户，在客户定位与描摹、产品定位与开发、服务体验管理与优化、销售管理与优化、货品与供应链管理、卖场管理与优化、渠道布局与管理优化等方面提供数据分析与决策支持服务。公司助力客户提升产品开发环节、销售环节、运营环节和供应链环节的经营效率，已服务中国建设银行、中国人寿、中国移动、贵州茅台、百度、一汽集团、华润集团、万科集团等众多知名大型企业。

近年来，零点有数两大核心业务稳健发展，其中，公司在商业领域的服务更是驱动公司业绩不断上涨。在公共事务数据分析与决策支持服务方面，零点有数业务保持稳定，营收维持在 1.85 亿元左右。而在商业数据分析与决策支持服务方面，营收不断增长，2018 年公司营收为 1.61 亿元，到 2020 年时这一数字已上升到 1.91 亿元。

当下，零点有数正逐步实现从“数据分析”向“数据智能应用”的转型升级；其正逐步向“模型算法化、算法软件化”转变。

3.“咨询 + 赋能 + 资源 + 资本”一体化服务模式呈现

以“咨询 + 赋能 + 资源 + 资本”为一体化的服务模式得到客户青睐，盈利环节已经逐渐从方法论输出和方案落地变为资源与资本的对接和解决实际问题上。传统的咨询企业往往重在顶层系统设计与规划建设，在具体落地执行与持续运营方面存在欠缺，无法帮客户落实从顶层到底层、从策略到技术各个层面的变革，因此新型咨询服务的需求凸显。如何在产业转型中找到新的发展契机，咨询实践表明，一体化的服务模式是满足这种需求的一种好方式（图 1–1）。

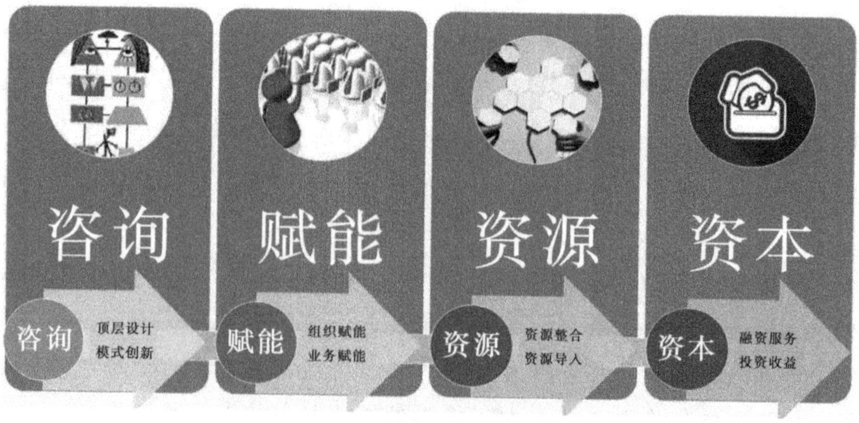

图 1–1　一体化咨询的要素组合

新型咨询服务的需求凸显。部分咨询企业开始探索如何在数字化转型中找到新的发展契机，其中通过生态合作方式进行数字化合纵连横成为一个普遍的选项。

企业处在日益变化的生态环境中，尤其是在构建新的产业生态的同时，如何通过“建链”（顶层设计）进而帮助客户“补链、优链、强链、融链”，都涉及生态的重构、选择、定位与运营。咨询提供者围绕用户需求，能够理解洞察企业上下游链条，左右生态网络上的各个利益相关方，帮助企业在设计全新的产业生态环境中，通过生态合作方式进行合纵连横成为一个普遍的选项，从而实现“产城融创”协同发展，这是咨询公司面临的全新挑战。

【相关链接】

智囊机构打造“产城融创”发展模式

现在越来越多的客户已经不满足于一纸咨询报告，而是亟须一体化解决方案以及由此形成的具体落地措施。在此背景下，咨询公司不仅是一家专业服务机构，更是一个产业生态的构建者，对客户而言，咨询公司不仅是“乙方”，更是发展的合作伙伴！

为了支持客户的实施落地，咨询顾问在追求咨询方案高大上的同时必须更加实操。咨询顾问只有深入参与客户变革的实施阶段，才能在真正意义上成为客户的变革伙伴。

北京智囊维实企业管理有限公司（简称“智囊机构”）通过“产城融创”相结合的顶层设计、“咨询＋赋能＋资源＋资本”一体化服务模式，从理念的咨询到具体解决方案的提供，直至帮助客户成为产业资源的整合者，从为客户想明白、帮助客户说明白（咨询报告），发展到与客户一起干明白，最终提供一体化解决方案。

2022 年 1 月 20 日，北京降了当年第一场瑞雪。珠海高新技术产业开发区三灶科技工业园（简称“三灶科技工业园”）管理委员会、中企国云基金管理有限公司（简称“国云基金”）、浙江合特光电有限公司（简称“合特光电”）、智囊机构四方达成共同建设珠海三灶园镇一体化绿色碳中和示范区“产城融创”的战略合作，共同打造国内首批“绿色碳中和产业示范园区”，构建“产城融创”融合发展新模式。

此次战略合作旨在深入贯彻落实党中央、国务院关于碳达峰碳中和的重大战略决策，积极落实国务院印发的《2030年前碳达峰行动方案》，并扎实推进碳达峰碳中和行动，同时把握当前国家双循环战略以及碳达峰碳中和等重大战略导向下的区域产业协同发展趋势，抢占粤港澳大湾区的发展机遇。

此次四方战略合作是《珠海高新区三灶科技工业园园镇一体化产业战略发展规划（2021—2025）》的具体落地实施，该规划是智囊机构2021年年底圆满完成的。在发展规划中，明确提出：在“十四五”期间，珠海高新技术产业开发区三灶科技园以打造国家创新型特色园区与具有区域影响力的高新科技园区为目标，打造国内首批“绿色碳中和产业示范园区”，构建“产城融创”融合发展新模式，打通由区域到园区的产业规划一体化，建设绿色的园镇一体化运营平台。聚焦“智能化、绿色化、数字化”特色产业集群，以“补链、强链、优链、融链、合链”为指导策略，开启园镇一体化4.0新时代。

四方在发展定位、资源配置以及市场发展选择上，既有互补也有互助，具有战略级合作属性，大家希望共同推动“产城融创”的创新融合发展，共同打造三灶园镇一体化绿色碳中和示范区的“三灶样板”。一是共同推动绿色低碳产业的发展与落地；二是共同打造绿色低碳园镇一体化的产业生态及应用场景；三是共同进行绿色科技企业创新项目的孵化与投资；四是共同发起设立大湾区碳中和产业发展研究院与绿色科技企业孵化器。

在具体合作分工中，合特光电提供光伏建筑一体化（BIPV）的领先技术、产品和服务，落地到三灶科技工业园的产业发展布局和多领域应用场景；国云基金提供BIPV产业生态应用所需的绿色金融产业基金的建设与项目投资及运营服务；智囊机构则为三灶城镇及园区进行政策与产业的研究及为绿色低碳城镇园区进行战略顶层设计，对产业生态创新项目进行孵化与投资，推动产融结合和项目落地。

大家希望以此合作推动珠海金湾区、三灶园镇一体化在珠海高新区乃至区域城市群发展中的产业分工定位，并使之融入绿色低碳的产业发展格局，加快新能源、新材料产业创新升级和特色应用，创新产业生态的发展模式，推进绿色建筑、绿色交通以及绿色低碳城镇、绿色低碳园区的发展与布局。

4. 咨询服务交付形式呈现产品化

企业决策、管理向数字化转型的过程中，要打破咨询服务线性增长的方法之一就是采用科技手段，将咨询专业服务的某一个环节的服务“产品化”。这样在某个服务的环节就可以被自动化，具备了服务产品化的交付形式。传统咨询的服务方式是高度定制化，通过此举，咨询公司可以在传统的“按工时收费”模式之外，推行“按结果收费”的定价模式。开发出新的产品或工具，来逐渐改变其商业模式，或开发新的服务，或提升现有服务的交付速度和质量。从设计、算法等方面整合一些特殊的领域（如数据分析、网络安全、移动服务、人工智能）的业务，促进客户的业务增长，这对咨询机构和从业人员提出全新的专业要求。

【相关链接】

从亚信科技收购艾瑞咨询，看中国咨询业发展趋势

2022年1月14日，亚信科技控股有限公司（简称“亚信科技”）宣布斥资5.12亿元收购艾瑞咨询有限公司（简称“艾瑞咨询”）94.23%的股份，成为艾瑞咨询的控股股东。这次交易完成以后，艾瑞咨询将继续保持独立的运营，相关业务的独立性、公正性也保持不变，亚信科技会持续地为艾瑞咨询提供资源、产品、技术、运营等各方面的支持，也帮助艾瑞咨询为各行业的客户提供更好的服务。

一次两强的联手合作，此次收购始于2021年3月。据亚信科技执行董事兼首席执行官高念书透露，收购的出发点侧重于双方的业务如何更

好地协同。在数据应用方面，亚信科技凭借在人工智能和大数据平台的优势，一直在面向政府和大型企业提供 DSaaS 业务，熟悉运营商数据的清洗、建模、应用场景以及深度合作，助其拉新促活，同时面向非运营商市场提供数据服务；艾瑞咨询具备强大的数据洞察能力，双方可通过数据产品、数据应用能力与行业板块的高度互补，不断加强面向不同行业的数据服务能力，助推数据运营业务持续高速增长。

以中大咨询、北大纵横、新华信、汉普、汉得等为代表，提供真正意义上咨询服务的本土咨询公司兴起于 20 世纪 90 年代。20 多年来，国内咨询市场列强环视，以埃森哲、德勤、IBM、惠普等为代表的国外公司攻城略地，国内咨询公司走过了一段并不平坦的道路，与国际水平之间的差距越来越大。究其原因，一方面，是本土咨询行业门槛太低，从业人员良莠不齐；另一方面，则是众多不规范的行业运作潜规则，本土咨询公司发展压力不小，声音越来越弱。厂商之间的收购并购案例偶见报端，成功与失败兼而有之。时过境迁，目前中国的世界级规模企业越来越多，管理水平和服务能力也在不断提升，那些拥有强势的方法论以及咨询服务经验的外国公司，其本土适应能力难以为继。高念书表示，适合本土咨询公司成长的土壤已经具备，他们快速成长的时机已经到来。

5. 咨询正在全面介入企业的数字化转型

即使经历了连续的疫情环境，各咨询大厂的业绩普遍实现了增长。业务的爆发除来自疫情的催动之外，还有客户对于数字化转型咨询的需求大增！数字化进程因为疫情至少加速了 5~10 年。有个段子流行一时：问谁引领了数字化转型？ A. CEO，B. CIO，C. CDO。答案是：D. COVID-19。

在 2021 年，客户表现出业务窗口期越来越短，导致满足客户需求的服务也越来越快速化，要求咨询服务的规划设计阶段周期也越来越短，咨询服务的敏捷化要求越来越高。

先进技术的发展为千行百业带来颠覆式的影响，数字化时代的咨询需求与大数据、AI 等新技术结合紧密；各种顶层设计、间层设计日益丰富多彩，客户希望咨询机构从转型设计开始就全面跟进，并持续发挥作用。

数字化转型的结果一定伴有大量数据的产生、分析与持续运营。咨询公司从过去单纯给出一个专业规划报告到帮助客户持续运营，这是在数字时代新型咨询的一个明显不同点。

【相关链接】

咨询行业数字化转型畅想

亚信咨询　徐利

咨询行业各巨头的数字化转型实践成果一定程度上可以代表整个行业的转型思路——成立专门的数字化部门，聘用数字化人才，将数字化专业知识整合到公司内部，缩短提供解决方案的时间，快速试错，孵化数字化辅助工具，创造差异性竞争力，寻找不可替代性。

那么，随着先进数字化技术的发展，AI、大数据等与咨询行业业务场景又能碰撞出什么样的火花呢？不妨设想一下：

智能机器工作者进行问卷调研、案头研究、数字比对等相对格式化可重复性的工作？

通过爬虫抓取的方式进行商情、客情、舆情的自动化收集分析甚至建议方向提出？

多种大数据的采用，实现海量数据的量化分析，更全面准确多维地聚焦问题？

标签画像技术的采用，洞察自身和客户更透彻？

AR/VR技术的采用，让顾问能够像在“现场”一样与远程客户进行互动，显著降低项目成本？

知识图谱的智能化应用，对内、外部场景分析的各要素进行自动化关联和聚焦？

结合AI的NLP技术进行自动化分析聚焦，给出标准化的模块输出？

RPA结合AI的使用减少逻辑明确、重复属性的文档与案头工作？

智能语音机器人的使用，通过人机交互的方式解答规定性的问题？

放眼未来，随着数字化先进技术的进一步发展，尤其是AI的进一步演进，咨询行业未来的业务场景又会是怎么样的呢？

软件代替顾问编写PPT？现在咨询顾问有很大一部分时间在编写PPT，未来是否可能研发出一套可以按照给定素材自动编写出PPT的软件呢？

AI代替人类编写策略规划？目前已经有很多媒体在利用AI代写新闻稿件了，甚至设计领域也出现了AI的影子。当AI继续向创造性活动演进，有一天穷尽了人类的语境，那AI能否代替人类编写策略规划呢？

数字化时代的咨询行业，应当和其他千行百业一样，不断经历指数级技术、数据科学和数字文化的历练，逐渐蜕变成一个和以前的自己完全不一样的“智能共同体”。和其他行业不同的是，千行百业涉及的种种变革常常是咨询行业首先预见的，许多关于数字世界的信仰是咨询人更坚定具有的。

二、挑战与风险

由于咨询业属于现代服务业，受政策、行业以及区域发展的影响较大，2021年受新冠病毒感染疫情以及经济下行压力不断增大的影响，加之南北差距被进一步拉大，政府对于经济的干预在不断强化诸多因素影响（如教育、互联网、医疗、碳中和等），对咨询公司的业务发展产生了比较重要的影响。在省市层面上，也出现咨询公司靠咨询吃饭难以为继的现象，而且规模呈现蔓延趋势。

在互联网和金融投资大潮之下，咨询行业的人才已加速流失多年。媒体和高校对咨询行业的关注热度，也已从最初的骄阳似火变得日渐淡漠，顾问在企业高管面前的纵横捭阖以及相对其他行业的薪酬优势，似乎正在随着时代的发展而逝去。这不仅削弱了咨询行业的社会影响和对优秀人才的吸引力，也开始让有些人怀疑中国咨询行业的未来，甚至发出了“咨询是否已成夕阳行业”的疑问。一些省市中小咨询机构从业人员的理念跟不上用户的高要求，其方法与工具也跟不上业务发展的需要。咨询公司业务实力不强，难以吸引优秀人才，缺乏一批顶尖级咨询专业人才，因而更需要有效的科学理论体系和技术方法手段及工具为省市咨询服务机构提供支持。

咨询公司在跨行业经验、知识库、方法论的积累以及规划设计和项目管理能力方面具有传统优势，而数字化原生企业在业务运营经验、大数据资源的积累以及技术开发和基础计算能力方面优势明显，两者的强强联手，可以充分发挥各自的优势，在规划、设计、实施、运营各个领域取长补短，为千行百业的数智化转型提供“上云用数注智”的赋能。在新的咨询业态建立过程中，传统咨询机构与数字智能技术团队进行协调与合作，面临着新的风险，主要表现如下。

1. 咨询公司失去客户侧主导权的风险

很多项目，尤其是企业云建设和数字化转型中，往往是由互联网/云计算公司与客户先期接触，签订总包合同，然后再引入咨询公司成立联合的项目团队为客户提供交付，咨询公司对于项目和客户的掌控能力会被削弱。

2. 知识转移导致咨询公司合作主动权下降的风险

在咨询服务项目上，咨询机构拥有很多业务创新能力、领导力、业务实践经验等无形资产，这些无形资产在项目多次实施后，容易被数字技术合作伙伴固化、模仿甚至抄袭，而对方的技术、数据等则较难被移植，因此有可能会造成咨询公司在合作中竞争主动权的下降。

3. 文化、机制、流程差异导致协同不畅的风险

由于传统咨询企业是以项目制管理为核心形成文化、机制和流程，与互联网云计算/公司等以技术为核心的企业强调快速迭代、军事化管理的行为模式在沟通、协调、文化等层面存在着一定的差异，有可能导致项目合作过程中出现协同的困难，导致项目无法取得预期的效果。

4. 各方目标差异导致合作不能持续的风险

由于合作各方在战略方向、目标策略方面存在差异，而此类合作中咨询公司往往会承担较大比例的实际实施交付，因此有可能在项目的产出、客户期望的管理、衍生项目机会的把握等方面由于各自的利益点不同，导致分歧的产生，影响合作的持续开展。

三、展望未来

新冠病毒感染疫情已经进入了第三个年头，我们对未来总是心存美好的预期，但历史进程却告诉我们：正视现实，请接受血与火的考验。“哪一场仗不难打？越难打，就越要打！”面临国内外日益严峻的经济环境，我们确实要打一场硬仗，既要集中力量攻克资源和科技约束瓶颈，又要创造财富效应激发民间活力，这确实考验“松紧缩放”的管控艺术，我们要过一段紧运行的日子。

根据CMKT组织2021年11月对2200人进行的问卷调查，高达39%的调查对象对于2022年的咨询市场持乐观态度，持悲观态度的有22%。说明受访者对2022年的咨询市场整体还是偏乐观的。从全球咨询巨头的财务数据增长来看，2021年全球咨询业持续向好，涨势有望维持到2022年。

据不完全统计，2021年，我国机构中含有“咨询”的企业数为5 513 916家，但在业务分类中，依然不够清晰，业务交叉的情况也相当普遍，这也与咨询行业尚无一个归口行业管理的现状有关。摸清咨询业的家底，进一步加强行业规范建设，提升咨询业的整体服务水平依然是十分紧迫的任务。

中国头部咨询公司正在中国崛起中发挥作用，咨询机构与中国一大批新经济企业和传统产业企业一道，启用新的动能，共同走向世界领先。这和高质量发展的理念是一脉相承的。为了实现这一宏伟目标，重点工作主要聚焦在以下几个方面。

1. 加快咨询机构自身创新能力建设

在新生态下注重咨询商业模式、新业态、技术手段、咨询产品和服务模式向数字化、平台化发展。更多依靠技术平台和大数据手段等为企业提供咨询服务，承担起引领中国全面数字化转型发展的重任，并塑造中国咨询业的全球影响力。

2. 推动咨询业对新经济、新治理的研究

通过咨询服务，提升客户数字化应用能力，以数字智慧赋能各阶段跨界互联。服务于新经济走向成熟需要建立一套与之相适应的制度体系，对此应进一步嵌入、放大咨询业的作用。

3. 不断加大对中国特色咨询方法的深入探索

以往中国的咨询市场更多是借鉴西方传统的咨询方法，但目前中国的世界级规模企业越来越多，管理水平和服务能力也在不断提升，那些拥有强势的方法论以及咨询服务经验的外国公司，其本土适应能力难以为继。我国目前适合本土咨询公司成长的土壤已经具备，中国自身的咨询市场和方法论正在走向自主化。我们一定要把握时机，加强中国特色咨询服务模式的探索。

4. 加强核心咨询机构建设

从加强行业规范的建设入手，做到核心咨询机构的自觉主动合规，并在塑形象、创品牌方面，为我国咨询业的主力军做好基础工作。

5. 加强咨询行业标准体系建设

制定一个政府、企业一致认同的标准，以此提高咨询和培训业的服务质量和水平，为咨询和培训业的标准化、规范化发展提供基础依据，更好地引导咨询服务产品服务于国家发展战略，促进其与我国标准体系协同有序发展。《管理咨询服务指南》（ISO 20700：2017）是基于全球管理咨询行业的最佳实践而制定的，凝结了国际管理咨询领域的广泛研究

成果和经验，为广大管理和技术咨询机构的专业化管理咨询服务提供了一个国际化、系统化和标准化的管理框架，也非常适用于中国管理和技术咨询服务行业。因此，拟采用该国际标准为基础，并结合中国管理和技术咨询的特点和经验，编制《中国科技咨询协会管理与技术咨询指南》团体标准。

6. 加强职业人才队伍建设

继续培育以事实为认识基础、以科学理论体系为分析基础、以技术方法为手段为客户解决实际问题，来建设我国专业化、高水平的咨询团队，进一步探索和完善职业训练体系，坚持思想理论 + 实践经验 + 实践探索的方针，为咨询人才队伍建设做好基础工作。

随着市场竞争变得愈加激烈与全方位，虽然咨询公司面对着不确定性的发展机遇，不过相较于顶着巨大市场红利阶段的咨询项目，目前单一咨询项目能够取得巨大成功的可能性已经降低了不少。要确保未来的成功，不仅要纠正客户的某一个动作，更需要咨询方有勇气、有信心、有能力塑造与改变客户心智，陪伴客户经历艰难的挑战，通过实现心智改变的胜利为客户实现更长久的成功！

（执笔人：傅强、冯宗智）

第二章　2020—2021年国际咨询发展动态

2020—2021年是非常特别的年份，新冠病毒感染疫情突起，改变了世界的脚步和秩序，与新冠病毒感染疫情对抗成为21世纪的政治、社会和经济任务，全球咨询行业在这一年度发生了什么？发生了哪些重大事件？未来的发展趋势如何？世界很大，发生的事情很多，我们努力对世界主要发达国家的管理和技术咨询发展动态进行扫描，以便能了解他们的脉动。

一、主要发达国家的基本发展动态

1. 疫情下国际咨询公司工作状态

疫情初期，咨询人员难以进入客户现场工作，网上工作积极展开，如进行网上调研、网上工作会议、网上方案讨论、网上培训及赋能，促进变革发生。因此客户在线业务迅速发展起来，疫情催生并促进了客户进行数字化转型，客户咨询市场的数字化转型业务显露，且有迅速增长的趋势。

随着疫情的不断重复出现，咨询公司的工作方式也相应进行了调整，随着全球形势的不断演变，许多跨国咨询公司面对有多个国家办事处的情况成立了专业团队，根据员工所在区域的具体情况，制订最适合从远程安全返回的计划，在遵守当地要求的基础上，秉持健康至上的理念，并提出了适合员工和客户工作的有效方法。

与客户并肩工作是咨询机构开展业务的核心——也是咨询最有价值的部分。咨询团队会根据当地法规以及客户和同事的需求，选择远程工作方式，还是直接访问客户站点。咨询公司总部则增加了工作的灵活性，鼓励各地分公司或办事处拥有更多的自主权，在保障安全的前提下，创造空间支持同事们一起工作，尊重员工的个人需求，选择最舒适的工作和生活方式渡过这段艰难时期。

真正令人兴奋的是他们工作模式发生的创新。例如，每周有三天去现场工作，每隔一周召开一次关键性会议，或采用其他工作方式。他们优先考虑在牢固的客户关系、员工学徒制以及所有人的可持续生活方式中进行平衡性选择。在工作团队中，大家谈论的是平衡、设定界限（尤其是在家工作时）以及在努力工作后进行一段时间的恢复。这种以客户至上、自我主动保护下的工作模式在跨国公司内部继续扩大。

咨询公司领导者关心的优先事项是员工的心理健康，公司提供多种语言的 24/7 全天候支持和干预。他们在全球有办事处的地方建立了心理健康联络点，以指导同事获得最佳可用资源。

在世界逐渐从新冠病毒感染疫情中恢复过来的同时，我们看到了快速的技术创新、大幅增员的出现、对环境可持续性的高度关注以及对公平和包容的前所未有的承诺。客户向咨询机构寻求帮助，他们仍要驾驭自己的业务领域，通过有效利用大数据，重新培训他们的员工，使他们的业务更加可持续，但这些对咨询公司而言，最重要的挑战是时间。

很多国际咨询公司为员工提供最佳的专业发展路径和学习及成长机会，每个员工都不会独自应对任何这些挑战，他们采用极其多样化和支持性的社区方式，鼓励优先考虑学徒制并关注员工的持续性学习。每年为员工的学习和发展投资，目的是让员工将工作做到最好，做真正有影响的工作。

2. 国际品牌咨询公司业绩情况

2020—2021 年，主要发达国家的咨询公司从减薪转变为强烈复苏，之后呈现上升发展趋势。

2020 年 12 月，据澳洲金融评论报道，毕马威澳洲偿还了其削减的 20%员工工资的另一部分，这意味着之前工作人员从因疫情减薪中损失 3.9%，这次偿还的薪资相当于年薪的 1.7%。但在同年 9 月，该公司偿还约 1.1%，在第二年的复活节可再次获得 1.7% 的工资薪酬，但是具体实际发放多少取决于企业的业绩。也就是说，如果两次偿还到位，因疫情的减薪损失为年薪的 1.1%。

咨询之所以能强烈复苏，关键在于新的咨询业务来了，新咨询在传统咨询的基础上脱颖而出，传统咨询中的信息数据、洞察力和独立客观的核心价值还在，但是资本、人才、技术、专利、用户等的咨询不是几个人随便组建一家公司就能完成的。2020 年 10 月埃森哲官网发布，该企业使命更新为："科技融灵智，匠心承未来"（deliver on the promise of technology and human ingenuity），科技在咨询中的地位和作用越来越重要。

时代准备抛弃你的时候，会选择什么时间点？在一个技术快速发展的时代，一旦新技术出现，促进产业发生变化的条件具备，大量新的竞争者就会如浪潮般涌现。在行业洗牌阶段，比拼的是谁更敏捷，谁更能跟上技术转轨的新速度。咨询业正处于技术转轨的时间点，在客户的眼中管理需要可量化，因此数据采集、分析工具、可视化技术都会在新的管理系统中应用，企业体系化对标学习世界最佳管理实践、产业孵化、敏捷生产、精益创业等，都采用了数字技术，形成了众多市场需求。德国人说："在科技面前，没有人能一直高高在上，时代会抛弃一切落伍者。"咨询的职业特点是总能站在变革的前列，因此国际咨询机构的咨询业务变得十分忙碌起来。

2021 年世界各大咨询公司业绩保持良好增长，即使经历了连续的疫情影响，各大咨询公司业绩普遍实现了 4% 以上的增长。

——埃森哲 2021 财年营业总收入 505.33 亿美元，同比增长 14.0%，超越德勤登顶行业第一！

——安永 2021 财年全球收入仍达 400 亿美元（2020 年度收入为 372 亿美元），按当地货币计算增长 4.0%。

——毕马威全球 2021 财年实现收入 321.3 亿美元。与 2020 财年相比，年收入实现 10% 的增长。

——普华永道 2021 财年全球营收增长 4.9%，达到 451 亿美元。

——德勤全球 2021 年收入合计 502 亿美元，按美元计增长 5.5%。德勤专业人员总数逾 345 000 名，增长 3.2%。

它们的新兴业务主要集中于数字化、环境（碳中和）、社会及治理（ESG）等方面。

3. 积极吸引人才

咨询公司就是企业的黄埔军校，大部分人在咨询公司都不会超过三年，三年之后就会跳槽到甲方或其他乙方，这是咨询公司不停招人的主要原因。

2021 年的业务转型和拓展，人才更加成为各大咨询公司的紧缺资源。

2021 年全球战略咨询公司——贝恩公司在欧洲提拔了 18 名新合伙人，作为全球年中招募 57 名新领导者的一部分。

罗兰贝格管理咨询在全球新增 17 名合伙人，其目的是持续推动其远大发展计划——通过创新平台推动可持续发展与气候行动、稳健型组织架构、智慧出行和新一代制造业的业务发展，实现了 2021 年创纪录的增长目标。

普华永道（中国）增加 20 000 个新职位，将中国员工人数翻番至 40 000 人，在中国各地的办事处投入了超过 10 亿欧元。普华永道（中国）规模几乎是该公司英国业务规模的两倍，后者拥有约 22 000 名员工，业务包括数智重塑、数字产品及解决方案、ESG 可持续发展、区域协调发展、未来人才这五大领域。普华永道亚太及中国主席赵柏基表示："随着该战略布局的全面铺展，到 2026 年，我们预计将在普华永道（中国）创造超过 20 000 个新工作机会。"

埃森哲已购买了 60 000 台 Oculus（VR）耳机，用于新员工入职和培训。

麦肯锡在 2021 年比历史上任何时期都聘用了更多的新职员，他们在云、数据处理和软件工程以及设计等新领域，支持和实施企业变革，支持业务演变及战略咨询。麦肯锡认为，自己正在与客户一起成长，客户比以往任何时候都更加需要寻求他们的支持和建议，其客户 95% 来自《财富》全球 500 强的公司。2020 年，麦肯锡在全球就已经拥有了 5000 名全职员工和 1500 多名实习生。

在国际咨询公司重视人才资源的战略部署下，他们不仅打开了员工晋升的通道，同时给员工提升个人薪酬，并与国内外大学积极合作，实现人才共建。例如，上海交大入职某国际咨询公司的硕士毕业生，工作 3 个月的薪酬包括基本工资、餐费补贴、奖金、资格证书补贴、加班费等，月税前薪酬合计 224 066.67 元，月税后收入 190 056.00 元。

4. 积极并购部署转型

为了适应咨询服务转型的需要，很多国际咨询公司都在采用并购的方式拓展自己的业务领域，增强服务能力，以满足客户的需要。我们根据不同网站寻找到了他们在 2021 年的并购足迹。

凯捷公司（Capgemini）以 2.33 亿澳元并购澳大利亚 IT 咨询公司 Empired，Empired 是一家系统集成商，成立于 1999 年，在澳大利亚拥有 1000 多名专业人员，专门从事云和数据实施以及托管服务，在 Microsoft Azure 和 Dynamics 365 端到端专业服务方面闻名，能支持其客户进行更广泛的数字化转型战略。

IBM 收购混合云咨询公司 BoxBoat Technologies。BoxBoat Technologies 成立于 2016 年，是一家位于马里兰州贝塞斯达的战略和实施服务提供商，作为云解决方案的推动者，能够帮助公共和私营部门组织使用 Kubernetes（一种用于部署和管理的流行开源平台）。

2021 年麦肯锡在全球范围内进行了并购。该公司将收购重点放在提高其数字能力上，收购了澳大利亚的 Hypothesi 和美国的 Candid Partners。IncepTech 也加入了 McKinsey Digital，它是一支由布达佩斯的 60 多名数字顾问、产品工程师和软件架构师组成的团队，这个新团队将成为新工作室的核心，成为麦肯锡在欧洲的第四家数字工作室。McKinsey Digital 在伦敦、柏林、布达佩斯和斯德哥尔摩的工作室拥有 500 多名数字、技术、设计和分析专家。2021 年 12 月麦肯锡还收购了瑞典可持续发展咨询公司 Material Economics。这是麦肯锡 2021 年在可持续发展领域的第三次收购。2021 年早些时候，他们宣布收购 Vivid Economics and Planetrics，这是一家具有宏观经济和分析能力的咨询公司。这些收购将会促使麦肯锡在可持续性和循环性经济领域具有全球顶级服务能力。

美国科尔尼公司收购了欧洲采购与供应链咨询专业公司 Prokura。此次收购不仅能带动 Prokura 加速发展，同时巩固了科尔尼在采购和供应链咨询领域的全球领导地位。Prokura 公司成立于 2008 年，在战略和实施领域已颇具声望，现有采购和供应链专家约 60 名。而科尔尼拥有强大的专家网络（拥有采购和供应链专家 650 多名）和高效的采购与供应链卓越中心，以及一整套成熟的分析工具。这些可以为 Prokura 的扩张奠定坚实的基础。Prokura 将作为科尔尼全球咨询业务旗下的一个独立品牌，保持独立的经营主体地位。

FTI Consulting 并购 BOLD，进入荷兰市场。FTI Consulting1982 年在美国成立，在 30 多个国家/地区拥有 6600 多名员工（年收入为 25 亿美元），是全球最大的咨询公司之一。BOLD 是一家荷兰咨询公司，成立于 2013 年，主要服务领域为重组、交易、转型咨询和数字化转型，FTI Consulting 在 2021 年还收购了美国罗德集团，在 2019 年收购了中东地区的 Delta Partners 和德国的 Andersch 公司。

IBM 咨询公司并购了澳大利亚 SXiQ 公司。SXiQ 总部位于墨尔本，主要业务提供云应用程序、平台和安全性的服务，并拥有包括 AWS 和 Azure 在内的迁移平台上的企业所需工作负载的专业知识，它加入 IBM 咨询公司主要是为了快速扩展的混合云服务业务。SXiQ 将继续使用其品牌并保留其团队。

因供应链中断情况的不断发生，导致市场需求不断增长，普华永道并购了主要提供供应链管理技术的 Olivehorse 公司。Olivehorse 成立于 2012 年，专门为 SAP、Anaplan 和 Kinaxis 的客户提供端到端的供应链规划和管理解决方案。它是少数几家成为 SAP 金牌合作伙伴或获得供应链管理认可的专业认证的独立公司之一。

埃森哲收购了位于奥斯汀的云原生定制软件开发公司 Headspring 的咨询部门，主要加强该公司的 Cloud First 业务，公司在三年内对该业务的投资额为 30 亿美元。Headspring 成立于 2001 年，在美国和墨西哥拥有大约 90 名员工，其主要业务是帮助客户开发云应用程序、组织企业架构和应对数字化的挑战。

德勤并购了甲骨文（Oracle）云的 BIAS Corporation。BIAS Corporation 是一家总部位于佐治亚州罗斯威尔的 IT 咨询公司，这次并购能加强 Oracle 云应用程序和基础设施方面的现有能力，以满足对云迁移服务不断增长的需求（包括在 Oracle 平台）。BIAS Corporation 成立于 2000 年，在美国和印度的办事处拥有 350 多名员工，主要业务是帮助客户实施和运营基于 Oracle 云的基础设施、数据库、插件、应用程序、数据分析和安全等。

5. 涌进数字化转型

本来数字化转型方兴未艾，因新冠病毒感染疫情暴发，客户对数字化转型咨询的需求呈现快速增长势头，CMCK 组织认为数字化进程因为疫情至少加速了 5~10 年。在疫情的影响下，很多正在执行的大项目人手变得十分紧张，所以很多机构只好加大对云技术、人工智能、新一代数字化转型解决方案的投资。咨询公司为了满足客户对数字化需求的最新变化，拓展了与技术伙伴的业务联盟，共建伙伴生态系统，以实现持续增长。

几乎所有的国际咨询公司都新增添了数字化转型的业务，我们可以用数字革命来描述这种业务潮流，而且它正在超越简单的电子商务，以重塑商业模式，颠覆整个行业。无论是在消费领域还是在媒体、生命科学及工业领域，变革的步伐都在加快。随着机器人技术、人工智能（AI）和物联网（IoT）逐渐成为主流，咨询客户企业的领导者正在积极采取措施，利用数字机会并避免数字威胁，企业必须基于知识的部署和应对，而不是感性的猜测，因此这方面的市场需求引领了咨询服务的转型。

6. 布局碳中和

目前气候危机持续加剧，自然灾害（如每年影响数千万人的干旱、洪水、野火和飓风）的严重性、频率和应对成本都在增加。国际咨询公司普遍认为碳中和是咨询公司的社会责任，世界要想在 2030 年温室气体排放量减少 45%（基于 2010 年的水平），到 2050 年实现净零排放，咨询公司一定要制定正确的战略和务实的方法来帮助广泛的行业和非营利性部门更快地减少碳排放。

咨询公司认为，兼具战略性和务实性的方法是减少碳排放的最有效方法。气候挑战的核心是保护我们所有资产（自然和人造）的价值。咨询公司应帮助企业客户（其中许多以净零碳排放为目标）坚定他们的信心，通过系统地降低其资产、运营、供应链和产品组合的碳强度来建立可持续性目标。他们还与领先的非营利性组织合作，开发基于市场的气候变化解决方案。

在国际咨询公司看来，加速碳转型的最好和最快的方式是让企业将碳中和嵌入到客户的发展目标中，嵌入到他们如何创造价值中去。许多客户公司将碳减排视为额外的合规成本，因此很难获得实现真正变革所需的支持和投资。但实际上，可以通过为地球做正确的事情来释放巨大的价值。

7. 2021 年北美咨询公司前 10 名

Firsthand 网站对 2021 年北美咨询公司进行了前 50 名的排名，他们主要根据以下指标对北美咨询公司进行评选：

——30% 行业威望（prestige）；

——15% 企业文化（firm culture）；

——15% 公司满意度（satisfaction）；

——10% 薪资（compensation）；

——10% 工作生活平衡度（work/life balance）；

——10% 挑战性（level of challenge）；

——5% 整体商业前景（overall business outlook）；

——5% 晋升政策（promotion policies）。

其中前 10 名的咨询公司见表 2-1。

表 2-1　2021 年北美咨询公司前 10 名

序号	公司名称	理由	分数
1	贝恩	国际著名的三大战略咨询公司之一，也是最以员工为中心的公司，在员工的培训和发展上投入了大量时间和精力，为他们的职业生涯打开大门，他们投资员工的主要目标是从内部培养未来的领导者	9.249
2	麦肯锡	全球咨询公司的巨头，被广泛认为是世界咨询领域的领头羊。它通过令人难以置信的多元化实践和对客户敏捷及有效地交付解决方案，践行着“不同的世界，一个麦肯锡”的理念，所有这一切都使它成为最高水平的咨询职业训练场	9.248
3	波士顿咨询集团（Boston Consulting Group）	按收入计算的第二大国际咨询公司，其多元化的全球团队为组织带来深厚的行业和专业知识，帮助客户成长并建立可持续的竞争优势，该公司以目标为导向，努力为其员工、客户和社会带来持久的影响力	9.217
4	Bridgespan 集团	作为贝恩公司的一个专注于为社会领域提供咨询服务的分支机构，已成为该领域领先的服务提供商。很多来自咨询和非营利性领域的顶尖人才都希望加入它。虽然它不能容纳所有人，但它确实确保了公司队伍的持续不断壮大	8.140
5	安永 Parthenon（EY-Parthenon）	作为专业服务巨头安永公司的战略咨询部门，它是全球最大的战略咨询公司之一，在全球设有 700 多个办事处。通过利用其母公司的基础设施及其国际人才网络，它希望在扩大技能组合的同时，加深求职者的学习体验	7.996
6	BoozAllen Hamilton	作为为政府服务的最知名的公司之一，从数字化转型到尖端网络安全等方面都拥有深厚的专业知识。拥有近 30 000 名员工，在现有安全许可专业人员的招聘过程中拥有明显的优势，也是现任和前任军人就业的首选目的地	7.992

续表

序号	公司名称	理由	分数
7	奥纬咨询（Oliver Wyman）	作为一家业务遍及五大洲的大型咨询公司，致力于为员工提供一种创业精神、非等级制度的文化，让人才在复杂、高知名度的客户服务中相互合作。该公司一直被整个咨询行业公认为“最佳工作场所”，并承诺提供“杰出人才可以茁壮成长的环境”	7.942
8	科尔尼（Kearney）	长期专注于采购和运营的全球管理咨询公司。该公司与超过 3/4 的《财富》全球 500 强企业以及政府和非营利性组织合作，是一家在国际上享有盛誉、发展很稳健的中型咨询公司	7.916
9	雷克咨询（LEK Consulting）	作为一家全球管理咨询公司，其客户主要为小型初创公司及大型私募股权公司。该公司总部位于波士顿，业务遍及四大洲，几乎触及全球每个主要市场。在广泛的客户和能力方面拥有深厚的行业知识，在相对中等规模的公司中创造了大量类似于“大公司”的机会，可以为员工提供比一些大型竞争对手公司更个性化的体验	7.834
10	普特南（Putnam Associates）	作为一家全球专业咨询公司，保持了使其成功的品牌和文化，同时获得了在医疗保健和生物制药行业更快的扩展能力。公司除了拥有对生命科学咨询的承诺和专业知识之外，还有一种“让彼此发挥最好心态的决心”。普特南承诺与志同道合的专业人士一起组建热情工作的咨询团队，通过一起培训来获得行业实用知识的绝佳场所，同时为客户提供卓越的价值服务	7.729

在本次排名中，麦肯锡跌落榜首。

8. 跨国咨询公司在中国的发展情况

2021 年在中国注册的跨国咨询公司的分支机构业务普遍保持增长，且不断招聘新员工，在数字技术安全和碳中和等方面加大了设备和人员培训的投入，他们认为中国迟早会成为全球最大的咨询市场。很多公司从 20 世纪 90 年代的十几人，经过 20 多年的发展，有的已经发展到几千人规模，并随着中国咨询市场的不断壮大而成长起来。目前中国咨询市场不断出现新的业务增长点：数字化转型、碳中和、技术创新等，刺激着工作机会的增加，也扩大了他们在中国市场的渗透率和下沉率，增长成为一种必然。

根据我们从国内不同网站的跟踪查找，据不完全信息汇总，2021 年跨国咨询公司在中国的咨询服务中标项目为 87 项，项目金额总计为 2.376 163 69 亿元[①]。其中，按项目数量排序依次为：德勤企业咨询（上海）有限公司 26 项，金额小计 4215.95 万元；毕马威企业咨询（中国）有限公司 16 项，金额小计 3714.95 万元；普华永道管理咨询（上海）有限公司 15 项，金额小计 3551.74 万元；安永（中国）企业咨询有限公司 12 项，金额小计 3670.9 万元；波士顿咨询（上海）有限公司 5 项，金额小计 2016 万元；麦肯锡（上海）咨询有限公司 3 项，金额小计 3086 万元；科尔尼（上海）企业咨询有限公司 2 项，金额小计 665 万元；罗兰贝格企业管理（上海）有限公司 2 项（其中一项为联合中标），金额小计 1139 万元（包括联合中标项目的金额）。

在中国的跨国咨询公司在帮助中国企业和公共机构的同时，积极为我国社会发展做出贡献。例如，我们追踪的信息表明，在 2021 年河南遭受极端天气突降内涝期间，他们积极向受灾地区捐款，普华永道向河南省慈善总会捐赠人民币 60 万元，德勤公益基金会理事会向郑州慈善总会捐赠人民币 50 万元，毕马威向中国扶贫基金会捐赠人民币 60 万元，安永管理团队通过河南省慈善总会向河南捐赠人民币 100 万元。

① 在中标的 87 个项目中，有 10 个中标项目只能查到项目名称，查不到中标金额，因此在项目总额中没有包括这 10 个项目的金额。

二、国际咨询公司主要观点摘编

1. 技术复杂性导致创新能力减低

许多大公司在信息化和数字化转型过程中，拥有大量的数据库和报告，通常彼此重复，技术、流程和数据环境的复杂性使得安全有效地实施变革变得非常困难，而推动大规模创新更具挑战性。

在如此复杂的技术环境中，管理降低运营成本是极其困难的。如果淘汰技术和数据架构中，紧密耦合的应用程序难以运行，使管理和变更风险很大。看似很小的项目很快就会变成庞大而昂贵的工作，时间不断被延长。若想淘汰一个应用程序，也要不可避免地对上游和下游进行更改，这种增加的成本会侵蚀正常的业务发展，因此往往导致保持原型。若编写它的软件工程师离开或退休，那么维护生产中运行的基本数据和遗留代码的成本就会越来越高。因此在企业数字化转型的过程中，一定要注意防止这种复杂环境的形成。

2. 全面迎接人工智能

人工智能（AI）正引领全球人类活动从常规劳动转向创造性工作，来提高生产力，增强分析能力，并极大地改善消费者体验。咨询顾问正在人工智能发展的前沿努力拓展，但是他们建议人工智能发展中主要注意以下几点。

- 提高领导者了解 AI 能力和人工智能在市场上的含义

有效使用人工智能的许多主要障碍与技术无关，缺乏数据能力是一项重大挑战，同时劳动力市场中人工智能人员的短缺和更广泛的社会问题也是令人担忧的问题之一，利用人工智能的全部力量最终是一项战略选择而非技术努力。领导者应有责任面对这些挑战，同时为其组织确定最佳前行的道路。

- 人工智能绝不是一个简单的投资或能力替代

咨询机构的研究表明，企业客户特别关注人工智能在 4 个领域的潜力：优化、个性化、自动化和预期维护。总的来说，这些功能可用于改善消费者体验——通过自动驾驶汽车、智能家居、新疗法、精选内容产品等，人工智能正在改变传统行业。

• 充分考虑客户利用 AI 技术的复杂性

充分利用 AI 的力量并非易事，但它对于现在和未来几年的生存和发展至关重要。要根据客户的实际情况，找到制定增强 AI 能力执行手册中的关键要素。

3. 客户数字化转型要素评估

2021 年在前 50 家咨询机构排名第九的 LEK 咨询，认为帮助客户进行数字化转型，要在 6 个关键领域评估数字化转型的可能性并采取行动：数字战略与转型、数字评估、渠道策略、客户体验、供应链和生产（工业 4.0）以及数字化工作方式。

• 数字战略与转型

数字时代的成功需要适当的分析和规划。批判性地评估数字化趋势会对企业市场、客户、内部组织和供应链等造成什么影响，这是制定清晰战略和转型路线图的第一步。接下来要了解数字产品、产品和商业模式与传统结构有什么不同，产生哪些不同的经济效益，并阐明不同的战略重点。根据企业目标、投资和风险概况以及其他因素分析这些事实基础，进一步明确一系列复杂的战略选择，并揭示成功所需的优先事项、投资（包括潜在收购）和组织演变情况。

• 数字评估

企业的数字“足迹”包括上市方法、数字分发和实力表达、数字和数据产品组合以及支持资产和能力。将这些足迹与客户期望以及竞争者进行比较，能帮助客户更好地了解企业现在的数字能力和产品位置，以及是否存在需要注意的特殊差距。对机会和风险进行衡量，这会为近期和长期的数字优先事项提供信息。

• 渠道策略

鉴于当今企业可以使用许多直接和间接的数字和物理渠道，开发正确的生态系统渠道非常复杂。许多公司正在从传统的渠道战略向其生态系统方向转变，这使前进的道路更加复杂。制定全渠道战略（包括有效的数字化计划）和优化特定渠道策略，对于扩大销售和营销最大范围、增强盈利能力、管理好固有冲突至关重要。

• 客户体验

卓越的用户体验会考虑客户旅程中的所有主要接触点，满足核心需求，并在理想情况下超出预期。无论您是面向消费者的零售商还是工业零部件供应商，数字时代正在为他们与供应商的互动方式以及优质服务的定义带来完全不同的客户偏好。了解这些不断变化的需求并相应地执行不仅可以提高满意度，还可以创造真正的竞争优势，从而提高客户忠诚度。

• 供应链和生产（工业 4.0）

第四次工业革命即将来临，它正在迅速改变制造和商品供应的方式。自动化、人工智能和实时分析只是改变供应链和制造运营的一些技术进步。了解这些新功能所带来的可能艺术，以及价值链中断的风险，对于企业来说至关重要，因为它会考虑其更广泛的战略选择并权衡未来的投资决策。

• 数字化工作方式

除了影响企业的产品供应和交付模式外，增强现实（AR）/虚拟现实（VR）、分析和数据可视化工具以及数字孪生等一系列数字创新对管理实践、决策制定和一般工作方式改变都有显著的影响。应用一系列数字化工作的最佳实践——其中组织和流程通常比技术本身更重要——它可以释放有意义的新潜力，建立差异化并做好企业定位，以在竞争激烈的市场中保证企业持续成功。

4. 碳减排

根据最新的联合国全球契约进展报告，在接受调查的公司中，只有不到 25% 的公司认为他们将气候变化政策纳入其总体战略中，并努力走上正轨。但即使是那些已经设定了明确减排目标的公司，也很难平衡短期成本压力和长期战略目标，对于许多人来说，制定可持续发展的商业案例仍然是一项艰巨的任务。

世界范围内的 CEO 们越来越认识到绿色的必要性。他们明白，在未来几十年，环境可持续性将推动其核心业务：融资、产品组合和设计、供应链、销售和售后、品牌、采购，甚至生产足迹。

咨询公司经过实践研究，从资金、运营、生产、客户体验等4个方面帮助企业实现碳减排目标。

• 卓越资本

咨询机构以一流的思维方式，最大限度地影响其资本项目组合和项目交付价值链。通过在重要的时间和地点注入技术和高级分析，并结合能力建设，推动对资本转型的端到端有效性，从而降低风险、节省资金、加快进度、增加回报和提高绩效。建立具有管理复杂工作流的技能团队，通过数字和敏捷技术支持严格、整体的方法，帮助提高整个投资组合的回报和计划绩效，以调整资本战略、优化投资组合并转变跨资产类别的项目开发和交付。

• 利用供应链和制定运营制胜战略

指导客户设计和实施经得起时间考验的运营战略，同时创造敏捷性和商业运营优化的产品组合。用跨学科方法——从商业、营销、IT和数字以及产品设计中汲取洞察力——帮助客户释放更高层次的生产效益。

• 产品开发与采购

用设计和开发的协作方法引导新产品、服务和软件的创建。咨询方法结合客户实际，运用技术、运营和市场洞察力，以及咨询公司与合作伙伴关系，创造了令人兴奋的新产品和服务组合，为客户提供正确的体验。

• 改善客户体验和运营

在整个客户旅程中跨传统和数字接触点转变客户体验，为客户关怀和服务业务创造价值。今天的客户越来越复杂，无论消费者如何与客户公司互动，他们都希望获得无缝且精心设计的客户体验。然而，许多组织难以理解真正推动客户体验的因素，以及改善这些体验如何创造价值。

在减排的路途中还要避免沙漏效应，与其他转型相比，可持续发展举措的成功率较低，其中只有7%实现了所有目标，原因之一是沙漏效应。企业的工作人员可能对碳减排的知识有限，并且几乎没有管理权衡的经验，与任何转型一样，严格地变更管理计划可确保取得成功。但它始于一套务实的有意义的执行步骤。领导力可以通过简化目标、明确权衡来做出良好战略决策，而且为员工提供必要的培训和教育。

——是否进行碳转型是企业战略的组成部分，对分配资源和竞争要素进行考虑了吗？

——是否同时解决防御（碳转型带来的转型和物理风险）和进攻（碳转型带来的商业机会）？

——是否有计划获得市场份额或溢价定价，客户在碳领先方面获利了吗？

——是否嵌入了有意义的内部碳价格来为整个组织的决策提供信息？

——是否能够像成本一样跟踪、报告和管理温室气体排放？

——激励措施是否与碳减排成功相关？

——是否有人负责碳转型管理变革？

5. 企业生态系统正在崛起

生态系统商业模式正在提高绩效、加速创新并推动组织的转型增长、越来越多的组织正在从生态系统的商业模式中创造价值。高性能生态系统的领导者在以下 3 个关键领域具有相较于传统方法的优势。

• 增长：生态系统通过新的联合主张和新领域推动增长，同时帮助以更低的成本降低交付。

• 研发：生态系统提供了获得适合资产、人才和专业知识的途径，这有助于提高研发成功的可能性。

• 并购：生态系统提供了更高的增长机会和更快的执行速度，因此可能带来更好的业务成果。

除了具有以上的优势外，生态系统有助于创新，主要表现为：

• 生态系统商业模式的好处远远超出单个组织的界限，并有可能影响整个市场和价值链。超过 85% 的高管同意，生态系统是将大公司与小型颠覆者联系起来并促进跨价值链和相邻行业创新的有效方式。

• 生态系统商业模式的更广泛影响正在市场上发挥作用，因为企业不仅使用生态系统来建立新的关系，而且还挑战行业边界以进行大规模创新。例如，在线零售商正在与实体店合作，为客户提供更便捷的体验，全球科技公司正在利用初创企业的创新生态系统来推动技术发展。

在 2021 年 CEO 势在必行的研究中，31% 的受访 CEO 表示他们的战略包括业务合作伙伴关系的外部生态系统。生态系统研究表明，拥抱生态系统的公司正在产生巨大的价值。来自生态系统的部分公司中 71% 的商业领袖认为生态系统对其公司的成功非常重要，91% 的人认为生态系统提高了他们的业务弹性。作为成功的进一步证据，与 2020 年的生态系统调查相比，这些公司也在扩大对生态系统的使用：平均关系数量从 5 个增加到 7 个，58% 的受访者拥有 4 个以上的活跃生态系统。

许多公司正在加大投资力度，进一步证实了生态系统日益增长的战略重要性。例如，根据其 2020 年度报告，IBM（安永生态系统合作伙伴）向其混合云生态系统投资 10 亿美元，促进合作伙伴在满足客户需求方面能够发挥更大的作用。

调查受访者报告称，生态系统平均贡献了 13.7% 的年总收入、12.9% 的成本降低和 13.3% 的增量收益。在某些行业，这些数字甚至更高，电信行业的受访者表示，成本降低和收益增加平均超过 16%。

6. 促进社会的公平发展

以人为本、用数据驱动为社区服务。纵观历史和现在，许多社区在获取发展机会和公共资源方面遇到了障碍。咨询机构融合了以人为本的设计、采用 CX 方法和客户之声工具，以指导客户探索社区对服务和其他资源的访问。用 CX 方法评估的目标包括：

- 评估计划分配中的当前公平状态。
- 确定目前阻碍项目间公平性发展的因素。
- 发现发展机会以促进整个部门的公平。

在咨询方法中，最关键组成部分是在选定的任务领域内举办 9 个密集系列的协作研讨会。这些研讨会的特色活动是将行为心理学原理与传统的以人为中心的设计工具相结合，帮助客户确定哪些法规和复杂资格给服务不足的社区带来了过度的负担和要求。咨询顾问还跟踪了社区特定项目参与率的下降情况。通过这些研讨活动大大推进了客户对不公平产生的根本原因有了深刻的理解。

三、咨询案例研究

1. 解决技术环境复杂性的方法

通常对于技术数据环境的复杂，对于大型组织而言，几乎是灾难性的，为了防止这种情况的出现，咨询公司给出了以下建议。

• 测量复杂性，管理复杂性的第一步是弄清楚如何衡量当前状态。

• 有多种方法可以量化复杂性，许多旨在降低环境的复杂性，但实际上会增加环境的复杂性，这一点需注意。

• 授权架构师考虑复杂性，并允许他们引导业务决策者沿着降低复杂性路线行进，同时要满足业务需求，这一点至关重要。为此，业务和技术领导者需要定义并同意遵循顶级技术标准。

• 推动战略合作伙伴和技术供应商将其平台设计模块化、支持灵活的部署模型并全面利用应用程序编程接口（API），这一点也很重要。

• 建立防火墙：在企业技术复杂性降低的情况下，可以通过使用标准 API 的组织和功能之间的数据合约、权威数据源定义、业务管理和管理团队之间信息流的标准化等建立防火墙，将整体架构分解成可管理的模块。

一旦引入了这些防火墙并创建了应用程序段，就可以稳定它们之间的接口。完全负责某个部分的团队可以更自由地在其职责范围内进行创新和实现智能化。如果操作正确，整个企业的复杂性就会降低，创新会加速。

2. 领先金属生产商和制造商的 10 年数字化转型路线图（LEK 咨询案例）

（1）咨询项目背景与挑战

客户是一家领先的金属生产制造商，迫切需要制定数字路线图，并在整个运营过程中整合新的数字能力。该企业面临着一系列行业挑战，如供需波动、日益严重的环境约束和安全问题以及熟练劳动力的短缺等。与此同时，其业务也越来越多受到数字化竞争对手的挑战，以及通过数字解决方案，提高客户群的可访问性和可见性。

客户需要咨询顾问帮助他们了解与潜在数字化投资相关的“可能的艺术”，根据其战略和财务价值应优先考虑哪些机会，并了解如何在数字化转型中进行重组以取得成功。

LEK 咨询的任务是为 4 个独立的业务部门（BU）制定 10 年数字路线图，其中包括对客户目前 IT 和 OT 能力进行全面核查；识别、量化和优先考虑数字投资机会；评估并推荐构建数字化组织的最佳方式，以实现路线图的成功。

（2）方法和建议

在参与过程中，他们讨论了 6 个基本的数字主题。

• 数字能力评估：评估客户在整个技术堆栈中的数字成熟度，包括 IT 和 OT 资产，确定关键资产和需要解决的关键差距（图 2-1）。

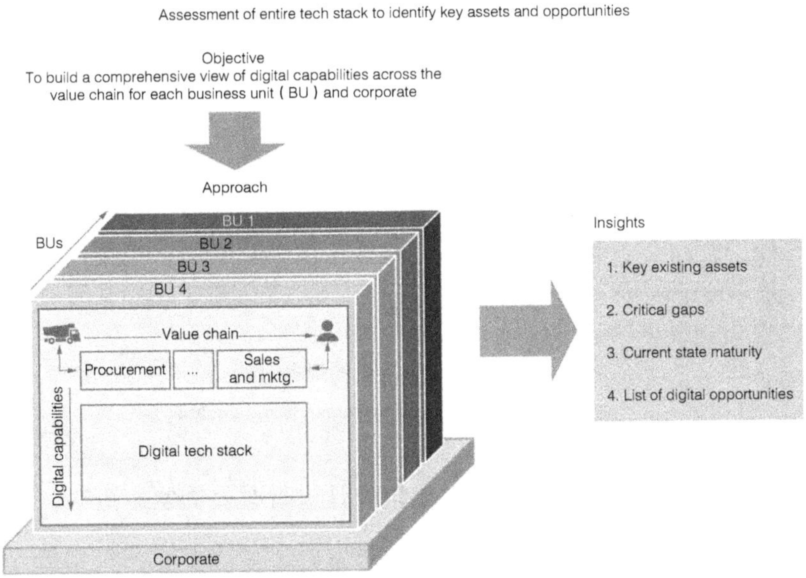

图 2-1　涉及关键资产和机会的数字能力评估

（资料来源：L.E.K. research and analysis）

• 可能的艺术：强调了数十种相关且具有潜在高影响力的技术用途，以说明通过数字化转型计划来实现的成果情况。

• 战略要务：评估客户的战略并分析竞争组合，明确客户开发关键数字的能力，维持和提高其市场地位。

• 数字化路线图开发：为4个业务部门制定了详细的10年数字化转型路线图，共计50多项独特举措，以满足客户持续盈利增长的战略需求。

• 财务分析：制订了10年投资计划，其中包含每个计划的预期时间表和投资回报率，采用组合方法来确定投资优先级，使用中期计划来推动发展并为长期发展提供资金（图2-2）。

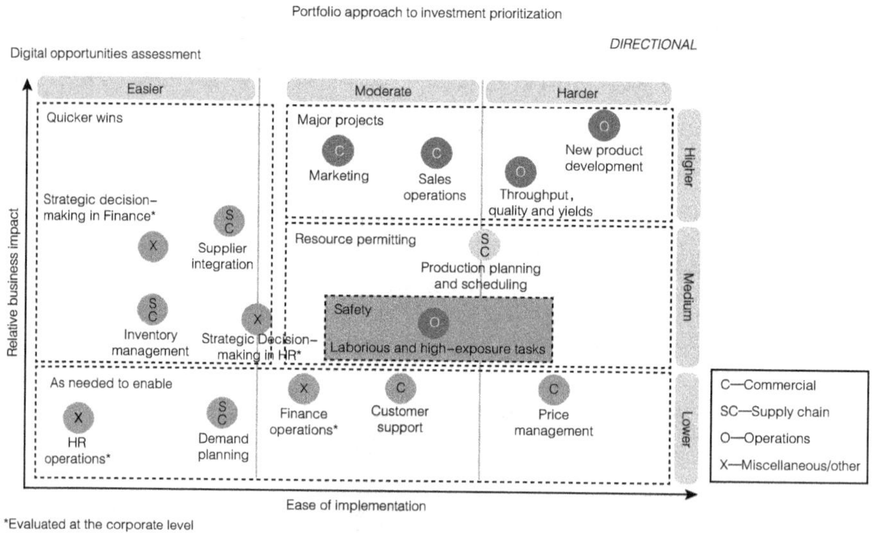

图 2-2　投资的财务分析

（资料来源：L.E.K. research and analysis）

• 关键成功因素：建议对组织设计进行必要的紧急更改，以适应执行数字化路线图的需要。

（3）咨询结果

客户现在对30多个优先数字化计划，以及为执行该计划，组织应做出关键性变革的建议有了清晰的认识，优先数字化计划按顺序考虑了技术依赖性、影响程度、实施的难易程度、时间等要素。总体而言，该路线图使客户准备了未来10年内获得数亿美元的累积税息折旧及摊销前利润（简称EBITDA）收益。

3. 推进金融服务在碳减排中的作用

为实现其根据《巴黎协定》中规定的 2030 年减少碳排放的目标，荷兰跨国合作银行在咨询公司的帮助下，用其贷款组合促进企业脱碳，即通过其贷款和投资活动在加速碳转型方面发挥了关键作用。

咨询顾问分析表明，较高的可持续性与较低的贷款违约以及更低的信用风险密切相关，即使在控制公司规模、盈利能力和风险性情况下，甚至在风险评级完全相同的公司之间也是如此。因此，除环境效益外，脱碳还可以提高荷兰合作银行客户的财务稳定性并改善银行投资组合的信用风险。

贷款组合脱碳是一项复杂的工作。它需要确定当今的碳排放基准线，有效地获取可持续性数据，设置适当的脱碳路径，并让客户参与减缓碳排放。像荷兰合作银行这样的组织规模，对碳排放进行估算是贷款组合脱碳的必要部分，通过咨询顾问的分析工作，帮助客户开发了可靠的技术，用于部分投资组合。此外，咨询团队提供的证据表明，具有较好可持续发展绩效的客户，其违约率明显降低，进一步调查分析表明，贷款组合脱碳有可能触发其投资对象的战略投资组合决策。

例如，咨询团队帮助荷兰合作银行对其 Puig 公司进行投资，Puig 公司定位为化妆品行业内可持续发展的领导者。因为该公司认识到减少温室气体排放是具有潜在影响力的重大领域之一，这家公司总部位于巴塞罗那，拥有一系列高端美容和香水品牌，Puig 正在致力基于科学碳目标倡议（SBTi），倡议旨在通过设定基于科学的减排目标，来能够促进私营部门的气候行动。Puig 正在努力实现 2050 年净零排放。

4. 森林生态与野火的控制

近五年来，野火烧毁了全球的众多森林，夺去了很多生命，咨询顾问们与森林保护组织进行合作，建立了从商业角度加快生态恢复的模式，并寻找到了扩大生态恢复规模的可行方式，减少了野火助燃的燃料。

生态林恢复受高成本和木材加工基础设施不足的限制。咨询顾问帮助森林保护组织建立了自付费用的木材加工园区。咨询的工作主要围绕以下几个方面展开：评估小直径木材市场，鼓励采伐小直径木材，因为它很容易燃烧并有助于火势蔓延；还评估了生物能源替代技术，建立了园区发展的模拟运作方式，制定了详细的盈亏平衡经济模型，包括对国家补贴的估算。

在森林生态保护中，与森林生态利益相关者的参与至关重要。作为咨询顾问实地工作的一部分，他们采访不同的利益相关者，并组织设计思维研讨会，汇集了来自学术界、非营利部门、私营企业、政府和投资者，一起就森林恢复的最大障碍和不同木材用途的话题进行讨论，并达成共识。

为了降低森林恢复成本，同时做好环境保护，咨询顾问对客户所在区域的政策和预算提案进行了必要的市场、经济和技术分析，目前已经取得了一些积极的成果：建立了基于林业的碳信用计划，将有兴趣从碳信用中获取一定收入的森林所有者与希望抵消其碳足迹的公司联系起来。建立起他们之间的经济可行性至关重要，这里也涉及广泛的利益相关者，包括林业协会、土地所有者和潜在的信贷购买者。

咨询公司正在帮助客户寻找减少碳排放的机会。特别是在新业务的设计中，面对不同的竞争对手，与客户一起测试和学习，快速部署资本，并吸引不同的人才和资金。帮助客户在运营模式和能力上快速达到碳减排的目标，充分利用客户公司在技术、合作伙伴关系和客户关系的优势。

5. 建立吸引人才的云平台

人才已经成为当今世界发展的重要资源，咨询机构与数百家在组织开展云平台合作研究和经验的基础上，利用云技术帮助客户摆脱人才短缺的困境，他们确定了 6 项措施帮助企业建立顶级云人才平台和运营模式，其主要内容如下。

（1）寻找具有广泛经验和技能的工程人才

首先要了解我们需要什么样的人才。云人才分为三大类：

工程师，他们通常确定可以使用哪些云服务以及如何安全可靠地使用；

开发人员，他们专注于将这些服务组合在一起以提供创新成果；

非技术人员，他们通常专注于实现最大的云优势，同时保留其职能带来的核心价值。

（2）平衡人才成熟度和团队构成

有广泛经验、丰富知识和多个专业领域的云工程师是稀缺的，咨询研究表明：在成功的 IT 组织工程师中约有 30% 处于顶级“专家”和“精通”层，50% 处于中层（“有能力”），20% 处于初级（“新手”和“高级初学者”），只要团队拥有具有互补背景和技能的工程师，即便经验较少的工程师仍然可以为云团队带来价值。这样就可以通过平衡具有不同成熟度、吸引策略和团队组建的方式来解决人才短缺问题。

（3）建立了广泛的、强制性的、以需求为重点的技能提升计划

从组织内部升级员工的技能，如果能找到正确的方法，内部人才的技能差距就会缩小。咨询顾问评估了那些最好的公司，发现他们的成功在于精心挑选了高潜力人才，并为他们创造特定的机会来加速他们走向技术领先的道路。为了确保广泛参与技能提升计划，咨询顾问团队还帮助客户建立了激励措施，包括由个人绩效评估支持的强制性和量身定制的云学习之旅，同时发现客户培养自己员工的成本不到招聘的一半。实际上新员工不仅很难找到，而且离职的员工人数已是在册员工的 2~3 倍。对于高级领导层，培训应侧重于加深对云技术和业务影响的理解，以实现公司战略。

（4）建立优化开发人员体验的文化

许多架构师不太明白为什么他们设计的新解决方案常常会出现问题，并与他们精心设计的架构发生冲突，忽视他们以不同方式做事的价值潜力。云工作团队应从技术实现层面转为怎么做才能实现变化。客户公司需要建立云人才蓬勃发展的文化，用一种新的运营模式来支持云技术的发展。云团队要有自主权，可以不断地在产品和平台上自动减少工作量。力争让云人才专注于重要工作，远离辛苦工作和会议，重视他们的动手工作能力，这些都有助于留住人才。保护云人才构建业务创新的工作激情，建立心理安全感（如建立“无可指责”的事后分析、实施反馈和输入机制以及提供安全的实验环境），而不是让他们等待和追逐批准，这些文化建设对于吸引和留住人才尤为重要。

（5）采用合作伙伴方式加速人才开发

可以与专业人才公司合作的方式解决人才不足的问题，与他们有效合作的出发点是要超越供应商交付管理的做法，将能力建设放在核心要素的位置。客户公司要倾向于使用更少、更专业的云合作伙伴资源，并为云人才设定更高的提高生产力和能力期望。云合作伙伴所扮演的重要角色，就是与最优秀 IT 人才合作。

（6）激励顶尖人才留下来

不到一半的云专业人员在聘任单位一般不超过两年。那么如何让他们保持更长的工作时间呢？咨询顾问的分析表明，薪酬、能掌握前沿技术、工作环境和专业发展是激励他们的最大动力。

最后，随着远程工作越来越成为现实，应该将允许员工远程工作这种运营模式制度化。这包括扩展协作工具、安全协议和远程友好的团队合作方法等。这不仅可以帮助提高人才的保留率，还可以成为吸引人才的工具。

（执笔人：璐羽）

第三章　案例研究

为了促进我国咨询客户和社会公众对咨询作用和咨询价值的进一步理解，我们将咨询服务的全过程，包括咨询水平和深度、咨询团队的专业知识和职业能力、咨询顾问的职业道德和人生修养以及他们对社会的深度思考和总结用案例研究的方式记录下来，呈现给读者，希望能给读者带来更真实、更有影响力的启迪。我们深知这种对中国原生态咨询案例的研究，不仅能促进中国咨询机构之间的交流、分享和共同进步，还能促进中国文化特色的商学思想体系的形成，进而对世界商学贡献中国力量。

案例研究是一种特殊文体，既不是工作总结、报告文学，也不是广告，虽无深奥可言，但也是有自身的特点和功用的，它寓理于事，在描述某一客观事件（案例）过程中，表达这一事件所涉及的决策、政策和管理思想的形成过程，在娓娓道来之际，给读者留下宽阔的创造性的思维想象空间，让读者有一种身临其境的感觉。

在咨询案例研究中，所有人都重视客户的机密性。有的咨询案例采用了隐去或改变客户名字的做法，但我们保证所有咨询项目都是真实存在的。

1 绿洲枣香

——内蒙古鄂尔多斯沙漠治理生态新兴产业咨询案例

绿洲枣香——内蒙古鄂尔多斯沙漠治理生态新兴产业咨询项目组成员

机构简介

天津滨海规划建筑设计有限公司

——为新兴事业发展赋能的规划师

天津滨海规划建筑设计有限公司（以下简称“BPAD”）始建于1985年，曾隶属于天津经济技术开发区管委会。在国家企业体制改革的大潮下，勇担使命，砥砺前行，快速完成了股份制深化改革。为适应市场，面对国内外环境的变革，BPAD率先成立了产业发展咨询中心，并响应国家乡村振兴政策的号召，于2018年在产业发展中心独立设立乡村振兴研究中心。公司现有技术咨询人员100余人，持有建筑设计甲级、规划乙级、风景园林设计乙级、市政水乙级、咨询、施工图审查等资质。

产业发展咨询中心、乡村振兴研究中心是BPAD主要咨询业务的完成机构。依托于多年积累的经验，主要在产业发展策划方面为客户提供了精准而有价值的咨询顾问服务。其中尤其对各级政府提供的乡村振兴类项目的咨询服务，赢得了市场的普遍认可。在乡村振兴项目中，将农业、旅游、文创、科技、流通、运营、金融等相关产业资源，通过模式研究、区域匹配、技术落地一整套成熟合理的方法高效整合，为政府和企业提供完整的产业解决方案，并协助其打造乡村振兴的社会平台。

公司先后在天津、北京、内蒙古、河北、安徽、山东、广西、山西、福建、四川、海南等诸多省份完成乡村振兴产业咨询项目，其中内蒙古两个项目获得科技部2020年度科技咨询协会创新奖。

中心业务涵盖：乡村振兴、健康养老、文化旅游、园区运营、新能源开发等板块。

在乡村振兴板块中，BPAD与天津农交所形成深入合作。通过农村资源流转平台的建设，建立起依法合规的资产资源的资本化过程。由其对乡村振兴的设计建设、产业发展、绩效评价形成了有机闭合、高效推动，最终建立起有效成熟的乡村振兴模式。

其中通过农村主体社会资源的综合盘点与整理，引入开发，解决资金来源问题；通过科技部门、社科部门、贸易经济部门的综合探索研究，解决建设目标问题；形成最终实现集现代农业产业、休闲旅游产业、大健康产业、新能源产业与田园社区协调为一体的拥有特色文化的新乡村小镇。

同时，在城乡社会中推动智慧健康养老产业的发展，促进大健康产业链资源整合。通过咨询帮助康养项目成功签约、取得高性价比土地，重点引入日本、欧洲等先进国家养老产业经验、产业资源服务，吸引投资者，协助企业规避投资风险。康养中心于 2019 年 4 月与日本专业的养老机构——日本（礼爱）RIEI 亚洲株式会社签署了战略合作协议，协助其以全新的合作方式共同开拓中国市场。

近期完成的咨询服务项目：天津市乡村温泉旅游示范小镇；滨海新区中心渔港交易中心总体策划。

本案例旨在说明在农业产业咨询项目中，咨询团队如何发掘产业最具特色的亮点，并据此打造品牌和产业核心竞争力的探索之路。

项目背景

本项目位于内蒙古自治区鄂尔多斯市库布其沙漠腹地，临近达拉特旗某生态示范区。

2016 年，当地企业 M 公司获得由政府审批的荒漠土地 5000 亩[①]。M 公司领导王先生带领着公司职工和周边乡亲，从购买灌溉设备开始，顶着沙尘和烈日，一锹一镐植树育苗，扎实耕耘，在无垠沙海中艰难起步，开始了红枣生态保护林的种植之路（图 3-1-1）。

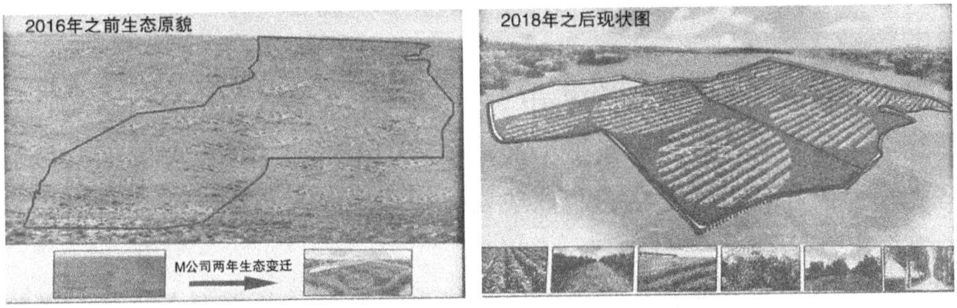

图 3-1-1　2016 年土地生态原貌与红枣种植后现状对比

王先生在库布其沙漠开发种植红枣生态林，其初衷是治沙造林，遏制故乡的沙化与荒漠化，固沙治沙，为子孙后代多留下一片绿色的净土。之所以选择红枣作为生态林的种植作物，首先是看中红枣耐贫瘠、耐旱的属性，它本身就适合在荒漠种植；其次，与其他单纯固沙植物不同的是，红枣同时又是一种经济作物，生态林长成挂果后，后续还可开

① 1 亩≈ 666.67 平方米

发其经济价值。

王先生对红枣生态林种植产业有着深深的期许，若目前5000亩生态林的项目发展顺利，他希望继续在库布其沙漠推广5万~10万亩生态红枣林。

目前已开发的5000亩红枣生态林种植项目已经育林四年，并连续三年有机认证，枣树将在三年后挂果。此时，王先生面临后续产业如何发展的抉择：是将自产的红枣作为原料枣直接销售？还是自行筹建加工厂，自创品牌，建设完整的产业链条，研发出成品枣、枣产品，以获得更多的溢价？

如果选择直接销售原料枣就只能随行就市，产业自主性差。因为王先生还有着继续推广5万~10万亩红枣生态林的计划，王先生其实更趋向于自主进行后续生产加工，若能在红枣附加值上做大做强，既可增加周边乡亲的就业，又可进一步扩大治沙固沙的生态效益，利国利民。

红枣配套加工建厂的选址也颇费周章，红枣生态林的周边是无尽荒漠，自有的节水灌溉设施仅能供应红枣的生长用途。而红枣的清洗加工需要水源，王先生把目光投向了红枣生态林区附近的达拉特旗某生态示范区。

生态示范区是库布其沙漠中的一颗明珠，有着沙漠中难得的优质水源。比较棘手的是，据王先生了解，生态示范区对入区企业要求极为严格。入区企业需提报完整的产业规划，经园区审核批准后，才有望在区内建厂。

在这个产业发展转折的关键点，王先生迫切希望得到专业咨询团队的帮助。王先生联系到BPAD，提出了咨询委托。咨询委托的内容为：

——红枣产业整体发展模式策划；

——红枣产品市场推广模式分析；

——品牌概念策划；

——项目效益分析（社会效益、生态效益、经济效益等）。

王先生希望咨询团队能为其梳理和规划出红枣产业的后续发展之路，打造出符合生态示范区入区要求的红枣加工产业模式，尽快获得园区的认可，使得后续的红枣深加工和生产得以顺利衔接和进行。

项目流程、关键节点设置和团队配备

在接到客户的咨询项目、了解到基本咨询内容之后，按照惯例，咨询团队首先进行了团队内部工作规划，对项目流程和关键节点进行了设置。

一次完整的咨询策划工作，一般会经过立项、项目定位、制定策划案等环节，成果提报客户后，还会配合项目的实施进行辅导及必要的调整。依据项目的不同，每个环节包含若干子项（图 3-1-2）。（注：本项目的实地调研因疫情影响改为云调研的方式）

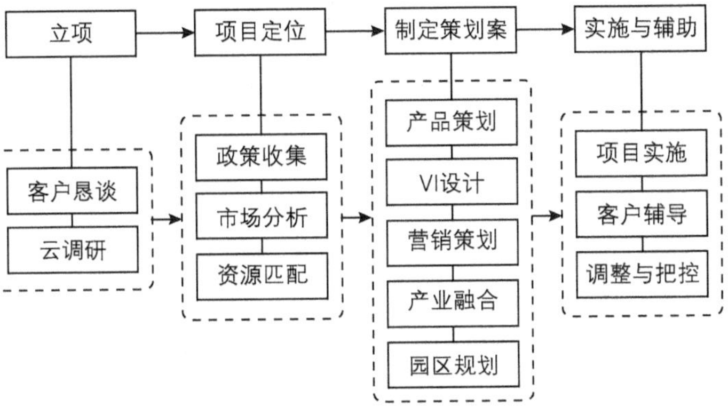

图 3-1-2　项目工作流程及工作内容

要上升到运营的高度对咨询项目的全流程做到运筹帷幄，就必须对项目的重要控制点做到了然于心。全流程清晰的规划和节点设置，使得团队可以随时把控咨询项目进展，便于向客户汇报咨询项目进展情况。

之后，咨询团队依据客户提出的问题，组建专业团队，并做了明确的任务分工：

张嘉，男，客户沟通与政府层面沟通，主题定位，资源对接。

李光懿，男，项目负责人，策划协调，投资与效益测算，客户辅导。

刘达因，女，资料收集，市场分析，综合策划，文案撰写。

韩佳，女，VI 设计，视觉传达。

由团队各位主创牵头，带领所有辅助成员开展工作。所有团队成员一方面各司其职、按时按量完成相对应的工作；另一方面团队成员间互相支持与协作，随时沟通，协调任务进度。清晰的工作分配和协调的团队配合，既体现了咨询团队的专业度，同时也是咨询服务成功的保障。

项目分析与难点浮现

在咨询项目立项的2020年3月，国内新冠病毒感染疫情形势依然严峻，全国大多数城市仍未完全解封，全国的人员流动依然受到严格限制。全国范围内，居家办公成为数亿国民唯一选择，各种在线会议软件大行其道。

在内蒙古地区仍有散发病例出现的情况下，咨询团队不得已将关键性的实地调研与客户访谈环节做了变通：除了请客户方提供尽可能详尽的项目文字资料、现场影像资料之外，咨询团队开启了“云调研”的模式，以电话沟通和在线沟通的方式云访谈，将本需实地走访采集的项目第一手信息、当地政策、相关行业数据和市场数据收集完整。在无法实地调研的特殊背景之下，通过案头研究的方法，尽量还原项目的全貌，挖掘出项目深层次的问题。

项目所在地历史上曾是一块水草丰美、风景秀丽的土地，由于滥垦过牧使环境恶化，土地严重荒漠化。20世纪60—70年代，尤其是进入80年代末以来，在保护地球生态家园精神的感召下，数以万计的国内外志愿者在茫茫大漠中植下绿色和希望。其中著名的日本鸟取大学名誉教授远山正瑛在20世纪80年代多次来中国植树治沙，每天在荒漠上种树10小时，在他的影响下，日本累计有7300名志愿者来到库布其沙漠，种下树木300万棵，染绿黄沙4万亩，留下一段中日志愿者携手治沙的佳话。

项目临近的达拉特旗某生态示范区有着治沙固沙的优良传统，是世界级的沙漠治理典范。沙漠上的美丽绿洲成为一张亮丽的生态名片，也是志愿者服务精神传承地和中外友好象征地。

土地荒漠化和沙化问题仍是当前我国最为严重的生态问题，是建设生态文明、实现美丽中国的重点和难点。因此，中共中央多年来始终如一地推进荒漠化和沙化防治工作。

2009—2014年鄂尔多斯沙化土地减少9.36万公顷，植被覆盖率40%以上的面积增加了121.65万公顷（图3-1-3）。

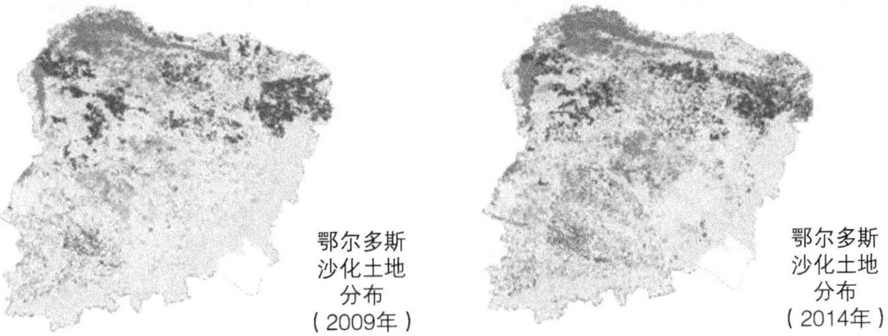

图 3-1-3　2009—2014 年鄂尔多斯沙化土地减少示意

咨询委托方 M 公司的王先生深受当地植树治沙传统的影响，在 5000 亩荒漠上艰难起步，经过三年多的开垦和种植，如今红枣种植面积 3200 亩，已种植红枣 23 万株，平均每株产果量约 8 千克/年，预计三年后红枣开始挂果。

据统计，目前鄂尔多斯枣林总面积 4.2 万亩，但大多规模较小，分布都比较分散，像王先生种植如此大规模的红枣生态林在全鄂尔多斯乃至全内蒙古都是比较少见的。

林区后期将利用闲置土地搞养殖，间种紫花苜蓿作为养殖饲料。

在咨询团队对受托项目准备进入的红枣产业和红枣市场进行分析后，发现了本项目的第一个难点。红枣是中国特色经济作物，喜光、好干燥气候、耐热又耐旱涝、耐贫瘠、盐碱，是发展节水型林果业的首选良种，非常适合当地荒漠干旱的气候条件和自然条件。M 公司王先生选择在项目起步的 5000 亩荒漠种植红枣，从气候和植物属性来讲，是非常合适的。

但问题是，中国国内红枣市场已经饱和，在 2011 年达到产地收购价的峰值 35 251 元/吨后，呈断崖式下跌，到 2018 年已经跌至 6000 元 / 吨以下（图 3-1-4）。2012—2018 年，红枣价格暴跌的根本原因在于红枣产量严重大于需求。受前期红枣价格暴涨的影响，枣农大量种植枣树，红枣种植面积不断攀升，同时 2012 年后新疆前期种植的枣树逐渐进入盛果期，红枣单产快速增加，供大于求的状态愈演愈烈，最终导致红枣价格大跌。

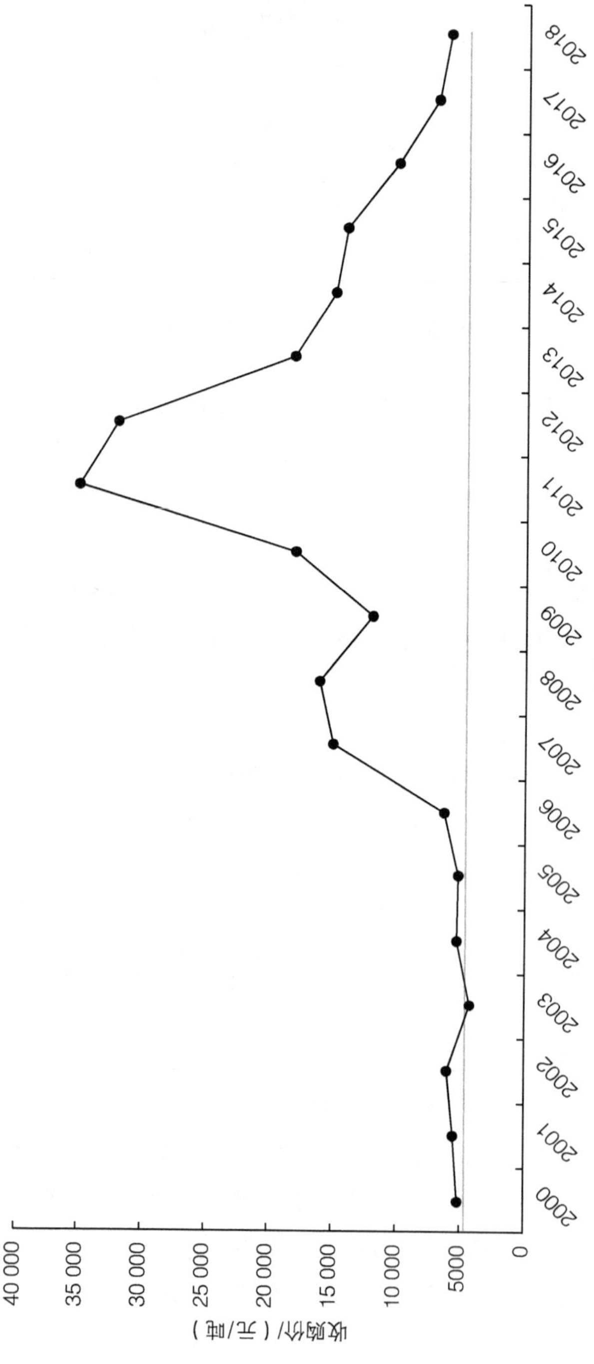

图 3-1-4 2000—2018 年红枣产地新季收购价格

（数据来源：广发期货数据）

2019 年之后，国家层面推进红枣去产能，红枣价格跌势趋稳，但整体市场仍然处于供大于求的态势，价格持续低迷，市场无序竞争。

2020 年咨询团队调研市场时发现，红枣下游拿货客商不多，且采购积极性一般，压价挑拣货源现象普遍，卖家多被动让价走货，具体成交以质论价，购销基本随行。至 2020 年 3 月，根据红枣产地和等级不同，红枣各产地收购价从 3.00~8.00 元/千克不等，差货价格被压低到 2.00 元/千克的现象也不罕见。

面临红枣市场如此严峻局面，咨询团队意识到，如何给本项目的红枣产品进行恰当产品定位，以保障其经济效益，是产业咨询的第一个难点。

在研究达拉特旗某生态示范区相关政策后，本案例第二个难点浮出水面。

项目拟建厂的生态示范区对入区产业要求极为严格，产业必须具有生态环保属性，除了不能对示范区环境和生态造成任何损害，且项目综合配套需适合生态区的主题和定位。客户原本将入区企业定位为单纯的红枣加工厂，与生态示范区定位不符。

咨询团队需对入区产业模式进行针对性的规划，才能充分满足园区的要求。

咨询沟通与方向探讨

2020 年 4 月，因为疫情原因，咨询委托方 M 公司的王先生与 BPAD 咨询团队的第一次咨询沟通会谈以钉钉在线会议的形式进行。

此次线上会议的目的是：由咨询团队与客户就项目可能面临的两大困难点交换意见，了解客户对于红枣种植和产业化的思路，以及客户对进驻某生态示范区的产业规划的理解和要求。

咨询团队首先给王先生分析了当前红枣市场饱和与价格低迷的现状，直观来讲，红枣产业发展难度很大。

王先生表示，其实他对目前竞争激烈的红枣市场也有一定的了解，但 5000 亩红枣生态林的种植已经深度开发了三年，并持续进行有机认证，红枣挂果在即，红枣后续的销售也提上议程。一个选择是仅以最低端的农产品价格将原料枣直接销售掉；另一个选择是尽量拓展一下产业链，挖掘出红枣后续加工环节的附加价值。王先生百般考量后，还是趋向于选择后者。

王先生在交谈中，回顾了这几年的过往，当年他在荒漠土地上起步种植，其根本目的是防沙治沙，红枣的经济效益是锦上添花。若防沙治沙效果显著，他还有后续 5 万～10 万亩的种植计划。同时，他期盼在红枣加工业的拓展中，可以打造出红枣业的地方品牌，成为区域亮点。

咨询团队指出如果将来红枣种植达到 10 万亩量级，若红枣价格持续低迷，则面临的市场风险更大。

王先生表示，他对可能面临的风险已有思想准备。土地的荒漠化破坏了环境，催生了贫困，而改善故乡的环境一直是他的追求。从 2016 年项目起步的第一棵树苗开始，他最主要的目的就是沙漠环境治理，生态林的根本目的并不是获取利润。若是发展下来模式不成功，或是经营理念不对，他也已经做了最坏的打算，会以他本人其他实业的收入贴补生态林，争取将植树治沙坚持下去。若是红枣产业可以小有收入，他计划今后可给乡亲农户提供种苗和培训，回收产品，形成产业。若能在红枣附加值上做大做强，则是泽被乡里、惠及子孙的好事，既改善了沙漠生态环境，同时乡亲种枣，可多一份收入，这就是成功。之所以选择在生态区建红枣加工厂，是因为区内有纯净的水源，在他的计划中，可以开发出极富营养价值的红枣饮料。

咨询团队赞赏王先生的胸怀和决心，既然最不利的因素已经考虑到，成功也就指日可待。为了增加王先生对项目的信心，咨询团队结合中央的农业政策，分析了政策面对项目的利好因素。

内蒙古经济发展，以往不顾生态环境保护和可持续发展的掠夺性和破坏性的发展方式已经过时，在保护绿水青山的同时，促进农牧民生活的改善，是中央大力提倡的现代农业发展之道。同时，近年来，中央也颁发了相关政策和大规模的农业资金的惠农补贴投入。中央层面的政策倾斜和农业产业相关投资与补贴，对于项目发展来说既是机遇也是挑战。

中央大力提倡的现代农业发展之道，恰恰与王先生的理念相符。中央层面的政策倾斜和沙漠治理专项基金、绿色农业相关投资与补贴，将会对项目发展带来非常大的助益和促进。

咨询团队建议：为项目打造全程绿色、环保、生态的主题，无论是绿色健康的农业种养殖产品，还是融入生态绿色的文旅概念，都更加契合政策导向和产业发展的需要。目前策划案急需完善的内容：一是产业品牌定位；二是进入园区产业组合的规划。这两方面将同时围绕绿色生态概念来构建。

王先生对咨询团队的建议十分认可，同时表示生态概念一直是他的坚持。他在调研其他较大型红枣企业生产基地时也曾经发现，市场上一些红枣企业的原料枣并非都是自有产地原产，很多都是各地收购而来的，原枣品质并不都是高品质的、生态的。尤其是近年来很多种植户急功近利，红枣产量激增，原料枣质量却参差不齐。而他的红枣产品始终会坚持原生态、高品质。

咨询团队赞同王先生坚持生态农业的思路。结合当前的疫情，后疫情期广大消费者对健康会更加重视，对生态环保农副产品的需求将更加迫切。

会议结束时，王先生表示十分期待咨询团队的具体方案，希望咨询团队的新思维能为他的红枣产业拓展出新的出路。

咨询团队确定策划要点

结束了与项目委托方王先生的会议，咨询团队就项目的策划方向做了一次深入讨论。

此次沟通团队确定了客户对产业发展困难的认知和预期，若按照王先生所做的最坏打算，红枣产业可能利润值较低甚至带有公益性质。但客户对产业发展较低的预期，并不是咨询团队降低产业策划难度的借口。

一次成功的咨询策划，就是要在重重困难中窥到希望，在层层迷雾中觅得生机。可以说，项目的情势越复杂、产业难度越大，才越能体现咨询团队的创意和独特作用，依靠咨询策划团队的专业辅助，拨云见日、另辟蹊径，引导项目走向成功。

此外，王先生本人多年的艰苦努力与质朴的乡土情怀，也深深触动了大家，这样一位带有理想主义情怀、默默耕耘的企业家，确实值得尊重。咨询团队决定将本项目的策划工作当作对团队的考验，务必要真正发掘出本项目产业的亮点，为项目量身打造最适合的产业模式。

讨论中，咨询团队梳理出几条对团队有更高要求的策划要点。

① 如何发掘出 M 公司红枣产业独特的特色，创造充分的盈利空间？

② 如何融入一些附加值较高的产业组合，创造更多的盈利点？

③ 如何进行之后 5 万～10 万亩的产业推广？后续产业不应该是始终需要客户贴补的，要为其构架可持续发展的产业模式。

④ 如何发掘项目的宣传点？做生态治理不应该是企业或个人的单打独斗，应吸引更多人关注，循环造血，真正让沙漠常绿。

发掘产业特色，打造产业核心竞争力

为发掘本项目红枣产业的独特优势，咨询团队首先对红枣的优势产地做了研究。

红枣是滋补食品，民间早有“五谷加红枣，胜似灵芝草”之说。各地栽培枣树的历史悠久，至今还保存着不少珍贵的古枣树和名枣树，成为活的标本和历史见证。枣树种植一般成行成排，密密麻麻的枣林一般都会成为地方文化特色和珍贵的旅游资源。

我国是红枣原产国和主产国，产量占全球的 98%（图 3-1-5）。世界红枣在中国，中国红枣在新疆。新疆红枣产量占我国红枣产量的 49%，新疆红枣主产区与项目所在地的内蒙古地区气候条件相近。

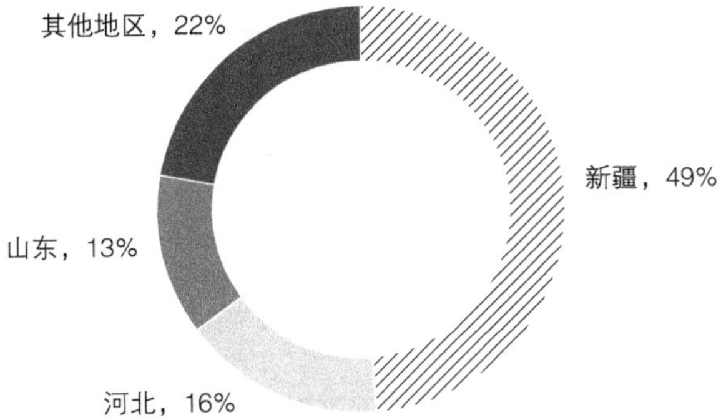

图 3-1-5 2018 年我国红枣区域分布

红枣中的若羌相当于大米中的五常，项目所在地区与新疆最著名的红枣产区若羌同为温带大陆性荒漠干旱气候，纬度相似，降水稀少，日照时数充足，昼夜温差大，透风透光好，非常有利于干物质的积累；同时，项目生态枣种植面积大，有助于机械化生产，本案 M 公司的生态枣林完全可以种植出与新疆若羌红枣媲美的高品质红枣。

同时，本项目所处沙漠地区本身水源纯净，加上生态区多年来不遗余力地保护生态，对污染产业零容忍，可以说拥有了比若羌单纯的产地优势还要突出的生态优势：生态林产出的是高端绿色有机红枣！M 公司的红枣林已经连续三年进行了有机认证，也佐证了这一点。

由此，咨询团队发掘出了本案红枣产业独具的亮点：纯净沙漠中出产的高品质“生态有机”红枣——这将成为本项目最大的特色，也将成为贯穿整个产业的核心竞争力。

行业分析和品牌打造

从红枣市场的竞争格局来看，由于红枣品种繁多，且种植范围分布广泛，市场集中度低。市场上枣企数量众多，行业内的龙头企业与知名品牌数量相对较少，市场竞争激烈。一些市场活跃的红枣龙头企业已经发展出丰富的产品线，并建立了各自的优势（表 3-1-1）。

表 3-1-1　红枣龙头企业的产品线

市场活跃枣企	产品线	优势
H 公司	免洗红枣、枣片、蜜饯、枣干、焦枣、脆枣、枣粉、蜂蜜、枣饮料、木本粮	品牌优势，产业链全国布局，产品丰富，渠道独立
D 公司	金丝小枣汁饮料、金丝阿胶枣、水晶枣、灭菌免洗枣、保鲜枣啤酒、枣粉、枣红色素	产业链条完整，深加工产品丰富
T 公司	枣饮料、枣酒、枣醋、枣酱、参杞枣、干鲜枣等几大系列	销售网络覆盖全国
E 公司	红枣提取物、浓缩枣汁、红枣酊、红枣粉、红枣膳食纤维、多糖	产品科技含量高
Y 公司	冬枣、冬枣汁、冬枣醋、冬枣酒	面向国际市场

这些头部企业规模和市场占有率提高很快，品牌知名度较高，若新进品牌不突出自己的特色，则很难在竞争激烈的市场中寻求中自己的一席之地。

咨询团队调研后发现，与 M 公司王先生所述相符，市场上较多枣企原料枣都是收购而来，原料品质并不都是高品质的、生态的。尤其“生态有机”红枣的产品概念在市场中虽已有零星出现，但还没有形成广泛的影响，这将是一个很有希望突破的市场空白。M 公司的红枣产品想要参与市场竞争，实现充分的溢价，只能在“有机绿色”这一主题上深挖，创造新价值。

M 公司多年来深耕于库布其沙漠，红枣生长环境空气纯美，水源纯净，红枣种植更是杜绝了重金属和化学物质的污染，红枣种植区已经连续三年进行有机认证。

M 公司的红枣产品与市场现有品牌错位竞争的优势已经呼之欲出：纯净沙漠产地，有机认证，纯天然，纯绿色。

有机认证是有机农产品认证的简称。有机认证比无公害认证健康级别高得多。有机认证（图 3-1-6）是国家之间和国际组织认可并大力推广的一种农产品认证形式，目的是推动和加快有机产业的发展，保证有机产品生产和加工的质量，满足消费者对有机产品日益增长的需求，减少和防止农药、化肥等农用化学物质和农业废弃物对环境的污染，促进社会、经济和环境的持续发展。

图 3-1-6 我国有机产品认证标识

食品按照安全等级，可以分为有机食品、绿色食品、无公害食品和普通食品，有机食品位于金字塔的顶端。由于有机食品必须按照严格的程序生产，不能使用农药、化肥和各种添加剂，因此价格大大高于普通食品。有机食品比普通食品的价格一般高出 30%~80%，有些品种，例如有机蔬菜的价格为普通蔬菜的 2~3 倍。

M 公司应该一直以纯净沙漠产地的“生态有机”为卖点，坚持打造一个知名响亮的绿色有机红枣品牌！

产品线分析

围绕 M 公司有机红枣的独特优势，可开发出两条各具特色的红枣产品线：基础产品线和拓展产品线（图 3-1-7）。

两条产品线开发的难度不同，红枣加工厂建立初期可先围绕基础产品线投入设备，充分发掘生态示范区繁荣的旅游客源，积极营销，为品牌打下良好的基础。待红枣产业有一定发展之后，加大科技投入和宣传投入，开发拓展产品线，为品牌塑造再上一个台阶。

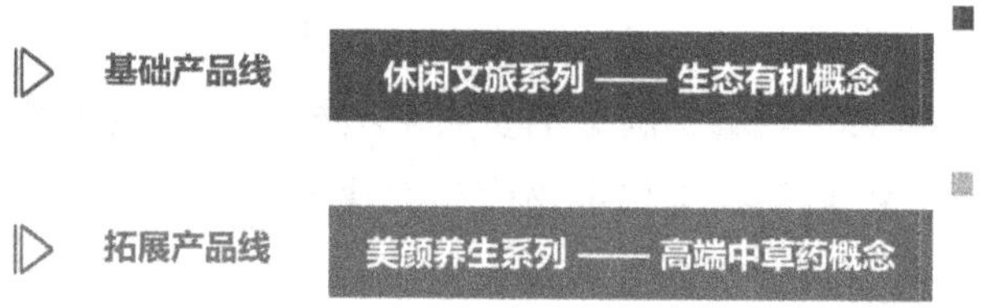

图 3-1-7　产品线与定价策略

两条产品线面向不同层次和需求的消费者，采取差异化的定价策略。

基础产品线：可结合生态示范区已经具备的文化旅游优势，主打生态有机概念，将红枣产品作为旅游特产直接销售。

本案参照红枣市场的畅销产品，分析消费者需求，为 M 公司基础产品线推荐 3 个核心产品：高端锁鲜枣、即食红枣片、红枣夹核桃。

选择标准为：市场认可度高，生产难度低，方便物流，休闲零食/礼品皆宜，适宜文旅销售。

拓展产品线：本项目绿色有机红枣的绝佳品质，配合枣园间种的中草药，以及生态区纯净的水源，可深度开发美颜养生系列枣浆、枣茶、高端枣补品和礼品，寻找市场突破点，获得充分溢价。

随着种植规模扩大、科研进步、加工水平提高，还可进一步开发高附加值的作物沙棘、苁蓉等中草药材的价值，形成包含完整中草药健康食品保健品系列的健康产业。

本案参照一些市场认可度较高的畅销产品，为 M 公司拓展产品线推荐 3 个核心产品：养生枣浆、花胶红枣、美颜枣羹。

选择标准为：围绕草本中药题材，主推高端、差异化价格策略，适宜对美颜养生健康有诉求的人群。

销售渠道

以红枣知名企业 H 公司为例，H 公司原本侧重于线下销售，它代表的是休闲食品行业过去的发展模式；H 公司旗下子品牌 B 品牌注重于电商销售，这也是目前休闲食品企业的主要利润增长点。这两种模式各有优劣，H 公司通过并购 B 品牌意在实现全渠道融合的发展方式，这也是行业未来的发展趋势。

M 公司的红枣销售可参照 H 公司与 B 品牌全渠道融合的销售模式，多层次、多渠道布局（图 3–1–8）。

图 3–1–8 红枣营销的集中渠道

商超：任何营销，都要遵循以下基本公式。销售额 = 流量 × 转化率 × 客单价。商场超市最大价值就在于强大的集客功能，因为商场超市有巨大的流量保证，由此，也成为首选渠道之一。

文旅销售：M 公司红枣的绿色有机产品特性，使其更适合文旅现场销售模式。游客在生态区旅游后，眼见为实，体验更深切，印象更深刻，更容易理解品牌故事，更加认可产品健康有机的高品质特质。

电商：农产品或者生鲜常用的电商平台就是京东商城、淘宝商城，还有美食或生鲜电商平台等。红枣销售对接上电商后，实现了去中间化，降低了成本，同时可赢得“80 后”“90 后”群体的青睐。

新媒体：其实 M 公司的红枣天然是一款适合新媒体销售的产品，基于本案沙漠治理、生态保护的真实案例，可以展开丰富的故事营销、概念营销，打造网红产品。微商、短视频渠道可迅速传播产品故事，扩大绿色有机品牌影响力。

至此，咨询团队围绕 M 公司独具的纯净沙漠产地的“生态有机”红枣产业核心竞争力打造的品牌特色、产品线和销售模式已经基本成形，并保证了较为理想的盈利空间。

为保护项目客户的权益，本案例包含的品牌 VI 设计部分与盈利测算数据从略。

其他产业组合

梳理出产业的核心特色，规划好品牌和产品线打造之后，咨询团队按照跟客户沟通好的生态绿色产业发展思路，进一步构架了产业组合。

（1）高附加值产业补充，创造更多赢利点

本项目应以红枣作为主打品种，加入其他回报值较高的项目作为有益的补充。团队为项目设计如下 4 项融合产业。

1）奶牛养殖 + 牛粪有机颗粒肥回收利用

在红枣种植区，建议进行“果园间作套种紫花苜蓿”并配合奶牛养殖。

苜蓿种植一方面能够改良土壤；另一方面也为奶牛养殖提供了优质饲料。奶牛产出牛奶，配合红枣可生产红枣酸奶，有机红枣 + 有机牛奶，成为一种“种养殖结合”的特色产品。

目前内蒙古大部分的养牛场，牛粪多未经过深度的生态处理，只经过简单的堆积发酵处理，就回田为低端的肥料。这种处理方式能量传递效率低，产生的经济价值也很低，完全没有把牛粪的价值开发出来。

而经过专用发酵罐好氧菌发酵、生态处理后的牛粪，1 吨可出 0.6 吨颗粒有机肥，既杜绝了牛粪的环境污染，产出的颗粒有机肥可出售，又可自用以改善土壤，提高苜蓿、红枣等种植产量，形成很好的循环农业示范（图 3-1-9）。

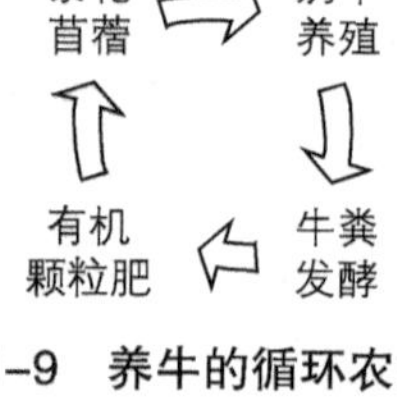

图 3-1-9　养牛的循环农业示意

2）林下经济

枣林区域发展林下经济，养殖散养鸡和黄粉虫。

散养鸡在林下采食昆虫、害虫，配以野菜、嫩草、嫩树叶、草籽等一些绿色饲料，养殖出来的鸡肉质好、味美、无公害、市场价值特别高，也是文旅餐饮和旅游购物的佳品。果园养鸡散放治虫的办法，可以减少农药使用，鸡粪又是很好的有机肥，出产果品也成了绿色食品，种养结合形成生物链。

黄粉虫（又名面包虫），虫体含蛋白 56.89%、脂肪 28.20%，营养成分居各种动物之首，俗称“动物蛋白之王”。黄粉虫以进食蔬菜瓜果为主，辅配麦麸、米糠各类下脚料。黄粉虫繁殖速度惊人，可在家庭室内养殖，而且投资小、占地少、劳动强度低，男女老少都可饲养，是很好的农业致富项目（图 3-1-10）。

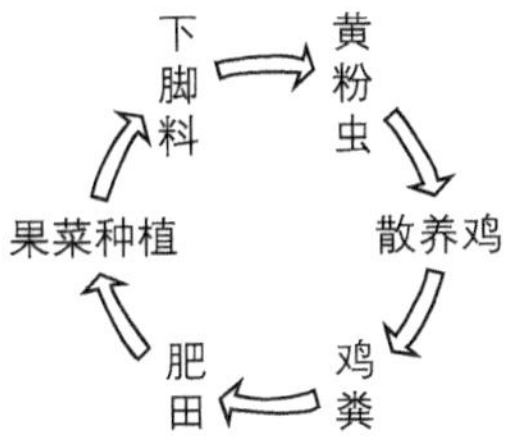

图 3-1-10 养鸡的循环农业示意

3）中草药种植，红枣 + 中药材保健食品开发

枣林中可间作套种高附加值中草药，如黑枸杞、沙棘、芦荟、沙拐枣、苁蓉等保健类中药材。后疫情时代，人们将更重视健康，对健康食品、保健食品需求更迫切，中草药不仅市场价值高，还可与红枣配伍，配合生态区水源，开发多种健康食品和饮品。

4）枣核废枝、植物秸秆炭化减害综合利用

枣园的废弃枣枝、其他作物残枝秸秆、食品加工废弃的枣核，可经粉碎高温塑化成碳粉，再经炭化炉制成木炭。高端品种如茶炉炭，可做文旅纪念品；普通燃烧炭，可直接对接文旅餐饮、内蒙古特色烧烤，用途广泛。这些废弃物可为文旅业提供特色环保能源。

（2）农旅结合，生态农业观光，增加文旅配套收入

为配合生态示范区的示范属性，推荐客户在红枣种植区引入体验式农业旅游项目，实现农旅结合（图 3-1-11）。

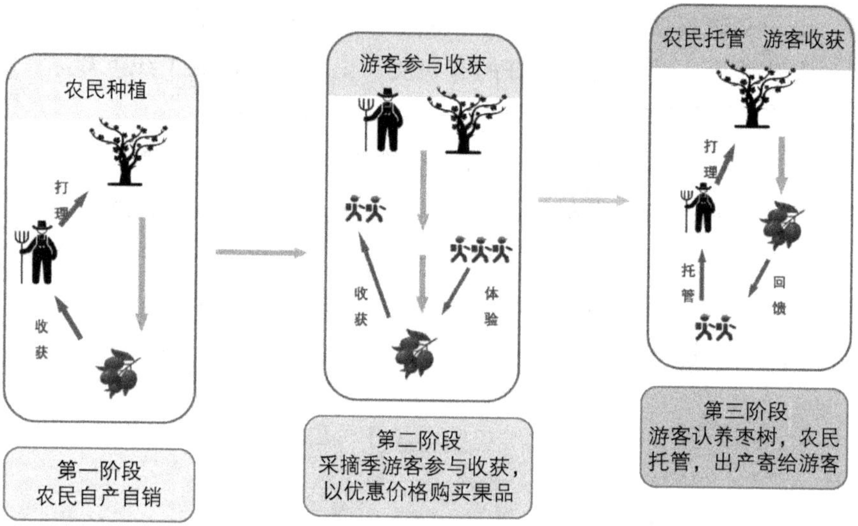

图 3-1-11 生态观光农业示意

体验式农业旅游是当前流行的农业旅游方式。最简单的方式是：游客在旅游过程中亲手参与种植和收获，如时下流行的收获游、采摘游。更进一步的方式是：游客可以认购园区部分农作物，既可自己在闲暇时亲自耕作，也可交给农民打理，最后获得收成。

项目当地有志愿者植树治沙的传统，可与体验式农业相结合，游客既可以在旅游过程中充分参与植树治沙，为绿水青山贡献自己的力量，也可以一定的价格认养种植好的枣树，每年可收获绿色有机作物。

（3）可循环造血的 5 万 ~ 10 万亩枣林产业推广模式

习近平总书记在 2019 年视察内蒙古自治区时，要求改变当地重资源矿产开发、轻农业生态保护的现象。绿色、生态环境、农业产业升级将是未来发展的热点和主题。

咨询团队为红枣产业打造可循环造血、可持续发展的运营推广模式。

开发的初期投入和政府的治沙和涉农补贴如同输血，撬动初始红枣种植基地的起步；之后随着红枣产出销售，文旅配套创收，加工板块获利，产业就具备了造血能力；三产融合的盈利，可反哺红枣产业园，模式复制，基地推广，以5万~10万亩规模为目标，吸引和容纳更多农户参与种植和收获，形成当地“沙漠治理”与“绿色生态农业”相结合的红枣产业集群（图3-1-12）。

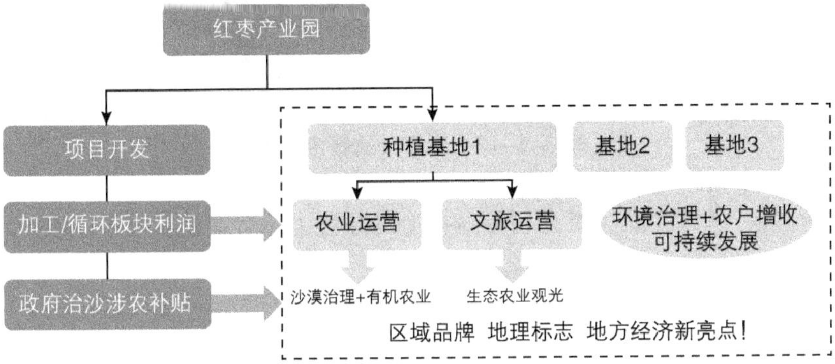

图3-1-12 红枣产业园空间布局

（4）汇集涓滴细流，助力生态公益枣林

生态治理不应该是企业或个人的单打独斗。当年，如果只有日本的远山正瑛教授一人，即使他每天种树十小时，真正能修复的沙漠也极其有限。正是通过中日两国媒体的宣传，吸引了更多的志愿者奔赴库布其沙漠，才有了如今的沙漠治理样板。

本项目的“沙漠治理”“生态保护”主题，应该被充分挖掘，并给予大力的宣传，以品牌故事的方式，让每一位游客、每一位消费者了解、认知，受到更多人关注，吸引更多生态保护的倡导家、践行者参与其中，生生不息，真正让沙漠常绿。

M公司所有的生态红枣产品售价中，均可包含一定比例的生态公益金（图3-1-13），汇集涓滴细流，汇聚每一位游客、每一位消费者的微小助力，以红枣产品销售所得的生态公益金，继续用于沙漠治理、植树造林、生态环境改善。由M公司持续种植“爱心公益枣林”，并将沙漠复绿成果持续汇报与宣传。

有机红枣的生态公益属性，既可成为产品的一个卖点，也将助力库布其沙漠环境的持续改善，创造持续的经济效益、生态效益与社会效益。

图 3-1-13　生态公益基金示意

至此，咨询团队为M公司量身打造的绿色生态产业组合已经基本成形。

中期汇报与园区意见反馈

2020 年 5 月底，咨询团队对 M 公司的中期汇报仍是以钉钉在线会议方式进行的。会议的目的是询问 M 公司项目及当地相关领导的意见和反馈，确定项目产业组合的可行性。

咨询团队首先做了“荒漠中的新兴产业”方案稿的讲解，本方案基于鄂尔多斯市达拉特旗某生态示范区周边所属自然及社会环境，致力于挖掘红枣的“生态、有机”的产业特色，深入探索沙漠中的生态红枣的品牌核心价值，并以此探索出全新的可持续发展、无污染多产业融合的新兴产业道路。

项目落地后，将为生态示范区增添一个三产融合的新兴生态农业样板，增加区域总产值和利税的同时，扩大农民就业，吸引文旅新客源。

M 公司的王先生对咨询团队的整体工作表示非常认可，方案中所发掘和阐述的纯净沙漠中的生态有机红枣概念和产品线设计让他很受启发，围绕核心产业特色所打造的组合产业，也颇具亮点。唯一觉得有疑问的是组合产业中的枣核、废枣枝炭化再利用的分项，担心这个板块是否会有污染排放的问题。

咨询团队之后又从技术层面进一步解释了炭化工艺的先进性，炭化板块将应用制炭废气采集分离提纯清洁新能源的装置，具有环保无污染的特色，打消了王先生的疑虑。

王先生提出，目前5000亩的枣林规模，产出的废枝和果核量，应该还不足以支撑炭化板块的运营，在初始阶段就适用这个分项应该为时过早，这个板块应该可以在5万~10万亩的产业推广阶段再适时引入。奶牛、林下经济和中草药板块，他非常愿意尝试。

之后，当地相关领导对整个产业所突出的生态、绿色、环保、沙漠治理的概念也基本认可。但也提出了一些深化意见，后续方案中要突出一些重点：为什么产业要建在生态示范区？区内具备建厂的什么有利条件？对企业有何好处？建厂后对生态示范区有什么好处？

另外对于进入生态区的产业组合，希望有更详细和直观的描述和规划，这将有助于园区批准M公司的入园申请。

咨询团队感谢客户与相关领导对中期方案的肯定，在确定继续深化方案的同时，提出本项目入园的产业还有很多思路可以深挖，当红枣生态林种植项目形成绿色农业和沙漠治理示范项目，入园产业中还可以融入一些高科技元素，成为新兴旅游产品，与生态示范区原有参观旅游项目相互促进，融入全域旅游的大背景。

咨询成果呈报和反馈

会后，咨询团队按照相关领导的要求对咨询方案做了相应的深化和补充。本项目的红枣产业进入生态示范区的模式组合，一定要兼顾生产加工与文旅示范属性，相辅相成。既做到延伸红枣产业绿色加工产业链；又将成为一个对外的窗口，将5000亩初始红枣生态林“沙漠治理，生态种植”的特色和形象充分展示出来，制造一些亮点，吸引更多关注，三产融合，创造更多的价值。

在2020年6月，咨询团队陪同客户向生态示范区的相关领导呈报了红枣产业整体规划和申请进入生态区的产业组合规划。

首先，团队阐述了生态示范区之所以成为M公司建厂选址的首选，是因为其具有得天独厚的六大优势：

① 适宜气候——当地有着最适合红枣生长的自然气候环境。

② 纯净水源——生态示范区的纯净水质，可以打造生态绿色产品。

③ 无垠沙海——戈壁荒漠无垠土地，提供广阔的产业发展空间。

④ 交通便利——紧邻5000亩红枣产区，运输距离短，交通便捷。

⑤ 治沙文化——红枣和耐旱植物种植，契合当地治沙文化传统。

⑥ 品牌效应——借助生态示范区治沙典范的绿色名片，将红枣品牌效应扩展到全国及世界。

在深化稿中，咨询团队为拟于生态示范区建设200亩红枣主题园区，做了较为详细的概念规划。

M公司希望在园区获批200亩土地，以5000亩红枣生态林种植为起点，以生态示范区的200亩土地为拓展，打造生态种植示范项目。同时，结合当地的资源特点和人文特色，结合生态农业观光、采摘，建设红枣产品深加工厂，三产融合，协同发展，成为生态示范区的新亮点（图3-1-14）。

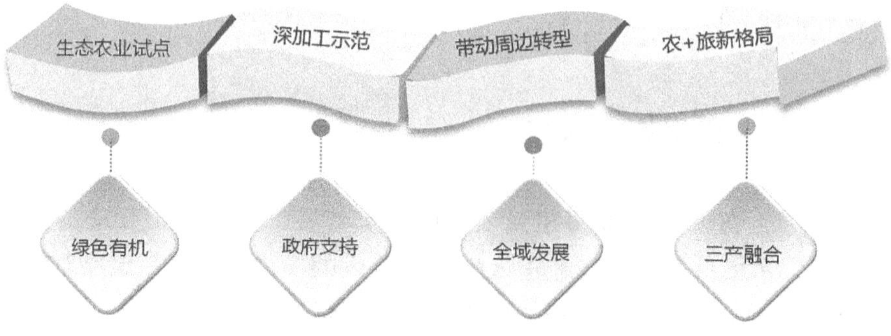

图3-1-14　生态种植示范项目示意

红枣主题园区，包含红枣生产科研基地及红枣种植示范区两大部分，是生态红枣林的高科技农业与生态农业的浓缩示范与集中展示（图3-1-15）。

其中建设部分占地约100亩，包括4个功能分区：红枣加工物流区、销售及游客接待中心、科研管理中心、后勤服务区。

种植示范区占地约 100 亩，包括六大展示分区：红枣知识园公益林、生态农业区、花卉景观区、高科技设施农业展示区、中草药种植区、枣林景观区/采摘种植体验区。

园区规划了观光通道，红枣的种植和生产均可供游客参观。整体项目示范区域，可作为生态示范区生态旅游项目的新拓展。

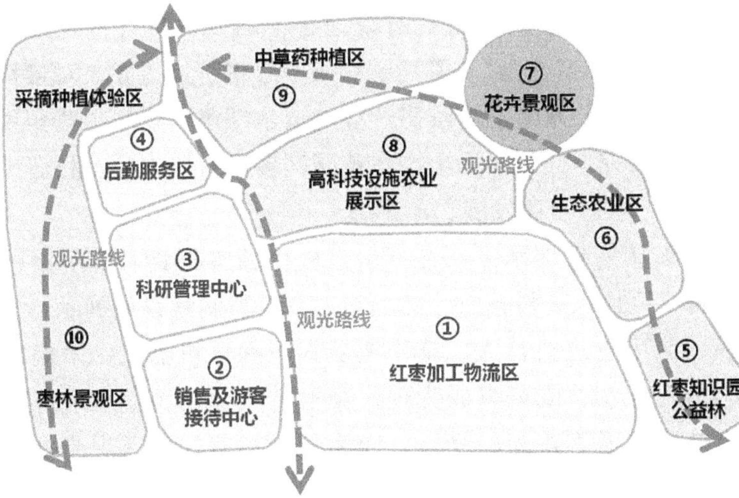

建设部分占地约 100 亩，包括 4 个功能分区：

- ①红枣加工物流区；
- ②销售及游客接待中心；
- ③科研管理中心；
- ④后勤服务区。

种植示范区占地约 100 亩，包括六大展示分区：

- ⑤红枣知识园公益林；
- ⑥生态农业区；
- ⑦花卉景观区；
- ⑧高科技设施农业展示区；
- ⑨中草药种植区；
- ⑩枣林景观区/采摘种植体验区。

图 3-1-15 200 亩红枣主题园区概念（红枣生产科研基地及红枣种植示范区）

红枣加工物流区：为配合 5000 亩生态红枣林农产品深加工，拟建设加工物流区。厂区将恪守绿色环保理念，打造绿色工厂，生产绿色有机枣产品，建设绿色产业链，杜绝环境污染，坚决不损害生态示范区的环境。工厂落户生态示范区，增加园区产值，增加利税，增加就业。

红枣加工物流区将建设果蔬储存冷库 + 冷链物流。冷库和冷链物流的开展，同时可为生态示范区其他区内企业的果蔬储存和转运销售提供服务，资源共享，共同发展。

科研管理中心：生态示范区有院地合作的优良传统，尤其倡导以“院地合作”提升“智造力”。筹建的科研中心将引进人才，对接科研院所的最新技术应用，从事适合红枣产业的节水灌溉农业、中草药种植拓展、健康食品研究。同时可为生态示范园区提供科研人员及科研设施，对接专家团队，促进全区发展、产业进步。

高科技设施农业展示区：红枣生态种植园本身具有防沙治沙的生态环境题材，可加入高科技农业的题材：高科技滴灌设施展示，无人机飞播表演，园区管理机器人、施肥机器人、除草机器人、采摘机器人表演，与游客互动，既可以成为现代高科技农业示范，也可以与文旅融合，打造吸引游客观光的亮点，成为颇具特色的园区观光体验项目（图 3-1-16）。

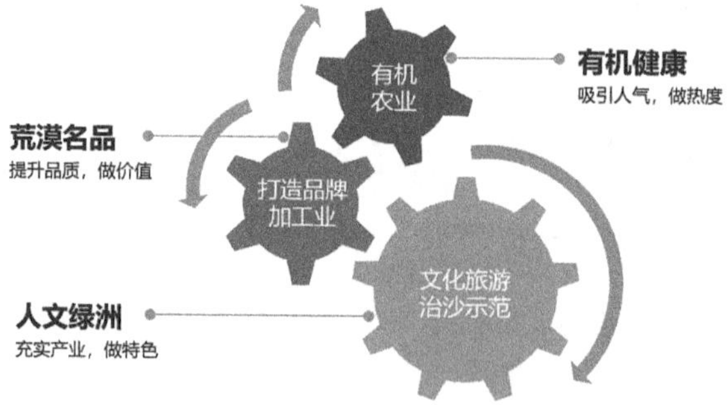

图 3-1-16　一产农业做有机，二产工业创名品，三产文旅做特色示意

红枣主题园区将不定期组织周边农民深入现场学习参观，并对其进行技术的实地指导，起到一定的示范带动效应。同时将组织针对青少年的教育实践活动，寓教于乐，为孩子们科普农业知识，使他们了解现代化先进农业技术。

园区启动后，将通过劳务外包方式安排当地贫困户参与园区建设运营，带动周边农民致富。

待本项目红枣产业形成规模后，可围绕红枣题材，开展红枣系列风情活动，形成生态示范区新的旅游名片。参观红枣生态示范园、打枣、拔花生、品尝生态饮食、逛生态园、了解红枣知识、参观红枣加工厂，畅游枣乡风情，尽享田园风光。

200亩红枣主题园区落户生态示范区，也将为生态示范区带来诸多益处：观光主题丰富、游客人数增长、税收增加、生态环境改善、高科技农业应用展示和推广、更多科研交流和投入、专业人才引进及为当地创造更多的就业机会。

咨询团队衷心希望本项目的成功打造，能为企业和园区带来双赢的局面，这既是客户进行产业投资的根本目的，也将符合整个生态示范区的利益（图3-1-17）。

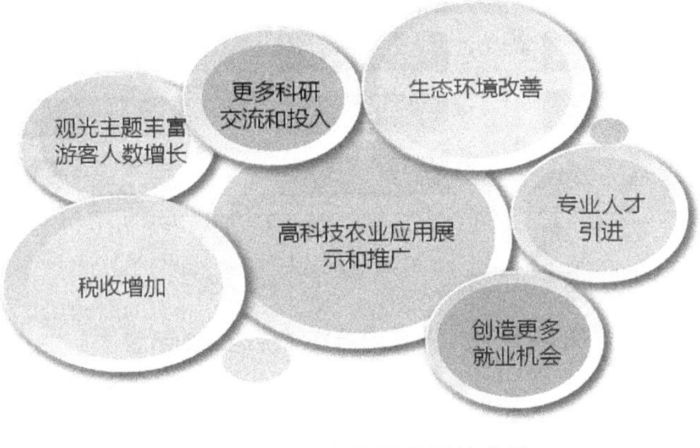

图3-1-17　生态示范区的收益

在项目规划提报相关部门之后，相关领导认可了项目规划的思路，认为项目“生态有机绿色”的主题概念与生态示范区的理念一致，整体红枣产业和入园组合产业的规划条理清楚，不乏亮点，切实可行。目前，相关的土地审批工作取得积极进展。

总结

咨询团队对于M公司生态红枣产业的整体策划和红枣主题园区的概念规划，与5000亩荒漠中生长的红枣林一样，根植于库布其的茫茫大漠，产业以治沙为本，以红枣种植为根，以生态农产品加工为枝干，以绿色农业观光为辅。

M公司的红枣产业，不再是单一的农产品，单纯的后加工。从产业角度，项目独特的核心竞争力被发掘出来，拓展了产业的利润空间；从生态角度，循环造血的生态林推广模式，将更好地控制荒漠化、减少水土流失、染绿沙漠；从社会角度，产业发展、品牌宣传的过程中，将吸引和感召更多人，参与融入关注生态健康、保护生态家园的行动中（图3–1–18）。

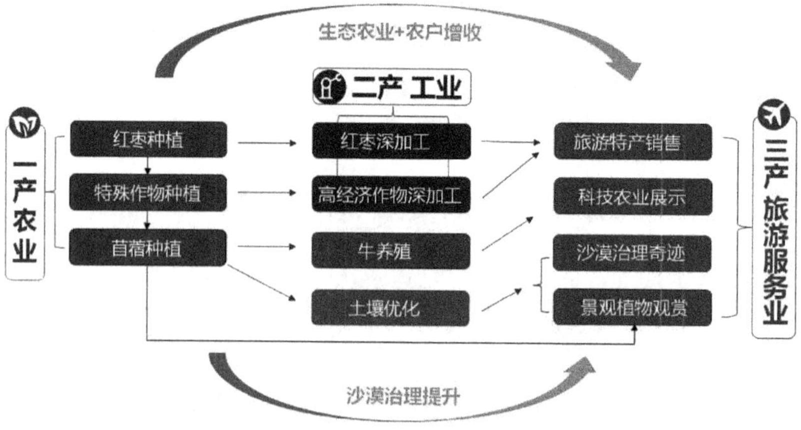

图3–1–18　产业间转换与生态互动示意

项目委托人M公司王先生在咨询成果提报之后，对咨询团队表示了感谢，尤其是咨询团队敏锐捕捉到M公司持续三年的枣树培育有机认证的亮点，并以此为基础发掘了产业核心竞争力，为生态红枣产品创造出巨大的市场溢价空间。整体的产业策划很好地融入和体现了他保护生态、造福家乡的理念；产业设计和构筑清晰完整、务实可行；整个咨询策划工作体现了专业团队的独特作用。他也期待着将来有机会继续合作。

对于咨询团队来说，此次咨询项目也将是一个难忘的回忆。王先生是一位值得尊重的企业家，他既是生态红枣产业的经营者，同时也是一个致力于家乡生态环境守护的植树治沙践行者。

愿库布其沙漠上枣树常绿！

信念不止，生生不息（图 3-1-19）！

图 3-1-19　项目团队愿景

2

金沙百湖

——内蒙古巴彦淖尔乡村振兴绿色循环农业案例

金沙百湖——内蒙古巴彦淖尔乡村振兴绿色循环农业咨询项目组成员代表

机构简介

天津滨海规划建筑设计有限公司

——为新兴事业发展赋能的规划师

天津滨海规划建筑设计有限公司（以下简称“BPAD”）始建于1985年，曾隶属于天津经济技术开发区管委会。在国家企业体制改革的大潮下，勇担使命，砥砺前行，快速完成了股份制深化改革。为适应市场，面对国内外环境的变革，BPAD率先成立了产业发展咨询中心，并响应国家乡村振兴政策的号召，于2018年在产业发展中心独立设立乡村振兴研究中心。公司现有技术咨询人员100余人，持有建筑设计甲级、规划乙级、风景园林设计乙级、市政水乙级、咨询、施工图审查等资质。

产业发展咨询中心、乡村振兴研究中心是BPAD主要咨询业务的完成机构。依托于多年积累的经验，主要在产业发展策划方面为客户提供了精准而有价值的咨询顾问服务。其中，尤其对各级政府提供的乡村振兴类项目的咨询服务，赢得了大量市场的认可。在乡村振兴项目中，将农业、旅游、文创、科技、流通、运营、金融等相关产业资源，通过模式研究、区域匹配、技术落地一整套成熟合理的方法高效整合，为政府和企业提供完整的产业解决方案，并协助其打造乡村振兴的社会平台。

公司先后在天津、北京、内蒙古、河北、安徽、山东、广西、山西、福建、四川、海南等诸多省份完成乡村振兴产业咨询项目，其中内蒙古两个项目获得科技部2020年度科技咨询协会创新奖。

中心业务涵盖：乡村振兴、健康养老、文化旅游、园区运营、新能源开发等板块。

在乡村振兴板块中，BPAD与天津农交所形成深入合作。通过农村资源流转平台的建设，建立起依法合规的资产资源的资本化过程。由其对乡村振兴的设计建设、产业发展、绩效评价形成了有机闭合、高效推动，最终建立起有效成熟的乡村振兴模式。

其中通过农村主体社会资源的综合盘点与整理，引入开发，解决资金来源问题；通过科技部门、社科部门、贸易经济部门的综合探索研究，解决建设目标问题；最终实现集现代农业产业、休闲旅游产业、大健康产业、新能源产业与田园社区协调为一体的拥有特色文化的新乡村小镇。

同时，在城乡社会中推动智慧健康养老产业的发展，促进大健康产业链资源整合。通过咨询帮助康养项目成功签约、取得高性价比土地、重点引入日本、欧洲等先进国家养老产业经验、产业资源服务，吸引投资者，协助企业规避投资风险。康养中心于2019年4月与日本专业的养老机构——日本（礼爱）RIEI亚洲株式会社签署了战略合作协议，协助其以全新的合作方式共同开拓中国市场。

近期完成的咨询服务项目：天津市乡村温泉旅游示范小镇；滨海新区中心渔港交易中心总体策划。

本案例旨在说明在农业产业咨询项目中，咨询团队如何发掘当地独具特色的资源，精准对接，跨界融合，创造出一条因地制宜的解决之道。

项目背景

本项目位于内蒙古自治区巴彦淖尔市某县，项目主体为两片内陆湖（当地称之为“海子”）。两片海子连同周边土地，总面积4000多亩（图3-2-1）。

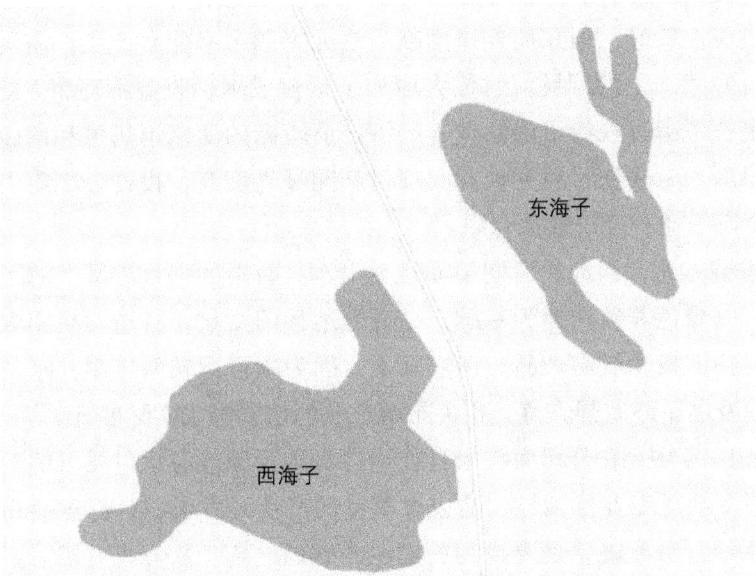

图3-2-1　项目主体两片内陆湖空间示意

当地一家农业种养殖公司——E公司于2017年承包这两片海子，县政府给予的开发意见是：农+旅的模式，即海子的开发以水产+养殖为主、旅游为辅，项目分步走，特色农业养殖是基础，之后观光旅游业逐步推进。

E 公司在接下来的两年进行了多方面的尝试。

水产养殖方面，E 公司首先尝试在项目区域养殖四大家鱼［青鱼、草鱼（鲩鱼）、鲢鱼和鳙鱼（大头鱼）］。四大家鱼是我国淡水养殖的主体鱼，养殖难度低，适应性较好，但内蒙古地区历史上水产养殖开展较少，当地养殖户普遍受教育程度低，技术水平有限，经营粗放、零散，经济效益欠佳。之后 E 公司尝试养殖经济价值较高的水产品种，如加州鲈鱼。加州鲈鱼对水质耐受性佳，与当地气候适应性较好，但因其生物属性凶猛，对其他鱼类排他性过强，若随意放养，则其他鱼类无法生存，将对生态圈造成较大破坏，所以无法大水体放养，也无法获得很好的经济效益。

牲畜养殖方面，E 公司先在海子岸边尝试了家鹅养殖。家鹅与当地环境适应性较好，但家鹅养殖面临当地无家鹅屠宰配套产业，需运到山东进行后续加工的问题，这极大增加了运营成本，收益不理想。之后 E 公司也曾考虑过在海子滩涂饲养经济价值较高的荷斯坦奶牛和草原乌骨羊，但深入考察项目后发现此类项目新闻曝光度高，投资金额庞大，但实际生态效益和经济效益有限。

旅游方面，当地政府期望项目突出本县打造的“百湖县”海子旅游主题，以绿色养殖产业为基础，结合当地兵团文化，打造“兵团农场”形式的怀旧概念旅游产品。但实际上，因为项目运转两年中，水产和养殖产业发展始终差强人意，相关旅游产业的拓展也未实际展开。

2019 年中，E 公司面临来自公司自身经营和政府承包要求的双重压力，诸多缺乏专业性指导、适应性不良的产业开发尝试，已经使得项目面临瓶颈，当务之急是要找到关键性的破局之道。E 公司迫切需要专业人士为其制定一个切实可行的 3~5 年的发展规划，并得到政府层面的认可，让两个海子的农业开发项目得以持续开发和运营。

第一次咨询沟通与咨询方向定位

2019 年 11 月，E 公司与 BPAD 咨询团队第一次面谈。

E 公司详细介绍了项目的现状和面临的困境。E 公司在过去两年的产业探索过程中，也曾经试图寻求过咨询服务机构和专家的帮助，但是，一方面 E 公司对专业咨询服务的重视不足；另一方面咨询机构的专业能力良莠不齐，诸多原因造成 E 公司曾经的咨询效果不佳。E 公司在介绍项目的同时，对咨询团队提出了自己的诉求：

——项目如何精准定位？

——养殖品种如何确定？

——农 + 旅产业如何架构？

经过耐心细致的交流，咨询团队对项目面对的问题有了初步的了解。为了增加 E 公司对项目的信心，咨询团队首先结合内蒙古地区的实际，向 E 公司概括分析了项目的外部环境和中央近期的农业政策导向，对项目的前景做出了肯定。

2019 年 8 月 15 日，中国共产党内蒙古自治区第十届委员会第十次全体会议做出了《内蒙古自治区党委关于贯彻落实习近平总书记考察内蒙古重要讲话精神的决定》，提出要在“扎实推动经济高质量发展”的目标下“推进农牧业优质高效转型”。坚持绿色兴农兴牧，大力发展生态农牧业，建立绿色循环产业体系，增加优质绿色农畜产品供给。融合产业方面，中央则敦促推进传统产业绿色化改造，打造绿色园区，创建绿色工厂，建设绿色供应链。

可以说，中央对内蒙古农业的发展是怀有深深期许的。以往不顾生态环境保护和可持续发展的掠夺性和破坏性的发展方式已经过时，在保护绿水青山的同时，促进农牧民生活的改善，是中央大力提倡的现代农业发展之道。近年来，中央也进行了大量相关政策宣传和大规模的农业资金的投入与补贴。中央层面的政策倾斜和农业产业相关投资与补贴，对于项目发展来说既是机遇也是挑战。

结合对中央农业政策的研判，团队提出了一些初步的建议，并与 E 公司交换了意见。

——养殖品种选择固然重要，但更需注重农业生产中的科技含量。

——充分发掘地方性区域品牌价值，可创造比农业生产本身更高的溢价。

——始终贯彻绿色发展理念。

第一次沟通会面结束时，经过咨询团队对国家层面农业政策的导向分析和内蒙古农业发展新趋势的解读，E 公司坚定了项目发展的信心，双方就咨询的方向与后续目标达成了初步的一致：即充分挖掘项目水面和土地具备的环境优势，结合当地的实际，为项目量身打造一套完整规划。先寻找一个突破口，小投入起步，形成一个绿色农业示范，之后以点带面，构建一个完整的农 + 旅产业集群，符合当地政府相关的上位规划要求，并收获生态效益与经济效益俱佳的经营成果。

项目流程、关键节点设置和团队配备

在与项目客户恳谈之后，按照惯例，咨询团队首先进行了团队内部工作规划，对项目流程和关键节点进行了设置。

一次完整的咨询策划工作一般会经过立项、项目定位、制定策划案等环节，成果提报客户后，还会配合项目的实施进行辅导，以及必要的调整。依据项目的不同，每个环节包含若干子项（图 3-2-2）。

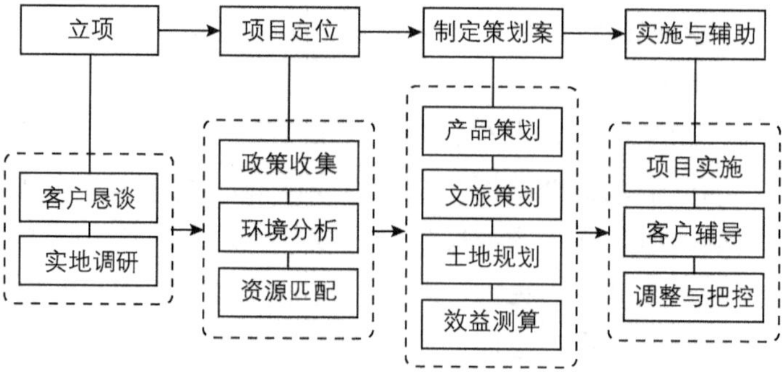

图 3-2-2 项目工作流程与内容

要上升到运营的高度对咨询项目的全流程做到运筹帷幄，就必须对项目的重要控制点做到了然于心。全流程清晰的规划和节点设置，使得团队随时把控咨询项目进展，便于向客户汇报咨询项目进展情况。

之后，咨询团队依据客户的问题，组建专业团队，并做了明确的任务分工：

张嘉，男，客户沟通与政府层面沟通，主题定位，资源对接。

李光懿，男，项目负责人，策划协调，投资与效益测算，客户辅导。

王云山，男，农业专家（主攻水产养殖方向），新农业科技应用，效益分析。

刘达因，女，资料收集，环境分析，综合策划，文案撰写。

马妍，女，土地利用规划，规划制图。

由团队各位主创牵头，带领所有辅助成员开展工作。所有团队成员一方面各司其职、按时按量完成相对应的工作；另一方面团队成员间互相支持与协作，随时沟通，协调任务进度。清晰的工作分配和协调的团队配合，既体现了咨询团队的专业度，同时是咨询服务成功的保障。

实地调研中发现项目症结

2020 年 1 月，咨询团队顶着内蒙古西部凛冽的寒风，奔赴项目所在地巴彦淖尔市，进行了较为深入的实地调研。调研期间，咨询团队对项目现场进行了实地走访、现场勘测，之后与当地政府和相关单位对接，进一步收集了项目所在地的气候、地形、水文、人文、自然资源禀赋和作物出产资料和相关经济数据。

基于实地和资料调研，进行了一系列基于事实的专业研判，咨询团队对项目过去两年发展困难的成因有了比较清晰的认识。我们认为，只有准确地找到问题的症结，才是项目导向正确解决之道的起始。

项目的主体是两个海子，水产养殖是项目的重中之重。水产养殖能否成功，关乎项目的成败。

与许多人对内蒙古地区草原、荒漠的刻板印象不同，内蒙古地区农业自然资源丰富。全区有丰富的水面资源可供开发水产养殖，除黄河、永定河、滦河、西辽河、嫩江、额尔古纳河等六大水系和数十条内流河外，还有成百上千的湖泊、水库、泡淖、池塘，全区总水面达 1400 多万亩，在全国列第 8 位，可利用水面 930 多万亩，约占全国可利用水面的 11%，与“千湖之省”湖北省相近。

内蒙古坐拥广阔的可利用水面资源，淡水养殖业发展却十分落后。四大家鱼养殖产量在全国排名仅列第 24 位，形成鲜明对比的是，水面资源相近的湖北省位列全国第一（图 3-2-3）。

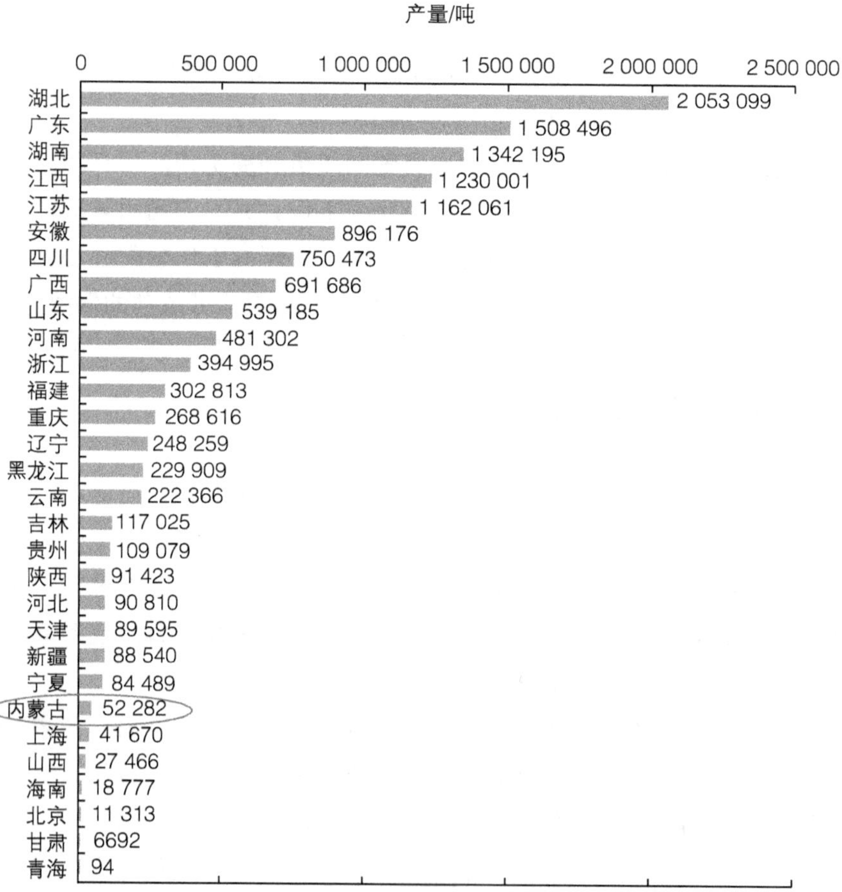

图 3-2-3　2018 年中国四大家鱼淡水养殖产量排名

（资料来源：中国渔业统计年鉴）

全国横向比较之下，内蒙古地区农业生产科技含量较低。长期以来，由于农村牧区教育欠账较多，劳动者素质普遍不高，加之农业科技推广力度不够，致使劳动生产率和经济效益低下。也正是由此，内蒙古地区丰富的水面资源，实际上已经开发利用的还很少。

可以说，内蒙古区域内的淡水养殖产业是一片有待开发的处女地，而本案例恰好是内蒙古水产养殖大背景下的一个典型的缩影。

项目所在地位于黄河几字弯河套平原起始处。因为有黄河春季凌汛期分流引灌优势，本县虽然南依乌兰布和沙漠，水资源却并不匮乏，境内有160多个海子，大部分面积在500亩以上，且海子大多未深度开发，养殖方面的自然水体资源可以说是得天独厚（图 3-2-4）。

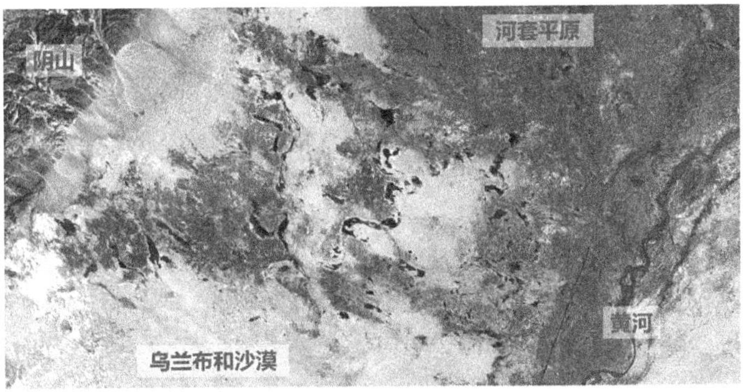

图 3-2-4 项目当地沙漠、湿地、湖泊次第分布的独特地貌

当地政府一直希望充分发挥区内水面优势，打造独具特色的“百湖县”。

实地调研中，咨询团队既惊叹于当地“金沙百湖”的独特地貌，同时内蒙古深冬的寒风，也使得咨询团队深刻了解到项目的困难症结之所在——内蒙古地区冬季严寒，多数地区冷季漫长，可达到五个月到半年。

在冷季和封冻季节，天然水体若水温过低，御寒能力差的鱼类会被冻伤甚至死亡；有些鱼类因冻伤而感染水霉病后，若不及时用药，即使天气回暖后也会死亡。根据内蒙古地区的气候条件，养殖传统品种必须采取相应的防寒措施，才能安全越冬。常见的防寒方法包括：人工覆膜、搭建防寒棚、循环地下水、增加鱼塘深度等。

走访当地水产养殖户时，咨询团队发现，当地养殖方式非常原始粗放，冬季基本不会应用任何人工加温技术，自然水体中的鱼类越冬全凭运气，经济效益自然无法保证。

本项目的水产养殖产业想要发展，就需要应用更多的现代水产养殖科技，并找到一种适合当地气候的模式。

突然出现的破局之道

在团队赴当地实地调研之前，发生了一个有意思的小插曲。在进行项目卫星实景图分析的时候，团队发现整个西海子的水面均被土黄色覆盖，2600 亩的西海子范围，在卫星图上只显示了零星的深绿色水面。团队随即致电项目客户，表达了对项目的水资源稳定性的担忧，水资源既是水产养殖的根本，也是旅游开发的基础，若是连稳定的水面都无法保证，那后续项目的农 + 旅开发和拓展将面临极大的不确定性（图 3-2-5）。

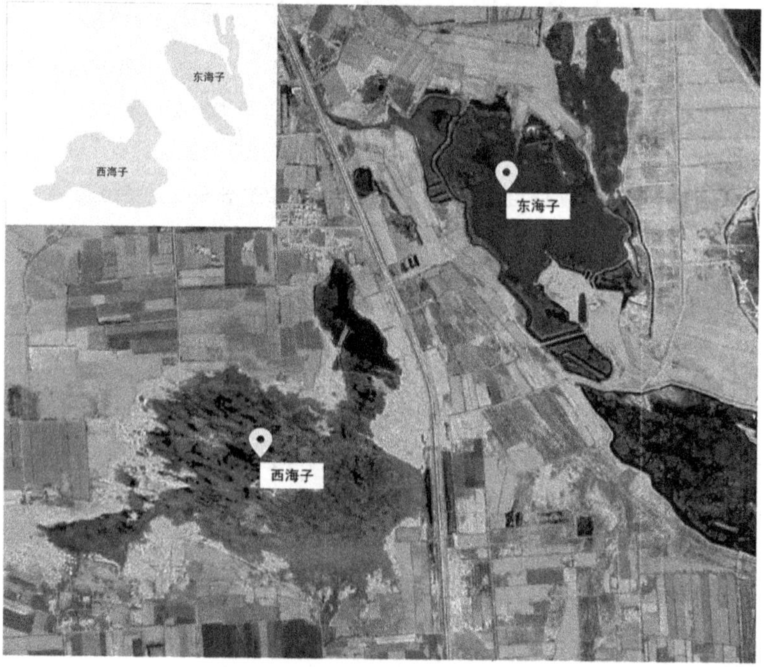

图 3-2-5　东西海子卫星实景图（西海子全域被土黄色覆盖）

E公司迅速打消了咨询团队的顾虑，西海子并没有面临水资源枯竭的情况，覆盖西海子水面的全部是茂盛的芦苇。

之后咨询团队在现场勘察时也印证了这一点，两片内陆湖面积巨大、水量丰沛，有很好的地利和水资源基础。覆盖整个西海子水面无边无际的芦苇（图 3-2-6），吸引了团队农业专家的目光。

图 3-2-6 西海子芦苇实拍视频截图

对当地的气候研究显示，项目虽位于干旱的内蒙古地区，但因有黄河引灌优势，当地种植业发达，独特的地理优势和气候特征，有利于干物质糖分积累，适宜北方农作物生长。本县内耕地大约 120 万亩，大量种植玉米、油葵等作物。同时，160 个海子密布芦苇，秸秆、芦苇等自然农业废弃物产量巨大。

这一发现让整个团队眼前一亮，发现了"就地取材，因地制宜，变废为宝，绿色循环"的崭新出路！

因地制宜综合利用的解决思路

农业生产最尊崇生态学原理，古人说“六畜兴旺、五谷丰登”。意思是说农业生产不能离开植物、动物、微生物与人类之间的密切配合。所谓“生态”，不仅是当今社会倡导的禁用“抗生素”，减少“化学品等有害物质”。“中国生态农业”强调的是继承中国传统农业的精华——废弃物质循环利用（图 3-2-7）。

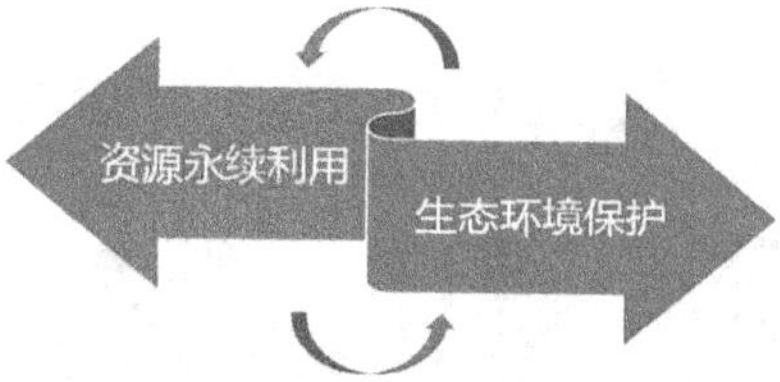

图 3-2-7　资源利用与生态保护之间关系示意

对应本项目地区湖泊众多，秸秆、芦苇资源丰富的特点，咨询团队创新式地提出一种跨界综合利用的产业模式——“水产综合养殖板块”和“传统农业种养殖废弃物综合再利用模块”相结合。

（1）解决思路：就地取材清洁型循环“水产养殖 + 秸秆再利用”产业模式

解决项目的症结需要对项目所在地的资源进行深挖。本县最具特色的资源就是“百湖”，本项目的主体也正是两个海子。水产养殖所需的最重要的资源——水，已经具备。而为解决项目的症结点——“养殖水产越冬”的问题，团队将视线聚焦在当地的另外一项潜在资源上——秸秆与芦苇等农业废弃物。

当地秸秆、芦苇等资源不仅没有得到充分利用，相反每年当地政府还要投入资金进行无害化处理，处理的方式不外乎是焚烧与填埋，很容易对环境造成破坏。实际上，引入炭化技术之后，这些农业废弃物资源不仅不是垃圾，而且是能创造有价值的财富（图 3-2-8）。

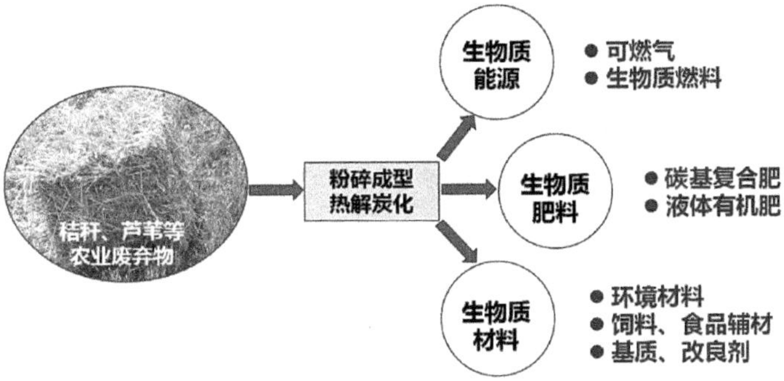

图 3-2-8　秸秆、芦苇等资源利用示意

本县 120 万亩农田，秸秆年产量 48 万吨，约可制备 6 万吨成品炭。因芦苇为高密度原料，境内芦苇若以年产 20 万吨计，也可产炭约 6 万吨。秸秆炭化的成品可对外销售，而秸秆制炭时的余热，经过收集，恰恰可解决养殖水产越冬的供暖问题。

“水产综合养殖板块”和“传统农业种养殖废弃物综合再利用模块”相结合产业模式见图 3-2-9。

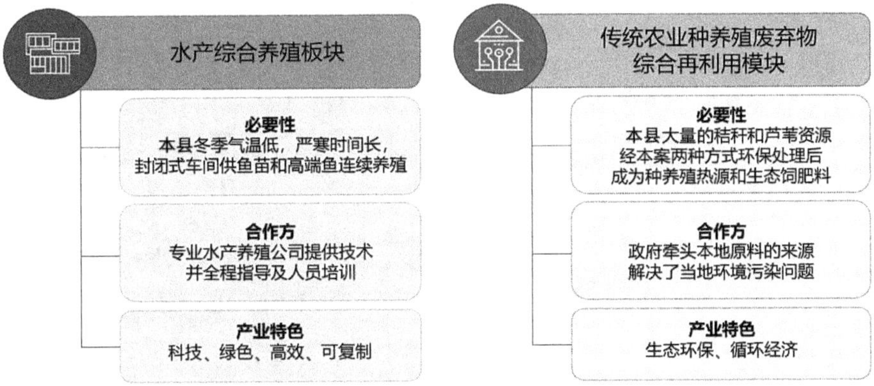

图 3-2-9　“水产综合养殖板块”和“传统农业种养殖废弃物综合再利用模块”结合示范

水产综合养殖板块（A）：是由自然水域与水边兴建的封闭式鱼苗培育及越冬车间相结合的循环水养殖模式。封闭式车间冬季可升温，供鱼苗和高端鱼全年连续养殖；自然水域要加强水温、微生物、微量元素等

指标监控，随时保护越冬鱼类安全。全程应用更多水产养殖科技，生态环保，高效可控。

传统农业种养殖废弃物综合再利用模块（B）：将秸秆和芦苇经两种方法环保处理后，成为种养殖热源和生态饲料肥，解决了秸秆处理污染问题，并可为养殖板块供暖。

板块的供给关系：

A 给 B 提供：提供鱼苗、饵料。同时将养殖过程中产生的粪污等所有固体废弃物输送回去，进行有机肥生产。

B 给 A 提供：提供可燃气与清洁燃烧炭成品，养殖过程给水升温。

项目特征：标准化、规模化、模块化、数据化、连续性、复制性、灵变性、经济性。

咨询团队依据本县特色和项目实际，就地取材，因地制宜地设计了清洁型循环“水产养殖 + 秸秆再利用”融合产业。融合产业既应用了最新农业科技，又贯彻了生态农业、永续循环的环保理念（图 3-2-10）。

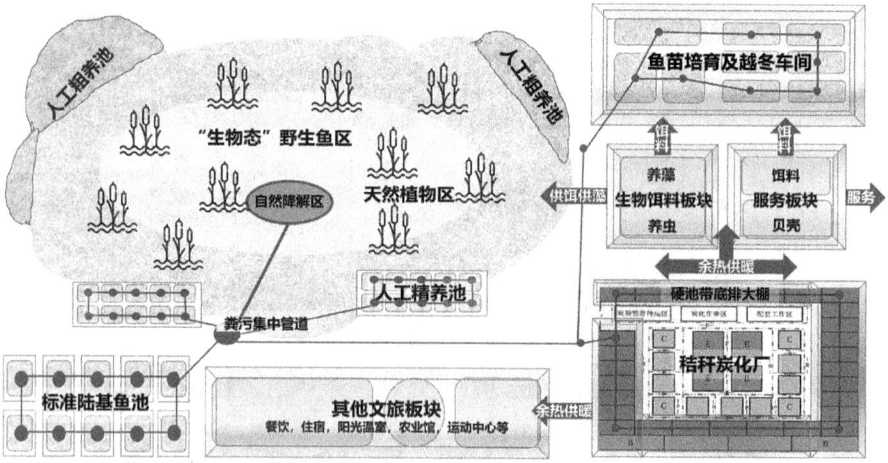

图 3-2-10　就地取材清洁型循环“水产养殖 + 秸秆再利用”融合产业

对于项目本身，秸秆炭化余热供暖很好地解决了内蒙古严寒地区水产养殖无法越冬的难题。从地区宏观角度来看，农业废弃物综合再利用节约了当地本需要用来秸秆、芦苇无害化的资金，同时产生了附加的经济效益。如果这种模式成功，将作为范例在巴彦淖尔市以至内蒙古地区得以推广，将创造更广泛的经济效益、生态效益与社会效益。

（2）其他融合项目——生态产业挖掘

通过深入的实地调研、分析比较、资源对接之后，咨询团队本着生态农业拓展的根本思路，对发展相关产业的可能性进行了深挖，设计了几种同样适合项目实际的融合项目。

1）鱼菜共生

在有供热的车间养殖基础上，鱼菜共生是通过工厂化生态养殖技术，将淡水鱼养殖和蔬菜种植有机结合的农业智慧化种养体系。水产养殖的残饵粪污可提供植物生长的养分，而水培种植的植物根茎可提供鱼类生长需要的氧气——鱼便供菜肥，植根供鱼氧，鱼菜共生长。

鱼菜共生，以设施化、标准化的水产养殖蔬菜种植为第一产业，加上水产品深初加工业为第二产业，配以休闲观光的渔旅融合为第三产业，这就形成了集种养殖、加工、休闲观光于一体的农业生态示范区（图 3-2-11）。

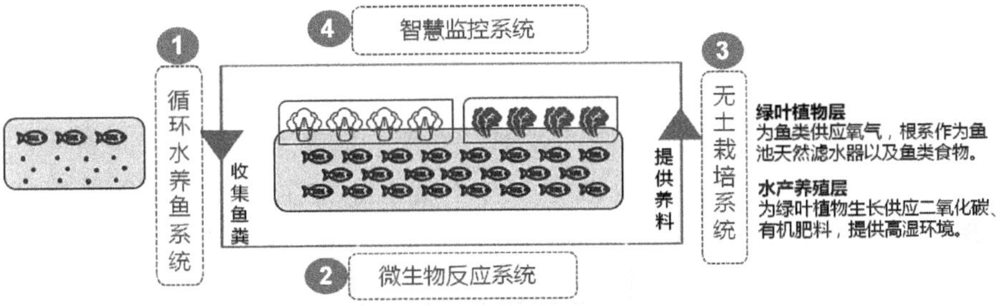

图 3-2-11　鱼菜共生示范

2）林下经济 - 生物链养殖循环

海子周边种植区域配合林下经济，养殖散养鸡和黄粉虫。

散养鸡在林下采食昆虫，配以野菜、嫩草、嫩树叶、草籽等一些绿色饲料，养殖出来的鸡肉质好、味美、无公害，市场价值特别高，也是文旅餐饮和旅游购物的佳品。鸡散放治虫的办法，可以减少农药使用，鸡粪又是很好的有机肥，出产果菜也成了绿色食品，种养结合形成生物链。

黄粉虫以进食蔬菜瓜果为主，辅配麦麸、米糠各类下脚料。黄粉虫繁殖速度惊人，可在家庭室内养殖，而且投资小、占地少，是很好的农业致富项目。

利用虫子养鸡，鸡粪种果菜。该方法能降低养鸡饲料成本 50%，提高成活率，减少施肥、除草次数，减少病虫害。

利用虫子养特种水产，水生植物如浮萍、水葫芦等可用来养虫，该方法能使特种水产降低饲料成本 50%，减少死亡率（图 3-2-12）。

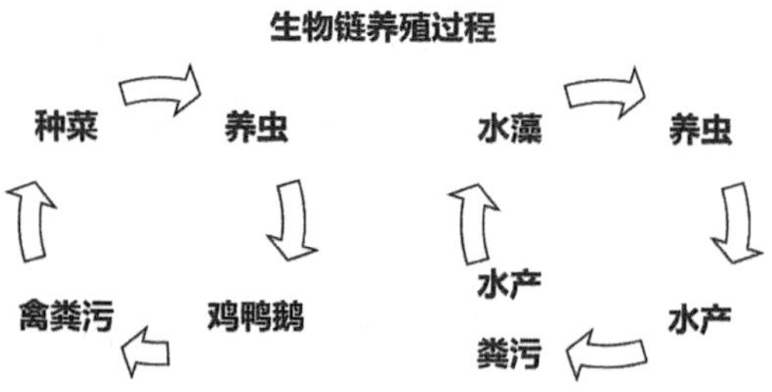

图 3-2-12　林下经济 - 生物链养殖循环示意

3）特殊的作物种植——芦竹、五彩土豆

本县气候干旱，沙漠化、盐碱化的土质、非常适合种植经济作物芦竹。芦竹耐寒性强，适宜我国北方地区种植，能够安全越冬，耐瘠薄，能够在河滩地、盐碱地、荒地等多种土壤上正常生长。每公斤燃烧值 4400~4800 大卡①，纤维含量 60%~70%，粗蛋白含量 18%。生产周期为 140 天，亩产理论值 12 吨以上，多则 26 吨。用途为生物质能源、饲料、造纸、生态治理。

海子边缘的滩涂、小片土地，可种植芦竹、五彩土豆、五彩红薯等适合内蒙古气候土壤的新型作物，既能增加种植收入，又能与生态温室、农业体验馆和农场餐厅联动，打造特色作物、经济作物产业。

---

① 1 大卡 = 4.186 千焦。

（3）农 + 旅结合，生态农业观光——第三产业融合

农 + 旅结合，全域发展，一直是县政府给项目定位的产业发展模式，在构建农业融合发展项目的基础之后，咨询团队继续对三产文旅的发展做出了成体系的分析和规划（图 3–2–13）。

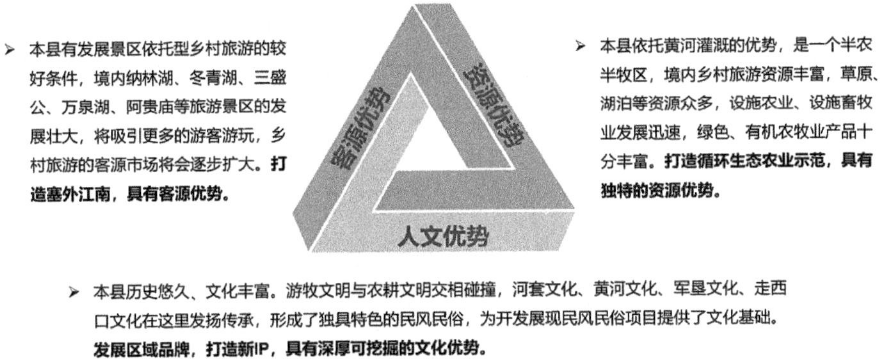

图 3–2–13　农 + 旅结合发展模式

项目所属巴彦淖尔市某县，位于河套平原起始处，地貌独特、湖泊众多，有“百湖县”的美誉。

冬季的严寒一直是内蒙古地区文旅业发展的死穴，在长达半年的寒季，区内大多数旅游设施基本处于停滞状态。但因为本项目的基础融合产业——农业秸秆、芦苇废弃物制炭供暖项目的引入，本项目的文旅产业布局可以说是增加了无数个崭新的可能性（图 3–2–14）。

——依托可供暖的设备，可建设生态温室，建立现代生态农业体验馆。讲解绿色农场的循环生态体系。根据市场和行业发展需要，可全年开展青少年环保、农业方面的科普教育，以及家庭规模的绿色农业体验。

——在海子边，营建蒙古包，让农场住宿充满蒙古文化的风情。

——自驾游已成为当今人们旅行的主导趋势。农场可建立房车营地，作为周边景点房车供应、停靠基地，开展房车租赁、房车住宿服务。

——项目东西两海子广阔的天然水面，是发展文旅的最佳土壤。沿水岸搭建天然风格的临水步道，可进行湖畔健步和自行车运动。

——水岸的垂钓中心可联动餐饮服务，让游客在休闲娱乐的同时，享用最新鲜的渔获及其他美食。

——可修建皮划艇船坞，开展多种多样、家庭型的全年龄亲子健康运动。冬季仍可在充分供暖的室内活动大厅进行划艇类训练活动。

——项目所在地是曾经的内蒙古生产建设兵团一师二团驻地。可结合温室、餐厅、农业体验馆，做小规模的兵团文化历史展陈，如二团标志石刻合影，二团历史介绍图片和布告栏讲解，兵团精神沿革展示，兵团怀旧大食堂、兵团农场特色饮食品尝等。

图 3-2-14　文旅产业布局所展示众多发展的可能性示意

项目以现代农业产业为基础，以湖泊生态的环境为依托，以郊野休闲度假为特色，集科技农业、休闲运动、度假居住、观光览胜、科普教育、绿色饮食等综合功能于一体，形成综合农旅产业片区。

（4）推广复制和养殖示范——第二产业深化与融合

随着两个海子水产养殖＋秸秆、芦苇无害化处理，生态农业标准化养殖示范的成熟和规模扩大，本项目作为产业先导的养殖示范基地可成为周边海子推广养殖的供苗、供饵、供料的种苗基地和技术培训中心，服务周边农户，打造产业集群。随着百湖农户的广泛参与，水产养殖的规模不断扩大，与其规模相适应的水产养殖装备制造、水产存储加工产业也将起步，延伸产业链的长度，创造更大的经济效益。第二产业的发展也将扩大当地农户就业，为当地经济制造新的亮点。

咨询团队为项目规划了更为大胆的远景目标，充分发掘本县的百湖资源优势，将其打造成内蒙古西部，乃至于中国西部的新水产养殖、水产加工和水产集散中心。

中期咨询方案汇报与讨论

2020年3月，因疫情影响，咨询团队对E公司的中期汇报是以钉钉在线会议的方式进行的。春节前项目的咨询方案稿（沟通版）已经递交E公司，此次线上会议的目的是询问E公司及项目当地领导的意见和反馈，确定初步方案的可行性。

咨询团队首先做了“金沙百湖，塞外江南”方案稿的讲解，由一则水产养殖热点新闻入手，深入阐述在水产养殖较为落后的我国中西部地区，充分发掘当地百湖资源，开拓性发展科技含量较高的绿色循环水产养殖业的可行性、必要性，认真探讨在本地建设生态循环农业产业集群的概念和发展前景。

结合当前的疫情，咨询团队对项目前景进行了深化和拓展，提出了后疫情期，广大消费者对健康更加重视，对生态环保的农副产品需求更加迫切。咨询团队为项目打造的绿色、环保、生态的主题，无论是绿色健康的农业种养殖产品，还是生态环保的旅游产品，都愈加契合时代的需要。

E公司肯定了方案稿的内容，认为此版方案做到了定位明确、思路新颖、因地制宜、切中要害。以“水产综合养殖板块”和“传统农业种养殖废弃物综合再利用模块”为基础的产业融合模式，的确为陷入瓶颈的项目发展开辟了一条独树一帜的前进之路。

与会的当地政府领导则从宏观层面认可了方案稿的内容：

① 策划团队引入的高科技封闭式水产养殖技术，可以以点带面，推广到周边，本县区域内诸多内陆湖，都可以应用本项目的概念和技术，以推广基地的方式统一技术培训，以合作社的方式统一收购与销售。本县有 160 多个海子，本项目有 2 个，周边还有 3 个，可以以这 5 个作为养殖示范基地。

② 若循环融合的产业集群推广顺利，今后完全可以将这个百湖县打造成中国西部新的水产养殖产品集散地。

以零星海子作为切入点，建立示范基地，进而推动整个区域的大发展、大格局的思路可行。

会议中，咨询团队就融合产业有可能面临的一个难点征求了当地政府领导的意见，区县范围的秸秆、芦苇等农业废弃物原材料的集中收购是炭化经营企业将面临的问题。秸秆、芦苇等废弃资源虽然本身价值不高，但来源十分分散。这就需要政府牵头，以行政手段与收购补贴相结合的方式介入，保证农业废弃物原材料的来源稳定。当地政府领导打消了咨询团队的顾虑，表示政府始终支持环保题材的产业发展，政府层面如何牵头、如何介入，相关的合作方式都是可操作的。

同时，对于产业发展模式，当地领导要求咨询团队在后续方案深化中，就投资与效益测算、销售渠道、融资方式、农户组织方式、项目推进计划等方向进一步细化。

咨询团队在得到客户与当地领导的肯定后也非常振奋，在确定深化方案的同时，提出本项目文旅、农旅结合方面还有很多思路可以深挖，当项目形成农业示范项目，农业示范旅游本身也可以成为新兴旅游产品，契合全域旅游的大背景。希望项目的进展能解决政府的一些实际困难，带动整体社会的提升。

咨询方案深化和补充

沟通会后，咨询团队基于咨询方案初稿被认可的总体思路，按照客户与当地领导的要求，对策划案做了进一步的补充和完善。

（1）农业服务平台服务模式

对于个体农牧民来说，单个农牧民势单力薄，市场竞争力弱。

农业合作社依靠地缘、血缘和亲缘文化将分散的水产养殖户集中到一起，在农业合作社基础上搭建的农业服务平台为养殖户提供技术、资金、装备、人才、市场、信息等专业化的生产服务，同时可集中与水产批发商进行集中议价，化解养殖户力量单一、链条割裂等问题（图 3-2-15）。

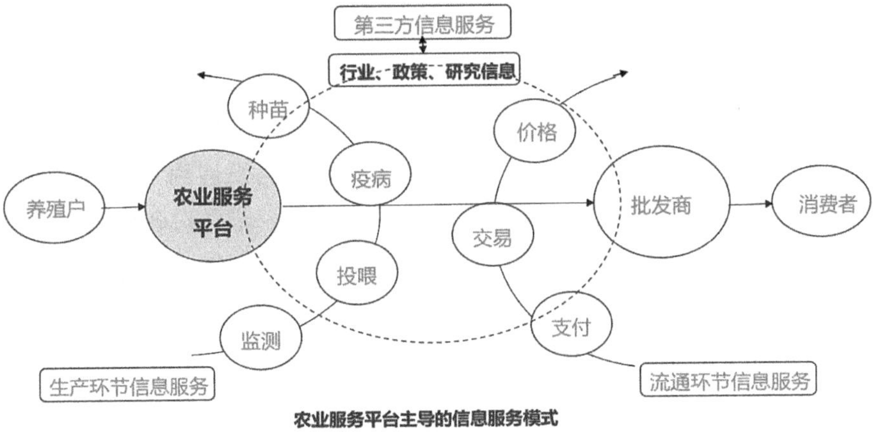

图 3-2-15　农业服务平台示意

（2）产业组织方式——政府政策扶持下的“龙头企业 + 合作社 + 养殖户”模式

构建政府政策扶持下的龙头企业、合作社、养殖户联动发展模式，通过政府补贴、金融支持等方式，重点扶持养殖龙头企业与合作社合作搭建的农业服务平台，并辐射带动水产养殖户（图 3-2-16）。养殖户可从水产品养殖上直接获利，龙头企业 + 合作社可以向养殖户输出技术、装备、流通服务获利，政府层面提供涉农和防返贫补贴及优惠政策，同时撬动了一个环保高效的新兴产业的发展，一方面，带动农牧民增收致富；另一方面，二产加工业以及三产服务业的发展，创造了更多的就业机会，拉动了地方经济，实现了税收增长。

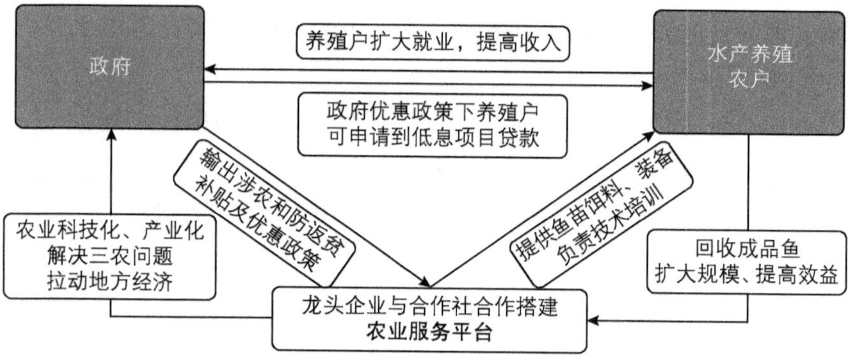

图 3-2-16 农业服务平台主角的责任与任务

（3）品牌打造，县城地理标志

农产品区域品牌研究发端于对日本品牌农业的研究。从 1979 年的“一村一品”战略，到后来的“地产地销”战略，再发展到“本场本物”制度，实现了品牌农业的快速发展。其中，“一村一品”以各地资源条件为基础，因地制宜，使每个村庄都拥有各具特色的、在一定的销售半径内名列前茅的拳头产品，起到了振兴产业的作用。

日本已成功地打造了一批具有国际影响力的农产品品牌，创建了“大分香菇”“松阪牛”“高知酱油”等著名农产品区域品牌，成为世界上高度发达的农业现代化国家之一。

咨询团队建议，当本县水产养殖成为当地新兴产业亮点，百湖优势得以充分发挥，可借鉴日本熊本县的吉祥物——“熊本熊”的打造模式，打造本县的地理标志和吉祥物。充分发掘地方性区域品牌价值，创造比农产品生产本身更高的溢价。

巴彦淖尔市某县最具特色的金沙百湖资源，出产生态健康的“百湖鱼”，期待“百湖鱼”成为本县新的农业名片。

（4）实施步骤

为保证项目落地及推进，咨询团队为产业的发展规划了较为清晰的时间路线图（图 3-2-17）。

图 3-2-17 项目实施的时间路线

为保护项目客户的权益，本案例的一些技术细节和相关产业投资与盈利测算数据从略。

落地实施准备

在对咨询方案做了整体完善之后，咨询团队向 E 公司提交了咨询方案成果。客户对于咨询成果十分满意，很快以咨询成果为依据，向当地相关领导提报了两个海子开发的全新的产业模式，并顺利得到领导认可。

随后 E 公司通过咨询团队联系到相关农业专家，开始积极推进水产养殖的落地测试项目，并与秸秆制炭产业的投资人达成了意向。

2020 年受新冠病毒感染疫情影响，当年度的最小规模水产养殖测试的黄金季节遗憾错过。随着 2021 年春季的到来，小规模测试和模式验证的工作已经在接洽和准备中。

我们期待着到 2024 年，一个充满活力的新兴水产养殖产业将在祖国的西北疆绽放出独特的风采！

总结

一次成功的产业咨询策划所做出的战略规划，从来都不应该是孤立的。天津滨海规划团队在接触每一个产业咨询个案时，都习惯将项目本身放到政策背景中分析论证、放到区域背景中因地制宜、放到时代背景中与时俱进，从而设计出符合宏观经济政策方向、有利于区域经济发展、顺应时代潮流的战略规划。

本咨询案例的亮点在于：将看似不相干的废弃秸秆资源和养鱼越冬两个概念巧妙融合，绿色循环，发生了奇妙的化学反应，变废为宝，为因气候恶劣难以开展水产养殖的内蒙古地区开拓了一条崭新的出路。

项目以水产示范养殖 + 秸秆制炭的循环板块为先导，在后续的规划设计中上升了一个高度，三产融合，配套发展农业产业集群，打造循环农业示范区和生态农业体验区（图 3-2-18）。推动了巴彦淖尔市开辟新的农产品资源经济发展路径，有望成为颇具示范带动性的现代科技农业和地区经济的战略性支柱产业。

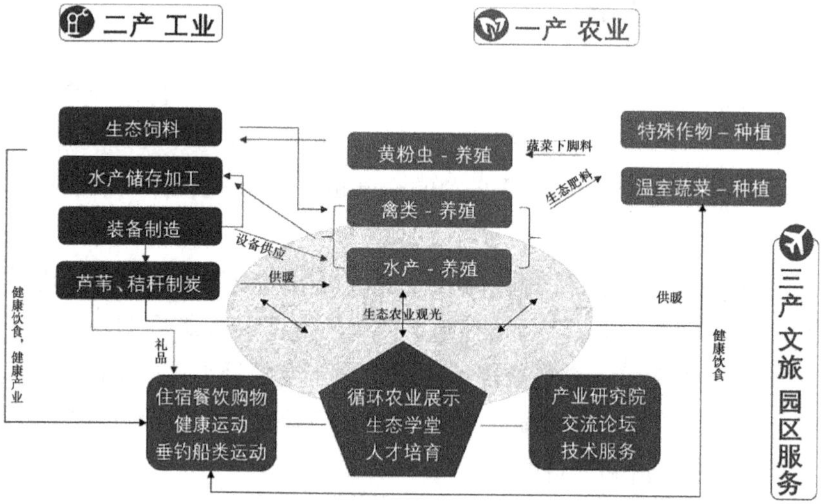

图 3-2-18　循环农业示范区和生态农业体验区示意

E 公司和相关领导均对咨询团队的工作给予了较高的评价，并表示将根据产业发展中的需要继续寻求咨询团队的帮助。

3 石油工业领域标准实施评价咨询案例

中国标准化研究院“石油工业领域标准实施评价咨询”部分团队成员

机构简介

中国标准化研究院

中国标准化研究院隶属于国家市场监督管理总局，是开展基础性、通用性、综合性标准化科研和服务的社会公益类科研机构。中国标准化研究院围绕支撑国家经济社会高质量发展，重点开展标准化发展战略、基础理论、原理方法和标准体系研究。开展相关领域的标准制修订和宣传贯彻工作。承担相关领域的标准化科学实验研究、验证、测试评价、开发及其科研成果推广应用。承担相关领域的全国专业标准化技术委员会、分技术委员会秘书处工作。承担标准文献资源建设与社会化服务工作。还支撑国家市场监督管理总局以及国家标准化管理委员会的相关管理职能，包括我国缺陷产品召回管理、国家标准评估、工业品质量安全监管、产品质量国家监督抽查等工作。

中国标准化研究院瞄准国家和社会需要，积极开展各类标准化科研工作。“十五”以来，在国家各类科技计划中先后承担 81 项科研项目，其中，“十五”牵头承担国家科技支撑计划重大专项“重要技术标准研究”，“十一五”牵头承担重点专项“关键技术标准推进工程”，“十二五”牵头承担多项国家科技支撑计划项目、公益行业科研专项项目，“十三五”承担“国家质量基础的共性技术研究与应用”（NQI）重点专项项目 21 项等。获得国家级科技奖励 6 项、省部级科技奖励 300 余项，授权专利 120 余项，发表科技论文 2100 余篇，参与编写著作 510 余部，承担 46 个全国标准化（分）技术委员会工作，以第一起草单位研制国家标准 1326 项。

中国标准化研究院积极参与国际标准化活动，担任国际技术机构主席、秘书、召集人等职务 30 个。担任 ISO 国内技术对口单位 63 个，主导制定 ISO 国际标准 49 项。

本咨询案例描述的是中国标准化研究院（以下简称“中标院”）针对石油工业领域某客户在评价企业自身标准化效益过程中面临的难题，通过总结归纳已有的标准化原理和评价理论，凝练提出标准化效益评价方法，调研采集标准实施评价原始数据，分析构建标准实施评价预测模型，开发形成标准实施评价决策系统，改变了过去标准化效益评价面临的重理论、轻实践、少方法、缺工具、测算难、精度低等不良局面。最终通过该决策系统获得的评价结果，帮助客户找出在企业标准化工作实践中存在的短板和不足，并依据评价结论提出有针对性的应对措施和改进建议，达到以评促建的目的，加强企业标准化全生命周期管理，促使企业各项标准在实践中发挥更大的作用和价值。

面临的难题

我国著名的标准化专家李春田教授曾说过：“标准化效果计算是一道难题。”就企业而言，标准可以给企业带来效益，如由标准化带来的劳动量减少、废品减少、材料节约、杂费节约、流动资金周转加快、生产周期缩短等产生的经济效益，而如何准确地评价标准的效益，效益有多好，有没有达到管理者的预期，这些标准中还有没有可以完善和改进的地方，有没有路径可以取得更高的效益，这些问题对于企业来说往往难以回答。因为，一项标准的实施常常会涉及企业诸多部门，要做许多工作。通常，标准实施的效果是许多部门共同努力的结果，有时是设计部门的贡献，有时是技术攻关、技术改造的作用大些，有时是工艺装备和操作解决了问题。这里面有标准的作用，但标准的作用占多大比重，是很难计算、很难剥离出来的。曾担任法国标准化专员和ISO主席的亨利·利朗指出，“标准对企业发展的贡献度”之所以难以测算，主要是因为标准化做出的贡献往往与提高劳动生产率的其他因素混合在一起。例如，标准化使我们有可能改进设计工作，加强各部门联系，保证产品质量，缩短交货日期，减少纠纷和不正当竞争等，这些分散的好处潜移默化在企业的日常运转和各项工作中，导致难以将标准化带来的经济效益在一个总结中反映出来，但是对企业来讲，又是不能忽视的。

针对上述难题，国内外一些标准化学者和行业领域专家开展了大量的研究，通过引入古典经济学、统计学、系统工程学、现代企业管理等学说，并结合一些典型行业的标准化实践，逐渐探索提出了若干标准化效益综合评价的理论和预测模型，但对这些理论的理解和掌握需要具备深厚的专业知识，而且预测模型中所涉及的评价算法需要大量的数据支撑和复杂的公式计算，导致企业在实际工作中难以应用。因此，如何将这些评价理论和预测模型进行充分的总结、归纳，提炼出一种科学合理的评价方法，并设计一套灵活便捷、可操作性强的评价工具将该方法付诸实践，对于破解“企业标准化效益测算”这道难题具有重要的意义。由中标院推出的“标准化综合评价方法与决策系统 V1.0”正是在该背景下应运而生的，并首次在石油工业领域进行了实践应用，下面对该案例的咨询过程以及案例收获进行描述。

咨询过程

本项目是在 2020 年 2 月开展的，项目中咨询团队运用电话和线上沟通方式了解咨询意向和达成目标，项目启动后，通过线上视频研讨、线下座谈交流、提出咨询方案以及方案实施以后的信息反馈和方案修正，最终通过项目咨询报告的形式完成本次咨询工作。整个咨询过程大致分为评价模型构建、原始数据采集、系统开发与应用 3 个阶段，具体描述如下。

（1）评价模型构建

为了充分掌握企业日常运营中每一个生产环节具体涉及哪些标准，标准在该运营环节发挥怎样的作用，标准的贡献度如何用客观数据反映等情况，中标院的咨询人员与客户的技术人员、管理人员、标准使用人员、财务人员等多次进行联合办公，针对上述问题采用头脑风暴法、思维导图法（图 3-3-1）、深度访谈法进行研讨，从企业生产运营的各个环节入手，大到生产工艺、设计研发、物流仓储、安全环保，小到合同管理、日常检查、维修保养记录、财务制度、人员培训等诸多环节，通过抽丝剥茧、蔓引株求的手法让标准对企业的渗透和作用脉络逐渐变得清晰，由上及下、由外及里、由整体到局部初步构建了评价模型和指标体系框架；同时围绕石油工业领域上下游重点业务板块，采用实地考察、现场调研等方法，深入生产基层向设备操作员、化验测试员、质量检查员、安全巡检员等一线作业人员当面请教，探讨标准在生产实际中如何发挥作用、使用效果如何以及贯彻执行标准时经常遇到的问题有哪些，通过实证和底层数据反向验证前期的理论假设和顶层设计，并结合调研反馈信息对建立的模型、评价指标不断修改完善，从而有效避免了理论研究和生产实际脱节的问题。

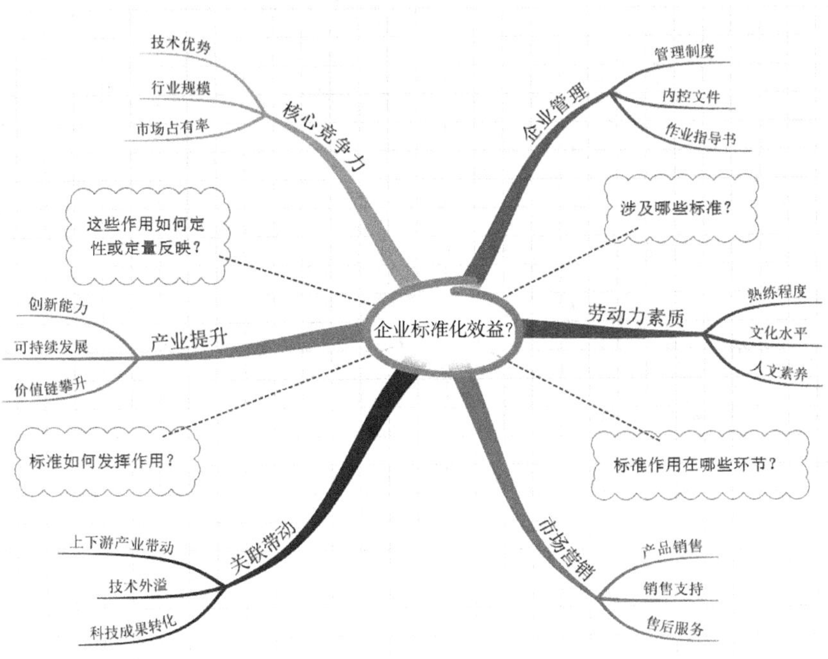

图 3-3-1 咨询中采用“思维导图法”扩散思维、获取灵感

（2）原始数据采集

为保证足够的调查样本量和专业涵盖领域，项目组在 5 个多月的时间内横跨 11 个省的 17 个市，走访调研了 38 家生产企业，发放调研问卷 500 多份，访谈专家 80 余人。由于石油工业领域企业点多面广、地处偏僻，再加上疫情防控等因素，采集数据和实地调研难度非常大，咨询的效率比预想的要低。例如，在前往某企业的调研过程中，由于突遇山体滑坡，前往调研现场的唯一一条交通道路被堵塞（图 3-3-2），项目组和客户陪同人员不得不暂停调研计划，临时住在当地县宾馆，经过 2 天的抢险施工后交通恢复，才继续前往调研地。

图 3-3-2　山体滑坡破坏交通道路、阻碍项目组调研

还有一次，项目组在前往东北某地企业开展调研时，需要到现场查看监测设备记录以获取标准实施评价的信息和基础数据。由于野外积雪较深导致车辆无法前行，我们只好采用步行的方式在没过膝盖的积雪中艰难徒步 2 公里山路（图 3-3-3），最终抵达监测站现场完成数据查验和采集工作。项目组人员经过坚持不懈的努力，克服了交通不便、极

端天气等种种困难，最终在有限的时间内获取了大量宝贵的第一手调研资料，确保了评估结果的客观性和准确性。值得一提的是，在开展企业调研的过程中，客户也积极配合我们联系调研企业、组织座谈、走访考察，针对我们提出的调研大纲、调查问卷等给出相应的修改意见和建议，同时在前往现场的交通出行、御寒保暖、HSE保障物资等各方面给项目组提供了大量的帮助，有力保障了该项目的顺利实施。

图 3-3-3　项目组人员在积雪中艰难徒步前行

通过将不同的标准化目标群体，如企业（生产、施工、运营、销售等各环节企业）、科研机构（各类石油工业领域的研究院、设计院、规划院等）、检验检测机构、产品用户等基础问卷作为样本范例，同时结合石油工业领域的行业特色对基础调查问卷进行优化，完成了7套石油工业标准质量和实施效果评价的基础问卷调查，最终在有限的时间内获取了大量宝贵的第一手调研资料，这些资料对下一步进行系统功能模块设计、评价模型和指标优化、评价结果输出和反馈修正等环节提供了重要的参考信息，对确保最终咨询结果的客观性和准确性非常重要。

这次调研前前后后差不多持续了5个月的时间，我们在这次调研过程中收获了很多，总结下来主要有以下3点感悟：一是调研前需要超前谋划、周密部署，精心做好前期各项准备工作。在调研启动前要认真查找收集相关资料，明确调研目的、调研方式、调研大纲和主要内容、调研组成员的任务分工、调研路线和时间安排、人身安全和后勤保障等，制定严格细致的调研方案，并确保在调研中逐一落实到位。二是需要良好的团队合作。这次调研活动充分体现了团队合作的巨大作用，调研小组主要由中标院、客户和外聘专家三方组成，调研组成员在每一次实地走访和现场数据采集中尽职尽责、密切配合、各用所长，充分发挥每个人的专业特长和自身资源优势保障调研工作得以顺利进行。当然，在调研分析、数据采集等过程中调研组成员之间有时会存在一些分歧，如对于一些调研指标在具体应用中的可获取性、可操作性以及对咨询结果的贡献度分析等，由于每个人的专业背景、工作经历以及思考角度的不同，对事物的认识和看法存在不同见解是很自然的事情。遇到分歧时小组成员总是能够及时研讨，分析症结所在，通过多次的交流甚至争吵，最终化解分歧、达成一致共识。良好的团队合作让小组成员对调研过程中遇到的问题有了更加全面、科学、客观的认识，领略到了不同的思维方式带给我们的全新感觉。三是要善于动脑、勤于思考，注重学思并举。书本上学来的知识终究是死的，把书本上的知识点融会贯通于调查研究的实践工作中，在遇到新形势、新问题时，要做到活学活用，不拘泥于传统的思维定势。例如，过去对企业标准化效益的评价理论和方法，更多是从典型的制造业企业发展而来的，主要考量通过标准化在提高产品质量、缩短设计周期、规范品种规格、加强零部件通用等方面发挥的作用，最终反映的是节约成本、提高效率、扩大生产规模等经济效益方面的提升；而这次咨询服务的客户属于石油工业领域，除了考虑上述制造业企业的基本经济效益属性，还应侧重考虑标准化在资源节约、循环利用、安全防护、清洁生产、节能环保等方面的社会效益和生态效益属性。例如，我们在调研过程中发现，对于长输油气管道、地面储油罐、地下储气库的建设和运营，往往面临自然灾害侵袭、打孔盗油、第三方破坏等潜在风险，这就需要综合考虑标准化在防雷防爆、地质灾害防护、风险监测、土壤修复、维抢修保障和安防体系建设方面发挥的作用，这些标准化的作用一方面是对企业经济效益的反映；另一方面充分体现了企业的非经济效益，企业通过实施统一的环保、安全、节能等QHSE方面的标准，在保障人身和财产安全、保护自然环境、节约自然资源等方面潜在的社会效益和生态效益，这比单纯计算一家企业在标准化实践中获取多少盈利而言，更具有评价和咨询意义。

（3）系统开发与应用

咨询过程的最后一步是系统开发与应用。项目组根据客户的企业标准化管理现状、标准体系建设情况、企业标准化效益评价需求分析和关注重点，结合前期调研结果，设计了调查样本库、评价模型库、指标体系库、知识管理库、标准化数据仓库、专家库等多个功能模块并进行封装测试，开发出集信息资源管理、统计分析、数据挖掘、方法工具、数据可视化等功能于一体的标准化综合评价与决策系统。该系统使用B/S架构，客户端无须安装配置专用软件，使用Web浏览器访问，并将所有的功能模块、文档资源放在服务器上进行集中管理。系统的应用过程如下。

首先将调研获取的原始数据按照评价系统的数据格式要求进行数据加工和数据清洗，再将规范化处理后的评价数据批量导入评价系统；通过调用系统内嵌的评价模型和分类指标体系，对输入的评价数据进行关联性匹配测试，根据数据测试反馈结果，客户可对评价模型进行多轮修正，不断对模型算法的精度和指标关联性进行“测试—反馈—修正”的循环调试，直至模型输出的评价结果符合预期目标。根据客户要求，该评价系统还具有自动生成评价报告的功能。评价报告中包含了评价标准的基本信息和属性、评价元数据分类列表、指标评分和权重分布矩阵以及标准对企业效益贡献度，分析结果通过柱状图、折线图、气泡图、树状图、雷达图等多种展现形式，对企业标准化效益的优势、短板、发展趋势等进行定性和定量描述（图 3-3-4）。

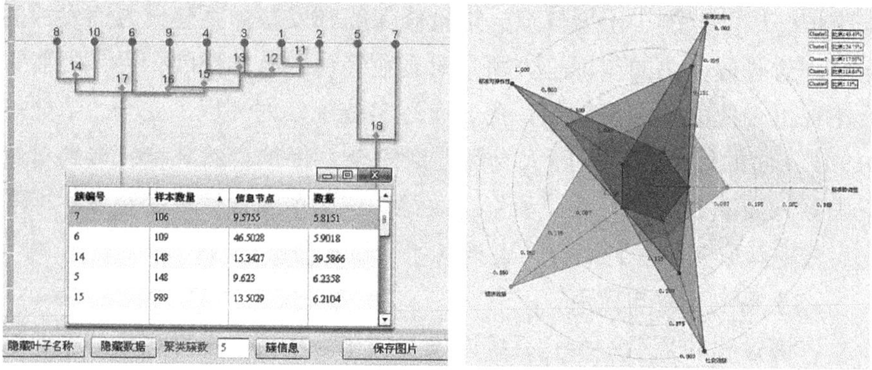

图 3-3-4　企业标准化效益评价咨询结果展示

根据评价结果，客户可以有针对性地对企业自身标准化工作进行分析和改进，补足短板和缺项。例如，通过评价发现企业的技术人员和管理人员对某项标准的知晓率较低，可以通过加强标准宣贯培训、将标准和企业内控文件或质量管理体系相结合、制定标准重要知识点的宣传册或科普视频等标准衍生物材料的方式进行短板补齐；再如，企业部分标准相对滞后于本领域技术发展现状，标准中的一些关键技术参数和性能指标已不能满足企业自身发展和市场竞争需求，需要尽快开展与国内外先进行业、头部企业的对标达标诊断工作，并适时启动标准修订或先进标准采标工作。

与过去传统的标准化评价工作相比，本案例中开发的标准化综合评价与决策系统，其最大的优点就是将晦涩复杂的标准化理论和评价模型、算法、公式等内嵌于系统“黑箱”，客户无须了解“黑箱”的内部结构及其运行机制，只需将外部数据输入系统，根据需求执行系统的计算功能模块，就可方便快捷地得到期望的评价结果。根据系统测试报告，用户打开系统界面和提交标准化评价咨询事务的平均响应时间低于 5 秒，用户进行在线实时查询操作的数据处理时间介于 15 ~ 30 秒，系统生成评价报告的平均响应时间低于 2 秒。相比依靠大量人力投入、耗时数周甚至更长时间进行数据分析、建模、测算、制图的传统标准化评价模式，通过该评价系统的应用，不仅使企业标准化效益评价过程大大缩短，节省了时间和人力资源投入，而且有效降低了数据分析的误差性，评价结果的准确度和可靠性也有大幅提升。

案例收获

在本咨询案例中，我们以石油工业领域标准化效益为研究对象，与客户一起对石油工业上下游各业务板块重点领域和生产企业进行调研，应用标准化原理，遵循理论结合实际、充分调研论证、多用数据“说话”等原则，根据企业生产实际提出了一套切实可行的标准化效益评价方法和决策系统。在为客户提供咨询服务的过程中，项目团队无论是在理论分析水平、专业知识储备、团队协作精神方面，还是在结构化思维能力、沟通表达能力、快速学习能力、调查研究能力提升方面，都通过本案例的实战锻炼取得了长足进步。对客户而言，本案例形成的评价决策系统，不仅可对企业的标准化贡献度分析和评价提供客观依据，检验企业贯彻实施标准化工作的成效和水平，还可以帮助企业及时发现、分析和纠正标准实施过程中存在的短板和不足，对客户今后的标准立项、审查、制修订、宣贯、对标达标、体系完善等工作提出建议，评价结果可以引导和鼓励标准实施向正确的方向和目标发展。此外，企业标准化主管部门也可以利用该评价方法加强对标准实施的宏观管理，推动相关标准评价体制机制的建立和完善，用标准化作为工具和抓手，促进企业提质增效，进一步提升企业的经济效益、社会效益和生态效益，实现企业价值和社会价值的统一。

此外，在本咨询案例中，通过项目组对评价方法的应用总结和用户反馈，我们也发现了该评价系统在实际应用中存在一些不足和需要完善的地方，主要有以下两点：一是咨询过程中对“前端”评价指标的考虑不够。目前国内外主流的标准评价大多侧重于对标准实施情况统计分析、标准实施过程、标准实施的经济和社会效益进行评价，然而对于标准化工作的“前端”评价较少涉及。项目组在指标体系的构建中，与客户、相关标准化专家等也进行了这方面的尝试和探索，并初步提出了标准立项、标准制定监督、标准征求意见等环节的影响因素和评价指标，但受基础数据支撑不足、评价指标采集困难的客观条件所限，这些“前端”评价指标最终没有得到采纳和应用。二是系统应用的随时性和便捷性有待进一步完善。目前的评价系统基于B/S结构开发，主要依托计算机通过 Web 浏览器进行系统访问、信息查询、数据输入和评价计算。随着移动互联网时代的到来，随时随地进行碎片化学习、办公已经成为一种趋势，而单纯基于计算机终端的评价系统和依托传统互联网的应用模式，在提升用户参与度和体验度方面仍有欠缺。

针对系统存在的上述不足，项目组接下来将对本评价系统进行迭代升级，帮助客户进一步完善企业标准化全生命周期管理体制机制建设，从标准全生命周期管理的角度考虑，把标准立项、标准制定过程监督、标准征求意见，以及标准实施信息反馈机制和平台的建立统一纳入标准化评价工作中，为相关标准化“前端”指标评价数据采集工作奠定良好基础；同时为了进一步提高客户开展企业标准实施效果评价工作的高效性和便捷性，我们将充分利用微信或手机 APP 等快速、便捷、应用普及度广的跨平台信息传播载体，基于手机小程序模式对评价系统进行升级改进，开发一种集信息传播、数据采集、统计分析、后台运算、评价报告可视化等多种功能于一体的新型移动智能化评价工具，提升标准化评价工作的便捷性、普及度和用户体验度，为客户提供更优质、更专业的标准化评价和咨询服务。

4 以微咨询迎接和引领新经济*

——长城战略咨询微咨询方法案例

长城战略咨询合肥新经济研究院

---

* 作者团队说明：岳渤，北京市长城企业战略研究所合伙人，研发总监，“智库运营”中台负责人；白婷，北京市长城企业战略研究所智库研究员，“智库运营”中台管理成员；杨萍，北京市长城企业战略研究所咨询师，“智库运营”中台管理成员。

此文中的专栏案例由长城战略咨询各个微咨询团队负责人执笔，包括武汉微咨询团队负责人高程程（北京市长城企业战略研究所合伙人、武汉业务中心总监）、宁波微咨询团队负责人刘磊鑫（北京市长城企业战略研究所合伙人、宁波业务中心副总监）、西安微咨询团队负责人张欢（北京市长城企业战略研究所合伙人、西安业务中心总监）、杭州微咨询团队负责人刘亚飞、合肥微咨询团队负责人董琼等。

机构简介

长城战略咨询

北京市长城企业战略研究所（以下简称“长城战略咨询”）是一家具有30年历史的民营咨询公司，近年来感受到“微时代”的到来，自2017年开始围绕高新区客户自主研发了新型咨询方法——“微咨询”。五年来，微咨询赢得了市场广泛认可。

微咨询方法以敏捷响应、成果轻量和洞见引领为创新元素，通过前后台联动式的高水平敏捷咨询服务，提升客户体验、增强客户黏性，与客户决策层构筑稳固的信任关系，最终实现高端智库品牌影响。其可简单概括为三字诀：

——“快”字诀，趁热打铁效果好。新经济时代，机会稍纵即逝，创新唯“快”不破。微咨询最大的特点是敏捷响应，内参48小时，微报告2周，微课题3周。

——“平”字诀，知识复用效率高。依托平台化的智库运营，微咨询专员可以高效复用所内已有成果；便捷地跨部门调配，使短时间内构建一支贴合客户要求的最优团队成为可能。

——“高”字诀，认知升维影响大。微咨询采用公司高层及外部专家直接参与、头脑风暴等扁平化运作，同时注重对客户认知上的引领性，故而极易形成爆炸式影响。

智库运营、贴近客户（现场工作）与大单长单构成微咨询的实施三要素。咨询是创意型工作，突出人的思想价值，而建立在洞见力价值基础上的微咨询，通过驻场服务适时精准把控客户最关键需求，突出问题解决方案的创意内核，往往在客户面临重大机遇、转折、变革、瓶颈或危机等关键时刻发挥出决策支撑或战略指引的作用，因此极易对客户形成爆炸式影响力。一是与客户达成深层战略互信。在项目合作形成初步信任后，微咨询专员通过现场工作的方式贴近客户，及时响应客户的需求，使微咨询的效力得到更大程度的发挥。同时巩固客户信任关系、增强客户黏性，进而达成与客户的长期战略合作。二是生态运营中成人达己。以平台化为特征的智库运营体现了从项目思维到运营思维的转变。大单长单是微咨询成效与影响力的集中体现，是与客户共建生态圈的有效途径，不仅能够提升有稳定收入的业务比例、加速人员成长，而且有机会、有空间衍生出更多样的服务内容，反哺微咨询业务布局，为微咨询的实践提供更多场景。

较传统咨询而言，微咨询实现了突破式创新。不同于传统意义上的微型咨询服务，微咨询给传统咨询业带来商业模式、人员培养、管理模式等方面的突破性变革，是体现穿透力、输出洞见力、塑造影响力的最有效方式。在项目运作方面，微咨询通过更扁平化的沟通机制、更开放化的运作模式、更灵活机动的资源组织方式极大地提高了咨询服务的效率与精准度。

微咨询是长城战略咨询在平台化转型探索中原创的一种崭新的咨询方法，已在近几年的实践应用中经过了反复验证和迭代发展。它顺应了“微时代”咨询市场的变化，不仅提升了客户对咨询服务的体验，而且以认知升维和原创洞见帮助客户更好地迎接新经济、抓住新机遇，成功实现了对很多区域新经济发展的思想引领。

微咨询的诞生：平台化转型

（1）来自微时代的挑战

新经济时代，各行各业的商业环境都在发生巨大变革，咨询行业也不例外。长城战略咨询是一家有着30年历史的老牌民营咨询公司，在近十年的咨询实践中，创始人王德禄所长（以下简称“王所长”）感受到最大的市场变化就是“微时代”的到来。

何谓“微时代”？随着移动互联网和社交网络的飞速发展，人类社会的信息化进程已经迈向基于社会化媒体平台（如微信、微博、抖音、快手）、以社群为基本单元的社交化新阶段。在微时代，尽管互联网导致的信息大爆炸使信息不对称逐渐消失，但以往相对完整的信息资源被分解为信息片段并大规模扩散，导致出现信息冗余、失真等新的问题。信息的有效价值开始趋向“即时性”“准确性”，并由于快速变化而导致了更高的不确定性。在此背景下，基于信息不对称、经验分散化的传统咨询服务显得有些过时了，客户对咨询服务的新需求随之而来：如何在海量的碎片化信息中发现和捕捉到最关键的信息？如何更快、更高效地获得足够专业性的信息和知识？与此同时，由于信息供给过剩，市场供需双方开始探索更为直接、轻便、高效和灵活的交互方式，社会生产组织方式加速向平台化、生态化转型，社交网络使得服务的黏性越来越强，有用户参与的开放式创新打破了传统的线性创新链。对于快速变化的市场来说，传统咨询服务一次性交付的成果显得不够灵活，客户进而对咨询服务产生了新的要求：咨询服务如何让客户的战略和决策更能适应变化呢？当咨询顾问把一切都规划和准备好了，可突然出现了“黑天鹅”怎么办？

作为一家多年专注新经济领域的专业咨询公司，长城战略咨询敏感地觉察到了咨询市场上的需求变化，及其对传统的项目式咨询、咨询方法和咨询人员能力素质提出的新挑战。在与众多新老客户的长期互动中，王所长总结出了客户需求的三大转变：一是从大报告到微报告，这是对咨询服务形式的需求变化。客户对动辄几百页、几万字的大报告、厚报告不感兴趣，更渴望精准看到咨询报告的核心价值内容。二是从一次性交付到一揽子服务，这是对咨询服务提供方式的需求变化，客户的期望逐渐提高，传统的一次性交付服务方式逐渐不能满足客户对战略应变、落地实施的期望，更渴望咨询机构能提供从战略策划到落地实施的一揽子服务。三是从专业问诊到跨界创新的洞见引领，这是对咨询服务内容的需求变化，社交化时代，客户能掌握的信息可能并不比咨询师少，困惑更多在于对未来的判断性以及洞见力，因此不再满足于针对现有问题的问诊式咨询服务，而更渴望咨询机构的能力从解释力转向洞见力，提供超越于知识的智力支持，帮助其识别和抓住新的机会以应对未知的变化。

面对上述转变，咨询公司应该怎么办？王所长在对新经济新规律的探寻中找到了答案——平台化，并开启了长城战略咨询自己的平台化转型之路，尝试从业务模式、咨询方法和经营管理等各个方面应对挑战、探索创新，而微咨询就是这一转型中的重头戏。

（2）探路微咨询之平台化业务：新经济研究院

我们的客户经常会在合同之外提出一些时间紧、任务急的“临时性需求”，虽然缺少委托手续，甚至没有经费支持，但却是领导交办的重要任务。特别是进入微时代后，有越来越多老客户向我们频繁提出这种需求。过去，长城战略咨询主要通过“自投”内部研发绩效来响应这类需求，给咨询人员带来额外的工作压力和超额的工作量且不说，商业咨询的可持续性、客户对咨询服务的体验感等都难以保障。自从长城战略咨询开启平台化转型探索与微咨询方法研究之后，我们尝试与客户共建“新经济研究院"，将"临时性需求"统一纳入研究院的年度智库服务（长单）之中，实现了与客户合作模式的深刻转变。

专栏 1

微咨询走向常态化　助力某高新区创新腾飞

2012 年，国内科技体制改革正在探索破解成果转化的难题。在我国一个科教资源富集的 W 市，体制机制阻碍使得很多的职务发明专利在高校院所"沉睡"，科技成果很难转化为经济效益。彼时，长城战略咨询在 W 市高新区的业务中心刚刚成立一年，就洞察到问题的症结，向客户提交了微报告《学习硅谷经验　推进 ×× 高新区体制机制创新》，建议高新区推动国有知识产权管理制度改革，率先实现《拜杜法案》理念在国内区域的落地。此报告获得了客户的高度认可，随后，W 市的高新区在长城战略咨询本地团队的支持下研究编制了《促进 ×× 国家自主创新示范区科技成果转化体制机制创新若干意见》，并由 W 市政府印发，在全国率先提出了科技成果使用权、处置权、收益权的三权处置办法，有效促进了当地高校科技成果的转移转化，被誉为"黄金十条"，吸引了其他省市的学习和效仿，为 2015 年我国修订《中华人民共和国促进科技成果转化法》做出了实践探索。

凭借类似这样的微咨询服务，长城战略咨询 W 市业务中心年轻的团队逐渐赢得了客户的高度信任。2014 年，长城战略咨询与客户共同出资（出资比例为 9∶1）、联合组建的第一个新经济研究院——"×× 创新发展研究院有限公司"正式落地，从此开启了双方紧密合作的新征程。

——2015 年，W 市召开了国家创新型城市动员大会，以此为契机，研究院与客户共同研究，提出建设"有全球影响力创新创业中心"，并研究制定《建设"有全球影响力创新创业中心"总体行动计划》，提出打造创新升级版、产业升级版、城市升级版、服务升级版，并研究编制了"自由创新区"行动方案、"互联网 +"行动方案等子方案。

——2016年，面向复杂多变的外部形势，研究院提出要加强未来研究，研究院团队与客户共同策划了《面向2035的创新驱动发展战略研究》，提出三步走建设“世界光谷”。

——2017年，研究院协助客户开展“才谷”微咨询研究，提出打造汇聚天下英才的世界级“才谷”和人才“自由流动、自我实现、自在生活”的国际人才自由港。

——2018年，高新区联合研究院研究制定了《加快推动高质量发展的实施意见》。

——2019年，提出高新区应加强基础研究能力，打造创新集聚区，双方共同开展了“光谷科学岛”规划研究，并纳入H省级光谷科创大走廊战略。

专栏2

微咨询让长城战略咨询成为地方产业治理的重要参谋

2015年年底，在长城战略咨询位于N市的业务中心会议室内，举行了一场具有重要意义的揭牌仪式。王所长和当地经信局领导一起缓缓揭开红布，一块写着“新经济产业发展研究院”的铜匾立时呈现。会场掌声雷动，标志着我们与当地经信局的合作探索从此开启了新阶段。

在此之前，双方的合作大都是以项目委托的方式。研究院成立五年以来，通过创新运用高端研讨、内参报告、现场咨询等微咨询“三板斧”，我们以全新的立体化服务方式升级了客户体验，高效敏捷地为客户提供新经济领域的决策参考，帮助客户在认知和打法上升维。如今，我们与客户走得更近、合作更紧了，不仅是决策者与智库参谋的服务关系，更是执行者与见证者的伙伴关系。同时，长城战略咨询也借以更加深入地参与到了N市的产业经济发展过程中。

受疫情影响，N市经济与产业发展都受到了极大冲击。王所长紧急召集该地业务中心的服务团队，以最快速度向市级主要领导报送了相关决策建议。当地主要领导专门听取了王所长关于疫情下如何化解产业风险和抢抓新发展机遇的建议，在快速响应市级领导的需求之后，N市业务中心专门组建疫情应对研究团队，就疫情对当地各细分产业、外贸、资本的影响等展开系列研究，形成系列内参研究成果，及时报送市级主要领导和经信局主要领导。微咨询的力量让我们在客户需要的时候能够真正更快、更优地帮助客户，从而夯实我们在地方治理中重要参谋的伙伴角色。

有了我们与客户共建的研究院“牌子”，就相当于拿到了可定期兑付的“票子”，给相关咨询人员及客户都吃下了一颗定心丸。一方面，面对客户临时性的需求，相关咨询人员不再孤军奋战，而是可以依托全所丰富的研究资源和研究成果，通过前中后台协同的方式实现快速响应、及时反馈；另一方面，通过建立需求快速响应机制、提高信息传递效率、畅通内参递送通道，我们与客户之间的互动更加顺畅，还能为客户量身定制内参，以咨询视角下的洞见思想更好地满足客户的潜在需求。可以说，研究院成为我们在平台化转型中将咨询业务推向微咨询模式的探路先锋，早期多个研究院的陆续落地则为微咨询的方法化提供了大量翔实的实践经验和成功案例。

（3）探路微咨询之方法论研究：十年磨一剑

长期以来，长城战略咨询在新经济咨询的实践中一直有意识地开展了大量基于科学哲学思想的方法论研究工作。而最近十年，与微时代相适应的咨询方法是长城战略咨询方法论研究的重要主题之一。

——2012—2013年：“创新驱动三方法”，即80/20/4创意法则、长板论和外脑式头脑风暴。其中，80/20/4创意法则基于帕累托80/20法则，即80%的产出源自20%的投入。我们将其进一步扩展为80/20/4，认为在重点的20%的投入中应该特别关注更为关键的4%的投入。该法则帮助我们辨别客户的核心价值，为其提供原创性的新思想新创意。

——2014—2016年：“新经济三方法”，即新经济的生态论、机会论和爆发成长论。其中，机会论指出科技创新和经济全球化共同成为孕育无限技术机会和商业机遇的襁褓，促使创新主体实现爆发式成长的各种机会和机遇层出不穷。因而抓住机会正成为新经济下各类主体获得超常规发展最为核心的要素，这要求我们必须把握住时代新特征，在战略决策过程中完成从SWOT到OSTW的转变。

——2017年：战略能力的新要求“洞见观”，提出洞见力作为一种对现象获得准确和深刻理解的直觉领悟力，深刻体现了人类思维的跳跃式发展。在新经济时代，洞见作为创新源泉的作用日益凸显，以深刻的洞见来抓住转瞬即逝的机会，以准确的战略判断找准事物的发展方向，成为新经济时代对战略能力的新要求。

2016年长城战略咨询全面启动平台化转型的探索后，微咨询的操作方法、管理要求等被陆续提出。从2017年开始，在王所长的带领下我们正式启动了“微咨询方法”研发工作，并提出了微咨询的发展目标：让咨询越做越小，反应越来越快，合同越签越大。2018年，我们将微咨询初步界定为平台型业务的主要工作方法，同时通过“抓好预研究、合理的人员配置、重视外邀专家的作用”等方式，在常规咨询项目中推进微咨询方法的试用，大幅提升了项目运行绩效、人员能力、客户体验。2019年，经过三年多的方法探索和实践应用的锤炼，长城战略咨询正式推出了微咨询方法1.0。

（4）微咨询到底是一种什么方法

简而言之，微咨询方法是以建立客户信任为基础，以敏捷响应、轻便交付为标准，以输出洞见、品牌影响、长期合作为核心目标的系统集成式平台化咨询方法，其关键在于响应速度的敏捷性和交付成果的轻量化，最终通过传递新观念、新思想、新方法，对客户形成警醒、顿悟的爆炸式影响。

微咨询方法是新时期咨询服务体现穿透力、表达洞见力、塑造影响力的最有效方式，可应用在敏捷咨询、即时咨询、现场咨询、在线咨询等不同场景中，主要依托现场办公、智库运营、介入式咨询、资源链接合作等多维度运作巩固客户信任关系、增强客户黏性，给予客户优质的咨询服务体验，实现长期战略合作的大单长单。

微咨询方法既一脉传承了创意法则和洞见观，又在方法论上更进了一步，要求通过3页纸报告或15页PPT把战略讲清楚，推动了80/20/4创意法则、洞见观、头脑风暴法、开放式创新、预研究法、概念设计法、新经济生态论、新经济机会论等诸多新经济咨询方法的集成化应用与迭代更新。例如，微咨询强调从关键的“4%”出发，80%是对已知现象的分析与梳理；20%是对以往现象背后规律的研究逻辑和基本认识；而4%则是客户最为关注且最为关键的问题。通过创意性微报告的形式，向客户提供独具特色的有效创意（4%），突出体现洞见力，并以此实现咨询业务的“以点带面”。“点”是指内参、微报告等具有洞见力的核心成果，“面”则是隐于4%背后的项目机会与“20”（20%）的研究性积累和“80”（80%）的基础性工作，从具有洞见力的4%出发，快速调动所积累的20%和80%，强化科学分析与创意高度结合，直接向客户呈现咨询服务的原创核心价值。由此实现了从传统咨询“由80到20再到4”到微咨询“由4到20及80”的转变（图3-4-1）。

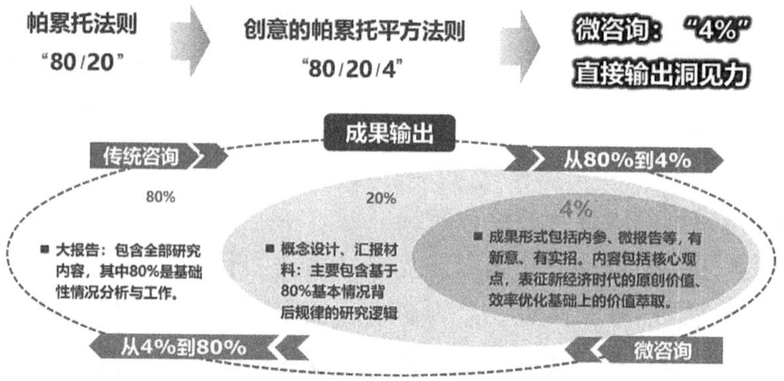

图3-4-1 咨询过程从“80/20/4”到“4/20/80”的转变

建立在洞见力核心价值基础上的微咨询，既是咨询业市场需求的新趋势，更是咨询公司塑造品牌价值的关键路径。对于企业内部而言，微咨询首先打破了以往的管理模式，收窄项目组、优化团队配置，强调精兵作战能力，极大地节约了人力与时间成本；其次为适应微咨询即时性、敏捷性的特征，交付成果的质量管理体系更加严密、高效，采取公司高层及内外部专家直接参与、头脑风暴等更为直接、扁平的方式以实现质量保障。工时和人力资源获得高效应用，促使微咨询具有高绩效的服务成效，有利于人员成长与激励机制的完善与优化，是构筑企业核心竞争力与品牌形象的有效方式。

对于外部市场而言，微咨询的核心要义是精准把控客户最关键需求，突出问题解决方案的创意内核，往往在客户面临重大机遇、转折、变革、瓶颈或危机等关键时刻发挥出决策支撑或战略指引的作用，强打七寸、直击痛点，因此极易在客户方形成爆炸式影响力，获得市场认可，是塑造企业树立行业内品牌影响力的有力抓手。

微咨询的应用：台前与幕后

长城战略咨询秉持“知行合一”的理念，致力于将咨询方法的创新与咨询服务的实践紧密结合，以求达到“知”与“行”的统一。当微咨询方法还在酝酿之时，就在高新区客户群体中尝试推广应用，从具体的实际应用中吸收客户的各种反馈，进行方法的迭代发展；同时长城战略咨询借助微咨询方法不断开拓出新业务、新产品、新模式。因而，可以说长城战略咨询创造的微咨询方法一直处于“创新—应用”的螺旋式上升过程中，目前1.0版的微咨询方法已初步获得了验证。

（1）微咨询的前中后台

近年来随着互联网平台公司的大量涌现，前中后台成为大家耳熟能详的IT企业新概念。但对一家咨询公司来说，究竟什么是前台、中台和后台呢？

由于微咨询是长城战略咨询推进平台化转型所取得的一项重要成果，因而微咨询方法是长城战略咨询原创的平台化咨询方法之一。在一项微咨询中，直接服务于客户者即为前台，参照常规的咨询项目组建相对固定的前台微咨询团队；同时，所内任何有可能向前台提供资源链接的其他人员都统称为后台，随时准备支援前台的微咨询服务。

然而，这样的小前台、大后台看起来是一对多的复杂关系，又该如何在微咨询中实现有效协同呢？王所长认为突破前后台协同的关键在于数据驱动的平台化。为此，我们专门设置了一个信息化的“智库运营”中台，制定了一整套的微咨询平台化管理办法，并安排了稳定的中台运营管理团队，依托信息化手段建立了微咨询的工作链接与数据共享平台，通过开放性的平台化运营和信息共享机制，畅通各类信息、数据、资源的流通渠道，及时满足前台每一次微咨询的资源链接需求。

因此，微咨询方法在具体应用中包括“台前”和“幕后”两大阵营：一方面，我们有相对固定的前台咨询人员在“台前”与客户保持密切联系、实时互动，对客户随时有可能提出的需求进行敏捷响应与及时反馈，并为客户灵活应对新经济的不确定性、及时捕捉新经济的新机会主动提供兼具针对性和实操性的决策建议，以 4% 原创思想影响客户、引领客户；另一方面，长城战略咨询在“幕后”统筹全所资源开展带有前瞻性、战略性的理论研究、未来研究与实证研究，对客户所关注领域的新经济、新现象、新规律、新方法保持着超前感知力、战略洞见力和跨界创新力，并通过信息化管理工具（kmp 平台的微咨询数据库）、内部社交化平台（ink 平台、企业微信）及时为前台提供着丰富多样的资源支持。

（2）“12/48/2”响应原则

新经济时代变化加速，机会稍纵即逝，创新唯“快”不破。响应速度敏捷是微咨询方法的关键，王所长提出了响应客户需求的“12/48/2”原则，即 12 小时在线问答、48 小时内参和 2 周微报告。

12 小时在线问答，是微咨询服务向线上化升级的最新探索，围绕咨询师为客户服务过程中接触到的各类现实需求，形成内容涵盖长城战略咨询全部业务领域的新经济问答数据库，当客户在线发起问询后，在 12 小时内由前台微咨询人员在人工智能机器人的协助下提供一个合理化答案。

48 小时定制化内参，以政府高层决策者为目标，具有帮助领导掌握真实情况、科学决策、便于宣贯传播等特点。在微咨询过程中，前台咨询人员随时分析凝练客户所面临问题的本质痛点，把握和响应客户高端需求，在 48 小时内将核心洞见形成问题导向的定制化内参，与客户高层展开互动，对最高端决策人产生思想引领，触发潜在需求。

2周微报告，以快速响应、及时反馈为目标，强调洞见力、即时性、创造性。在微咨询过程中，针对客户随时提出的新需求、面临的迫切性问题研究以及当下热点问题跟踪研究和新兴机会点，通过整合长城战略咨询已有资源，以业务基础较成熟的研究成果为依据，并可将所内相关人员调配至前台进行短期协助，在2周内形成高质量、轻量化的微报告。

专栏3

微咨询快速响应增强某高新区客户黏性

2018年9月，位于H市的高新区引进长城战略咨询共建当地新经济发展战略研究院，成为长城战略咨询在该地区的首个以微咨询方式深度合作的客户。H高新区作为我国新经济发展高地，是国家建设世界一流高科技园区承担单位，客户水平和能力高，需要谋划的事情和需求任务也就又多、又快、又高。在微咨询服务的实施中，前台敏锐把握客户潜在需求，练就了一支快速响应的专业微咨询服务团队。

围绕一流高科技园区建设的目标，前台微咨询团队连续两年快速响应客户的高标准需求，在双方头脑风暴的基础上完成了两篇高质量的微报告，帮助客户荣获了H市党政系统优秀调研成果一等奖和二等奖；团队成员也获得了来自客户红头盖章的感谢信。

在单个部门的客户满意度带来口碑效应之后，来自不同部门的微咨询需求增多。我们借助智库运营，采用前台服务端与后台资源池协作的组织方式，以生产和运营普适性与个性化知识产品为支撑，形成一系列的专项微咨询服务，实现了从最初的单一部门到多个重要部门的深度合作。

（3）平台化运作机制：从项目思维到运营思维

微咨询方法如何保证在短时间内完成高质量的成果来影响客户呢？

长城战略咨询给出的答案是平台化运作 + 插件化链接（图 3-4-2）。通过强化内部协同与外部链接，优化客户需求快速响应机制，提升长城战略咨询与客户之间的信息传递效率，实现对客户的高端智库服务，并提高新项目开发的精准度，增强客户黏性的同时持续扩大智库影响力。

图 3-4-2　微咨询的平台化运作机制

专栏 4

与客户联合建立微咨询工作推进机制

2018 年，长城战略咨询与某高新区客户以共建新经济研究院的方式，开展了以微咨询为重点的三年业务包战略合作。作为较早探索微咨询的业务中心之一，该前台团队开创性地对微咨询工作推进机制进行了有效探索，不仅与客户共同协商单独签订了微咨询服务包，明晰了微咨询服务的概念，从内涵、作用、篇幅等方面，对内参、微报告、专项研究等多种微咨询形式进行了界定，还与客户共同建立了“需求征集—需求响应—成果验收”微咨询工作推进机制。客户的不同业务部门根据想要解决的问题和研究需要，填写微咨询服务需求表，前台团队结合需求和地方实际给予需求确认，并迅速链接所内外资源开展研究工作，最终成果提交后由需求部门负责人签署成果验收意见。由于在微咨询服务方面与客户建立了常态化的工作机制，该团队的客户认可度、信任度不断提高，在三年业务包期满之时，已成功续签了第 2 个三年期战略合作，加大了微咨询服务的数量和经费。

第一，平台化运作实现了前后台之间更加扁平化的沟通机制。一方面通过精兵单独作战或专家直接介入的方式保障响应速度，提升沟通效率；另一方面强调领导高层的及时参与和随时指导，通过组织前后台的扁平化减少信息传递层级，直接对接高层领导或领域专家，快速汇集金点子并输出高质量咨询成果，降低研究创新过程中的试错成本与沟通成本，提升咨询服务效率。

第二，平台化运作保持开放，强化了资源链接。微咨询方法顺应新经济时代创新生态圈构建新趋势，开展多元资源链接，实现开放化运作，强调后台智库资源的共享与及时导入。面向咨询机构内部，微咨询实现了专家资源、知识资源及项目经验储备的快速统筹与筛选，精准把握问题突破口并形成解决方案；面向外部市场，微咨询在运行期间与客户方，甚至相关利益方保持密切的即时沟通，随时开展头脑风暴与思想对接，通过观点的双向流动与持续优化，形成可落地成果。因此，微咨询借助开放共享的多维度智力资源，实现思想碰撞与方法提炼，高效率形成有思想、有举措的服务成果。

第三，平台化运作使得资源组织灵活化，关注问题导向。微咨询建立了灵活自由的团队成员协助机制，打破了传统项目运作中 3~5 人的长期固定项目组制，不仅收窄了项目团队体量，而且实现了以需求为导向的项目成员自组织模式。一方面，微咨询增加了部门人员的横向主动连接，增强了基于任务目标的跨部门、跨领域的合作模式；另一方面，微咨询更加注重专家型咨询师的即插即用与高效配置，本着解决问题的核心要义实现多类型小微专项团队的自组织与自成长，大幅提升了项目运作的灵活性。

总之，在微咨询方法中，我们摒弃传统咨询的项目思维，采用了开放的平台运营思维方法，形成前后台协同机制，使得交付的成果更加轻量化而有针对性，在确保质量的同时提高了交付的效率，提升了客户的体验，增强了客户黏性。

微咨询的效果：成人与达己

在推进微咨询方法的应用过程中，长城战略咨询提出了以微咨询为核心的业务包服务模式，通过建立以信任为基础的新型合作伙伴关系与客户共建创新生态圈，签订了很多大单长单。通过微咨询服务业务包的一体化实施，客户的认知持续得到升维，发展新经济取得了可喜的成绩；长城战略咨询也在短短几年内落地了多个“新经济研究院”，一批咨询师快速成长为“咨询超人”，形成了快速发展的新局面。

（1）业务包：一揽子服务到底

微咨询方法与传统的咨询方法最大的不同就在于微咨询具有清晰的商业化路径。在感知到客户对微咨询的巨大需求之后，长城战略咨询于2018年提出了以微咨询为核心的组合式业务包服务模式。这种业务包通常以年度为服务时限，甚至可以一次性购买三五年的跨年度服务。在业务包中，长城战略咨询与客户并不事先约定微咨询的主题，而是只约定每年微咨询服务的次数、递送内参的数量、驻场办公等工作模式、高层对接的频率等量化指标，除微咨询之外，客户还可以根据需求选择新经济培训、资源链接、高成长企业梯度培育等其他平台型业务，最终按照各项服务的单价和购买数量，汇总形成业务包的总费用，签约金额最高可达数千万级。

业务包这种“大单长单”的商业模式，对于咨询服务顺应微时代的要求可谓一箭三雕。其一，客户享受到了一年到头的一揽子服务，减轻了频繁走招标和购买咨询服务的程序性工作，客户体验更好了；其二，长城战略咨询实现了对客户需求的持续跟踪与全方位支撑，使得服务内容更加灵活，让客户形成黏性效应，成为客户必不可少的伙伴；其三，咨询师在提供咨询服务的同时，能更多、更直接地参与到与客户的互动、与高端专家的头脑风暴，以及客户决策形成的具体细节中来，对个人的快速成长助益良多。

专栏 5

天津空港以微咨询为核心的业务包合作

从 2018 年开始，长城战略咨询天津团队与天津港保税区（天津空港经济区）的长期合作模式从单一的专项课题研究委托，升级到了集微咨询、专项课题、新经济培训、调研考察、资源链接等服务于一体的年度业务包战略合作，微咨询方法在其中发挥了关键作用，成为引领天津空港客户思想观念升级、战略决策落地的指南针。

天津团队与天津空港的业务包合作以微咨询为核心，建立了“前台现场工作 + 后台智库支撑”的服务模式，基于长城战略咨询长期积累的研究成果，结合前台现场工作对天津空港情况的认识和研究，快速转化后台智库研发成果，形成前台与后台联动协作机制，向客户提供具有前瞻性和洞见力的微咨询成果，为推动天津空港由传统工业经济发展模式向创新驱动引领的高质量发展路径转型提供了前沿思想和决策参考。

在 2018 年的微咨询中，各有一篇内参和一份调研微报告获得了管委会党委书记的批示，并在推动微咨询成果和理念实操落地方面形成了一套整体服务方案、一条完整服务链条。例如，在与客户共同调研考察并完成交付《成都市、重庆市独角兽企业培育发展考察调研报告》的同时，依托长城战略咨询链接高成长创新型企业的优势，为天津空港成功对接数十家独角兽企业，实现了百望云、云鸟科技等若干企业落地，通过调研考察—微咨询内参—资源链接，形成了业务包整体微咨询服务模式，也为微咨询向实操落地的进一步延伸探索出了新的路径，借此长城战略咨询与天津空港形成了更为密切稳固的合作关系。

专栏 6

微咨询方法助力青岛市数字经济园区建设发展

2018 年以来，山东省出台《数字山东发展规划（2018—2022 年）》，着力通过数字经济园区（试点）建设推进数字经济产业培育和发展。崂山区作为青岛市乃至山东省数字经济技术策源地和场景试验场，以青岛国际创新园为代表的数字经济园区管理体系如何创新、特色产业如何挖掘、优质企业如何引培等成为数字经济园区建设的核心问题。

在此背景下，长城战略咨询青岛团队依托与崂山区政府签订的三年业务包战略合作，协助崂山区青岛国际创新园进行省级数字经济园区、市级数字经济产业集聚区的申报（建设）方案编制、复审答辩等常态化支撑工作。在微咨询的实施过程中，青岛团队发扬首创精神，通过提供文件解读、主导方案编制、保障考核验收、推进方案落地等全流程、精准化服务，为微咨询业务的一揽子服务提供了“崂山样板”。

青岛团队在接到客户需求后，第一时间组建申报方案编制小组，并派专职人员对《山东省数字经济园区（试点）建设行动方案》《青岛市数字经济产业集聚区和都市产业园发展水平考核评价办法》中的重点建设任务、考核与验收指标等进行深入研究，并实现与客户即时双向沟通，为园区建设目标、建设内容等设定提供依据，为园区顺利通过省、市级考核与验收提供保障。

依托团队在战略新兴产业集群及产业园区建设领域服务产品及创新资源优势，在数字经济园区申报过程中，面对时间紧、任务重的压力，团队成员通过搭建前台人员负责附件资料对接、后台人员主导方案编制并可随时现场办公的工作架构，实现《青岛国际创新园数字经济园区申报方案（2019）》在 5 个工作日内编制完成并递交上级部门的目标，报告质量及“短平快”的微咨询服务模式获得客户高度认可。

在完成《青岛国际创新园数字经济园区申报方案（2019）》等相关申报文件后，为保障园区顺利通过考核验收，我们的青岛团队作为主答辩人全程参与省、市两级数字经济园区申报、复审等环节现场答辩及线上答辩工作，并定期输出季度、半年度、年度等园区建设总结报告等智力产品。之后，为协助推进规划落地，在充分调研园区内骨干企业的基础上，团队协助客户搭建青岛国际创新园企业库，并实现定期更新，助力客户实时掌握园区发展现状及企业动态。同时，依托所内智力产品及瞪羚、独角兽等企业资源，同客户一道共同完成《青岛国际创新园数字经济产业规划及三年建设行动方案》的编制工作，并通过举办崂山区新经济头部企业座谈会、企业对接等资源链接活动，实现对园区产业赛道选择、智慧化建设、场景示范应用、招商引资等环节的常态化、全方位支撑。

在青岛团队与崂山区客户的共同努力下，青岛国际创新园已成功获批2020年度山东省级示范数字经济园区（试点）、青岛市数字经济产业集聚区等荣誉称号，并作为全市数字经济发展的典型园区获得央视等媒体报道。

业务包的落地是微咨询获得客户信任的最佳实践结果。业务包的形成往往是结合前期项目合作基础，在咨询公司与客户之间形成相互信任与欣赏后所开展的持续深度合作，是开展战略合作与年度合作的产物，也是微咨询成效与影响力的集中体现。此外，业务包还成了长城战略咨询与客户共建创新生态圈的有效途径，不仅能够提升有稳定收入的业务比例、加速人员成长，而且有机会、有空间衍生出更多样的服务内容，反哺微咨询业务布局，为微咨询的实践提供更多场景。

（2）驻场：客户的“贴身顾问”

微咨询方法的应用需要与客户建立良好的信任关系，而只有贴近客户才能及时发现和响应客户的需求，帮助客户随时解决痛点。在微咨询中，驻场办公模式让长城战略咨询逐渐成为客户身边不可或缺的“贴身顾问”，在更方便实施微咨询的同时，帮助咨询师锻炼了各方面的综合能力，实现快速成长。

专栏 7

天津滨海高新区微咨询服务长单

长城战略咨询天津团队与天津滨海高新区的战略合作是全面实践微咨询方法的成功典型。自 2017 年起正式开启战略合作后，针对高新区产业规划、科技创新、企业培育等咨询需求，天津团队采用前后台协作机制，前台驻场办公人员把握最新动态、提升客户黏性，后台所级智力资源全面支撑洞见输出，以前后台协同的平台化运作方式提供定制化智库服务。合作至今，天津团队利用微咨询形成多项具有影响力的成果，成功与客户建立了稳定的信任关系，最终落地大单长单。

在洞见输出方面，前台敏捷响应客户需求、扁平化对接所内高层领导与领域专家，提供高水平定制化知识产品。以微咨询《新时期天津高新区“三次创业”高质量发展战略咨询报告》为例，连续组织召开 6 次头脑风暴，快递迭代核心成果、逐步精准战略思路，最终形成 5000 字微报告，深获客户好评并作为天津滨海高新区第一次党代会会议核心思想实现全面宣传贯彻。

在现场办公方面，前台深度参与高新区产业发展与企业培育工作，微咨询服务覆盖内容十分广泛，包括文件解读、方案制定、申建申优、即时咨询等。以战略性新兴产业集群建设为例，通过现场办公实现全流程服务，把控各环节即时需求，输出了集群建设方案、经验总结、申优报告等多项智力成果，支撑天津滨海高新区成功申建唯一的“国家网络信息安全产品和服务产业集群”，并入围国家战略性新兴产业集群真抓实干优秀集群 TOP10，获得国务院表彰，进而助推高新区在滨海新区“三考合一”绩效考核中获得 2 项加分，客户满意度大幅提升。

在大单长单方面，经过长期连续性微咨询服务输出，客户黏性与信任度不断积累，服务需求与内容更加多样化，逐步促成了双方共建“天津自创区新经济研究院”的全面战略合作，微咨询服务场景更加广阔，智库品牌影响力得到充分释放。

专栏 8

重庆业务中心是如何落成的

2020 年 1 月，成渝地区双城经济圈战略重磅出台，以“一城多园”模式共建西部科学城成为最为重要的战略举措，但是，新形势下的科学城对于高新区主要领导而言是一个全新的概念，对于科学城内涵、建设路径等方面并没有形成系统性的认识。我们的微咨询团队在和客户的交流沟通中敏锐把握到客户的这一潜在需求，快速集成前后台资源研究编制形成了一系列内参、微报告，为客户精准解答了科学城建设的重大意义、现状基础、实施路径等方面问题，深得客户认可，也为客户注入了十足的合作信心。

在此背景下，在成都业务中心的重庆项目团队进一步与重庆高新区就业务包战略合作展开谋划，重点针对客户关心话题及部门需求设立了一系列微咨询服务，相关成果为推动重庆高新区、西部（重庆）科学城建设队伍上下一心，深化对科学城认识的高度、深度、维度提供了强力支撑，并最终促成了重庆高新区三年业务包的大单长单，重庆业务中心也于 2020 年 7 月正式落地。

当团队成员 J 回忆这些微咨询经历时，高新区主要领导的诉求仍声声在耳。高新区领导指出“科学方向的选取是科学城建设的重中之重”。围绕科学方向选择的研究主题，团队通过研究逻辑构架、资料查找、深入研究、调研分析，向院士、专家、行业领袖等密集开展访谈调研，最终集合高端智慧形成了科学方向选择的高质量建议，精准回答了该高新区发展的关键问题，为科学城的发展注入了科学灵魂。团队紧紧围绕高新区、科学城的发展需求展开微咨询服务，并伴随高新区的发展而不断向前，生动诠释了微咨询的意义及驱动力所在。

（3）新市场：从高新区到城市

应用微咨询方法所带来的新体验、新模式，不仅深受高新区客户的青睐，也为长城战略咨询打开了城市新经济咨询的大门。近年来在微咨询的牵引下，长城战略咨询服务的客户群体从高新区管委会逐步向创新型城市和区县的政府决策班子及相关部门拓展，成功实施了成都新经济委、淄博城市新经济运营等具有里程碑意义的年度微咨询服务。

专栏 9

以微咨询服务成都新经济战略：从酝酿诞生到深入推进

新经济战略的酝酿期：一篇微报告打动市委书记

2017 年伊始，我国西部地区经济最发达的城市成都迎来一位十分重视创新的市委书记，这个人口超 2000 万的超大城市即将开启一段新的探索之路。

2017 年下半年成都开始加快研究新经济，谋划召开全市新经济大会。长城战略咨询成都团队在大会召开之前就受到邀请：研究国际国内新经济发展的经验和做法。前台随即组织研究力量，以《关于新经济发展调研报告》为题迅速开展研究，利用不到一周时间系统梳理包括美国、以色列、德国、日本等在内的全球创新高地新经济发展经验，以及包括北京、上海、深圳、杭州等国内先进城市新经济发展特点，然后在梳理成都新经济发展现状与优势基础上，提出了日后成为成都推进新经济战略重大抓手的系列举措，如打造一流创新创业生态、培育一批瞪羚独角兽企业、建设一批新经济空间载体等。

2017 年 11 月 10 日，成都新经济发展大会如期召开，市委书记提出把成都建成最适宜新经济发展的新型城市，并在大会讲话中大量引用了微报告的成果。

成都团队能以高质量、高速度完成此调研报告，离不开持续倡导、研究新经济近十多年的长城智库，可谓“你需要的，长城战略咨询刚好有”。

新经济战略深入推进期：三年微咨询合作破解决策者难题

新经济大会为成都的新经济发展开了一个好局，但新经济战略推进过程中面临的挑战大大小小、不计其数。在2018年、2019年、2020年，相关部门连续三年与长城战略咨询成都团队开始了密切的微咨询合作，共同开展了18个课题研究，这些课题涉及的领域较细，在实施过程中有3个特点：一是研究领域很新，有些课题在传统的经济学理论里面找不到答案，如新兴冠军产业、新经济人才、新经济要素、新经济赋能治理等；二是研究时间很短，很多课题都是客户关心重视的问题，基本上是以“三天提纲、五天初稿、两周内结题”的节奏运行；三是双方协同创新，这类课题大多是甲乙双方在高频次“碰撞—写作—碰撞—修改”的循环中完成的，是一个包容开放、相互激发的过程。

微咨询成效：新经济成为成都新一轮发展的靓丽名片，也成为长城战略咨询成都团队的一道撒手锏

在成都的这趟新经济探索之旅中，长城战略咨询成都团队有幸成为成都新经济战略推进幕后的一股重要力量，实现了两方面的成效。

一是助力成都新经济战略深入推进。从影响力来看，2020年3月，成都新经济登上联合国世界城市论坛，成都向国际组织和相关国家代表展示了“机会之城”的独特形象，其中，机会之城就是指研究团队提出的场景供给工具——城市机会清单，成都高新区“打造五大应用场景培育发展新动能”列入国务院第六次大督查发现的32项典型经验做法。北京、上海、广州、深圳、青岛等地纷纷推出场景供给计划。从实际效果来看，新经济企业从12.7万家增加到35万家，增幅达到173.2%，每天诞生200家新经济企业。独角兽企业实现了从0到6的突破。以数字文创为引领的新经济赛道逐步显现，如《哪吒之魔童降世》《流浪地球》《刺客信条：奥德赛》《王者荣耀》等一批现象级的文创产品火爆网络。成都荣获“2019中国最具投资吸引力城市”第一名。

二是助力长城战略咨询孵化一批新经济项目。随着成都新经济战略在全国影响力的逐步扩大，很多城市纷纷效仿开始发力新经济，长城战略咨询作为全程参与成都新经济战略谋划与推进的研究团队，在其他城市新经济项目开发中获得优先认可，孵化出两类新经济项目：①综合性的新经济解决方案，如福州、德阳等城市，长城战略咨询输出“树立一个品牌、建立一套组织、出台一批政策、布局一批示范、成立一支基金、培育一批企业、打造一批场景”的“七个一”组合拳。②新经济重点抓手型项目，孵化出以场景为代表的新经济重点抓手项目，在成都研究推进场景的经验在长城战略咨询内部升级优化之后，在全国孵化出20个场景项目。

专栏 10

淄博新经济大会：从高新区到城市运营

2019年年底，长城战略咨询淄博团队与淄博高新区共建“淄博稷下新经济发展研究院”，开始以微咨询服务为核心的三年业务包战略合作，为淄博高新区创新驱动高质量发展提供决策支撑。在快速响应淄博高新区产业发展、双招双引等迫切需求的基础上，淄博团队逐渐探索出“微咨询+链接服务”的深度服务模式，围绕产业发展提供智库咨询与新赛道、新业态企业链接服务。在2020年8月29日长城战略咨询举办的一场独角兽企业淄博行活动中，淄博市领导与王所长和新经济企业广泛交流了关于淄博发展新经济的想法，进一步引导淄博市主要领导转变思维，树立起在全市层面全面转型发展新经济的新理念。在这次交流会上，淄博市委书记当即决定要举办淄博新经济发展大会，开展全市层面的新经济宣贯动员。

会后，全市新经济发展大会的筹办工作就在市委书记和王所长的亲自督办下紧锣密鼓地开展起来。淄博团队对淄博高新区的微咨询服务也因此得到了持续深化、延伸，有关发展新经济的核心洞见通过公开发声、建言献策等方式渗透到全市层面，可谓产生了超出预期的爆炸式影响，为全市发展新经济起到了决策支撑和战略引导作用。

通过参与大会筹办工作，淄博团队全面开启了面向城市开展新经济顶层设计、落地实施、微观指导的城市运营新探索，并协助市委办局、各区县设计落地具体新经济工作——与市工信局共同开展全市新物种企业培育，与市发展改革委共同开展谋划全市新场景、新赛道培育，同时与高新区、博山区等重点区县、功能区就发挥区域个性发展新赛道、新场景，培育新物种企业等开展高端交流、建言献策，广泛提供新经济智力支持。

（4）微咨询方法打造“咨询超人”

微咨询强调咨询师的个人能力与价值塑造，这种服务模式促使咨询师不断地吸收前沿思想，时刻保持对新经济发展热点的嗅觉灵敏度，在服务实践中提升咨询段位，快速成长为与时俱进的“咨询超人”和平台型咨询人才。在践行“微咨询”的过程中，所里很多优秀的咨询“潜力股”得到了超常规的快速成长。例如，出师于宁波微咨询团队的张欢，现已成长为长城战略咨询的合伙人，并在西安业务中心开辟了微咨询服务的新天地；来自杭州团队的刘文传经过大半年微咨询的磨炼，独立担当的能力得到迅速提升，所负责的两项微咨询服务获得客户表扬，已成长为一名杰出的项目经理，并与客户构筑了稳固的信任关系。

专栏 11

以“微”见大，以“微”知著，是以成长

——一位咨询师的自述：如何通过微咨询从咨询师到合伙人

在入职长城战略咨询的第一年便接触了微咨询，六年来与微咨询相识、相知、相伴、相守，在一个个看似小而碎片化的场景中，似乎时间被拉长、空间被放大、维度被延伸，要求我不断去审视自己、鞭策自己。如今回头看，方觉微咨询赋能了我各阶段的成长，也必将影响往后的咨询生涯。

与微咨询初相识，犹如以镜正冠，走出“螺丝钉”角色。犹记得第一个微报告时的“兵荒马乱”。那时我还是个咨询师，已经参与到战略合作客户的微咨询中，很多需求往往都需要自己独立面对。记得第一个微

报告是客户提出要在两天内完成一个中国制造 2025 试点的方案。可作为全国首创性的工作，自己那时候的积累肯定不可能完成。那怎么办？闷着头硬干吗？挣扎了很久，后来主动寻求项目经理调配专业的同事集中攻关，最后顺利完成了任务。回头看，能在入行不久就与微咨询相遇，真的像在我面前摆上了一面铜镜，让我可能较别人更早地看到了成长的方向，更是推着我跳出“按部就班、被动安排”的“螺丝钉”角色，进入主动应对、主动协调的成长节奏。

与微咨询渐相知，当应居安思危，时刻保持敏锐与热情。犹记得那段充满不确定性的现场咨询时光。在中级咨询师阶段，我恰巧有机会去客户现场开展介入式咨询。现场工作会面临诸多不确定性，不仅内容铺得宽、落得深，要懂规划语言、政策语言、新闻语言。例如，同一天客户可能上午提出要关于制造业转型发展的政策，下午就要企业培育行动方案；而且与客户交互碰撞甚是频繁，要精通汇报、沟通、协调等各种表达方式。如何独立应对这么多的不确定性需求及关键表达场景？那就要打破固定的舒适的训练节奏，时刻保持对新经济发展热点的嗅觉灵敏度，做足准备，输出成果。现在看，能在那时候现场办公，每一个临时性需求都像警钟在提醒我，唯有打开视野才能洞见，唯有洞见力才能武装自己。

与微咨询常相伴，自当耳听八方，不做精兵做精英。那段在当地经信部门的微咨询时光，最大的特点就是与客户黏性很强，这个属性背后其实隐藏了很大的机会，需要眼观六路、耳听八方，更需要主动创造需求。记得那时我们一直在做单项冠军企业的报告，但没有发布过，得知他们要召开大会的时候，就去和部门沟通将其纳入大会发布报告之一，目前已经连续发布了三年；还有围绕智能经济向市政府主要领导写了一篇内参，获得领导高度认可，也为接下来两年的战略合作打好基础。如今看，那个阶段与微咨询相伴，与客户那么贴近，可能比同阶段的人更早有了管理经营客户的意识，从精兵思维转到精英思维，更加主动地去做“宽”做“厚”客户关系，甚至没有需求那就创造需求，最终开疆拓土形成“大单长单”。

与微咨询终相守，方觉任重道远，领导力升维是关键。2018 年，我有幸来到新成立的外埠业务中心，面向新的市场、客户、部门、团队，任重道远，该如何快速走上正轨？靠微咨询。我们以前台现场办公人员把握最新动态、提升客户黏性，以后台所级智力资源全面支撑洞见输出，前后台协同的平台化运作方式提供定制化智库服务，快速与新客户形成黏性，奠定了合作根基，也培养了一支精英团队。在这个时候，才发现前几年的微咨询带给我的是整体领导力的升维，再往后的直击客户痛点、挖掘潜在市场、实现部门快速发展的大潮中，无疑都会有微咨询相守。

前几年的工作中，能够以“微”见大，以“微”知著，是我觉得最重要的收获与成长。往后的咨询生涯，虽道阻且长，但行则将至。

微咨询的未来：在“云”上做咨询

未来，长城战略咨询的微咨询方法仍将在应用中不断突破创新、持续迭代。2020 年，我们已经开始了在线微咨询的探索——“新经济问答”，并将其作为独立模块嵌入长城战略咨询的“区域双创大数据平台”软件产品。这种云上的微咨询将使咨询师打破时空局限、形成对客户在线问询的 12 小时响应机制，实现高端咨询服务对更广泛客户的下沉爆发。

2021 年新春伊始，听闻微咨询方法荣获“2020 年中国科技咨询协会咨询创新奖—方法类”，微咨询方法案例将纳入协会的获奖项目案例集公开发布并广泛宣传，王所长兴奋地说：“随着智能化社会在疫后加速到来，各种城市大脑会记录下在创新创业生态中发生的每一个刺激和反应，微咨询方法在未来也将更加智能化。虽然现在的微报告和前后台互动还要用人工手动来实现，但未来一定会通过智能化来实现，让我们拭目以待！”

5 HDJ 公司实现由传统小企业向现代大公司的转变

长城战略咨询“HDJ 咨询项目”项目组成员

机构简介

长城战略咨询

——企业咨询业务介绍

北京市长城企业战略研究所（以下简称“长城战略咨询”）是专业的新经济咨询机构，中国知名民间智库。自1993年创立以来，长城战略咨询在长期咨询实践的基础上，形成企业咨询、产业咨询和区域咨询三大核心业务。作为国内从业历史最长的管理咨询机构，30年来服务于数千家企业客户，面向大中型民营企业、国有企业和高成长性中小企业的决策层，以及政府、园区和科技管理部门提供创新型的战略和管理咨询，长城战略咨询已经成为国内最具影响力的企业战略与管理咨询机构。

长城战略咨询向企业提供以战略为核心、组织运营和人力资源为两翼的咨询服务。

战略咨询：主要面向公司的董事会、执行委员会和高级管理层，就他们关心的重大问题提供战略咨询服务：制定公司中长期发展规划、企业变革方案，实施业务与资产重组，协助客户展开投资并购的实施和运作支持。主要业务包括：企业及业务发展战略、商业模式咨询、战略增长点咨询、业务并购与重组、投融资与上市。

组织运营咨询：为配合战略实施和公司绩效提升，力求帮助客户制定和实施创新、高效的管理方案，建立以市场绩效为导向的企业运营体制，设计合理的法人治理结构和高层组织架构，帮助客户切实提高管理水平。主要业务包括：治理结构与高层激励、组织管控与运营体制、品牌与营销、技术与创新管理咨询。

人力资源咨询：基于对公司战略方向的准确把握和对先进人力资源管理模式的深邃理解，长城战略咨询为企业提供科学、合理、有效的人力资源咨询方案。主要业务包括：人力资源规划，岗位分析，绩效薪酬体系、培训体系及招聘体系设计等。

针对新经济高成长企业，长城战略咨询提供富有特色的瞪羚、独角兽等新物种企业咨询。瞪羚企业即“高成长企业”，是指步入快速发展阶段的企业，具有成长速度快、创新能力强、专业领域新、发展潜力大的特点。瞪羚企业业务发展快，咨询需求比较全面，并且要求咨询成果高度可执行。针对这些特点，长城战略咨询探索出系统性的咨询服务解决方案。

长城战略咨询进一步明确了把瞪羚、独角兽等新物种企业的挖掘和培育作为重点发展方向，组建了新物种咨询和服务团队，定期发布瞪羚、独角兽榜单和研究报告。面向政府、园区和企业提供政策制定、评价筛选、发展研究及高成长企业群体和个体的战略与商业模式、增长点及组织人力资源咨询，致力于系统性地为高成长企业发展服务。

HDJ公司在十几年前还是一个默默无闻的县级国有小酒厂，年销售额只有几百万元。而今，其名牌产品几乎已是家喻户晓，其销售额和市场占有率连年剧增，目前年销售额已超过百亿元，在保健酒领域乃至整个酒行业占据领先地位，成为高成长企业的典范。

改制与管理提升（1995—2005年）

长城战略咨询于1995年开始为HDJ公司做战略咨询，并于1997年5月协助该厂完成企业改制。其后，基于双方良好的合作关系，HDJ公司聘请长城战略咨询为其企业发展常年顾问。自1995年至2005年，长城战略咨询为HDJ公司提供了发展战略、营销体制、品牌规划、企业改制、产品开发、组织架构、技术管理、年度业务分析、信息化、人力资源等全方位的咨询服务。

（1）营销体制改革

J酒是HDJ公司的主要产品之一，自1990年投放市场以来，销量持续增长。其市场主要在当地和东南沿海地区。1995年，该酒厂提出到2000年将“中国J酒”树立为中国保健酒第一品牌的目标，并请长城战略咨询作为其咨询顾问，合作正是在这一背景下开始的。

长城战略咨询项目组深入企业内部进行全面调研后，认为HDJ公司发展的关键在于真正实现市场导向的改革，为此，必须实现营销改革的突破。经过诊断，长城战略咨询发现HDJ公司在营销方面存在如下问题：营销队伍规模太小，而且缺乏培训。全厂职工700余人，营销人员仅30多名，而且没有正规的营销培训；营销的职能管理几乎是空白。全厂的营销信息全部集中在一位营销副厂长手中，没有厂一级营销管理机构，东南、华东、华中三大区市场部，均无固定的办公或联络机构。营销管理的基础工作十分薄弱。

针对HDJ公司的具体情况，长城战略咨询主要做了如下工作。

① 与酒厂领导共同工作，明确该厂的关键问题是市场导向型的企业改革没有完成，应把加强营销能力作为全厂工作的中心。通过案例分析，使主要领导认识到营销队伍严重偏小，已无法适应企业参与市场竞争的需要。

② 提出改革营销体制、加强营销管理的方案：设立营销总部，作为保健酒市场和营销工作的信息中心，并与营销管理部门共同研究，制定加强营销基础工作的方案和措施，研究了回款管理对酒厂良性发展的重要性，制定了回款管理的具体措施。与客户共同编写针对保健酒销售的《营销人员工作指南》，作为初级培训教材和日常工作参考工具。

企业领导反映，经过以上工作后，企业才真正从思想上明晰了市场导向的意义和内容，并总结成为企业的经验。1996 年 3 月，该酒外销（除当地市场以外的其他市场的销售）额比上年同期增长 388%。

（2）管理体制改革

长城战略咨询在为 HDJ 公司设计营销体制改革方案的同时，就着手为企业制定长期发展战略。作为企业战略咨询专家，长城战略咨询力图使企业认识到，市场经济下的企业面临着强化市场意识和内部管理挖潜的双重挑战，而后者更是国有企业改革中最困难的一步，也正是企业实现长期发展的基础。因此，企业对原有的运行体制进行了深层次的反思和改造，建立和完善了以市场为导向的职能管理体系。

HDJ 公司原有的组织结构和职能，反映了计划经济条件下生产导向型企业的特点。厂长直接面对众多的科室，同时设置多个副厂长。这样的组织结构导致了副厂级领导过多，成了典型的非正式组织，存在部门责权不清、职能管理的专业化水平不高、缺乏协调和综合能力等弊端。随着市场经济的逐步建立，原有结构与职能的弊端日益暴露，并妨碍了企业的生存和发展。在市场经济条件下，厂长不再是一个单纯的生产管理者，他还需要处理采购、生产、营销、人力资源培育等各项决策，面对更高层次的决策风险，需要更专业的、更符合市场经济的职能管理部门。

认识到了这些问题后，在咨询顾问的协助下，HDJ 公司进行了大幅度的结构和职能的调整。对一个企业来说，其内部最主要和最基础的职能是市场营销、人力资源、生产、财务、技术和行政。企业为这六大职能设立了相应的总部和总部主任，改革或重组了原有职能部门，逐步建立与完善了企业的六大职能管理系统：设置营销总部，完善营销组织；设置行政总部，重组行政管理职能；设立财务、采购总部，强化财务、采购职能管理；设立人力资源总部，建立人力资源管理职能；设立技术总部，健全技术管理职能；设立生产总部，实现生产管理职能的现代化。

在企业合作中，长城战略咨询的咨询意见迅速得到了企业的反馈、接纳或修正，形成比较和谐的咨询合作关系。企业领导接受了咨询顾问的建议，为企业的长足发展做出了正确决策，进行了大刀阔斧的改革，使企业保持了快速稳步发展的势头，勾画出现代企业的基本框架。

（3）名牌规划

自 1995 年 9 月起，长城战略咨询承担了该企业名牌战略与五年规划研究项目，长城战略咨询项目组和专家网络的一批成员通过对名牌理论的研究和多项调研，特别是在深入该企业进行调研的基础上，和公司决策层就相关问题多次进行了深入的探讨和研究，提出了一系列完整的解决方案，完成了《J 酒名牌战略研究》报告和《HDJ 公司发展和改革（1996—2000）五年规划》报告。

在《J 酒名牌战略研究》报告中，长城战略咨询为 HDJ 公司确立了“到 20 世纪末，将中国 J 酒创为中国保健酒第一品牌；将 HDJ 商标树立为中国的驰名商标，将企业建成中国酿酒行业的名牌企业”的战略目标，以及“企业以增加无形资产为壮大实力的主要方式。通过无形资产调配、使用社会资源”和“在五年内，企业发展为现代专业化酿酒公司”等数十条战略要点，为实施名牌战略明确了目标。

在《HDJ 公司发展和改革（1996—2000）五年规划》中，将企业目标定位为：“HDJ 公司将通过加大企业市场导向型改革的力度、实施名牌战略、扩大科学技术和无形资产投入、倡导以人为中心的管理、加强人力资源的投资和开发、建立适应市场竞争的学习型组织等手段，走内涵式增长和外延式增长并重，以内涵式增长为主的持续发展道路，发展成以保健酒为主导产品、以现代科技和现代管理手段为依托、以倡导健康酒文化为特色理念的专业化现代酿酒公司”。

在企业发展目标中则明确指出：“HDJ 公司 1996—2000 年的目标是：

通过实施名牌战略，不断提高产品质量和内涵，使中国J酒系列产品成为中国的名牌产品，使1~2个新品牌成为国内知名产品，使HDJ公司成为中国酿酒行业的知名企业、保健酒行业的先导企业；加快市场导向型的企业改革，健全职能管理体制，建立不断创新的学习型组织，形成现代酿酒公司的雏形；加强营销组织建设，完成向现代专业化营销体制的转型，全面提高市场竞争能力，使HDJ公司的产品全面进入国内市场，成为国内保健酒市场的领导者，在重要的国际市场积累一定的市场开拓经验……”

企业改革的方向则是确立了7个转变：从生产导向型企业向市场导向型企业转变；从粗放式的初级加工生产方式向以提高技术含量和水平为导向的现代加工生产方式转变；增加无形资产投资的比重，从产品经营向以无形资产为核心的资产经营方式转变；建立学习型的企业组织，使企业管理从以协调人际关系为主向按程序办事为主并不断创新转变；从小型企业向中型企业转变，向现代企业制度转变；在企业与员工关系上，从“小而全”的旧模式向社会化管理的现代社会生活模式转变；从传统的工厂制国有企业向现代酿酒企业转变。走专业化道路，建立轻型结构，基本上不自己搞配套，形成“一强（HDJ公司）带多小（配套厂）”的格局，通过合同、契约等方式，提高配套企业的资产专用性和生产经营专一性，以无形资产扩大HDJ公司支配资源的质量、数量和范围。

该战略规划实施之后，公司每年销售额增长30%以上，年销售增长一个亿。2000年公司的品牌被认定为国家重点保护商标。公司成为中国最大的保健酒公司。

（4）企业改制

长城战略咨询在前期的咨询工作中，为HDJ公司确立了进行股份制改造、建立现代企业制度、向现代酿酒公司转型的战略选择。1996年，在国家大力推进国有企业改革、放开放活小企业的有利环境下，长城战略咨询再次承担了制定HDJ公司改制方案的咨询任务。

经项目组成员与HDJ公司核心领导层共同工作，征求HDJ公司部分中层干部和员工的意见，与大冶市有关部门负责人进行了深入的交流和沟通，制定了《HDJ公司建立现代企业制度改革方案》，经反复讨论、酝酿、磋商，项目组成员四入大冶、五易其稿，终于圆满地完成了本咨询项目。

在 HDJ 公司改制方案总体设计指导思想中，明确提出改制设立的公司应保持股权结构的开放性和适度流动性。但鉴于实际情况，为了保障企业员工的利益，决定改制方案分步实施，先改制为由内部员工全员持股的有限责任公司。

在第一步改革顺利实施并完成登记注册后，即应着手考虑股权开放和流动的方案。具体设想是：在下大力气抓好经营管理、力争 1997 年经济效益（销售额、利润）有明显增长的基础上，引入新的投资者（财务投资人和战略投资人），同时完成股权流动和增资扩股两个任务。以现有 1000 万元股本为基础，现有股东以 300 万元的价格出让 10% 的股权，同时再以 300 万元的价格扩股 10%。这是股权开放的第一步。其后，随着条件的成熟，可进行股权的再次开放与流动，发展为股份有限公司，并向上柜、上市发展。

同时，为保证改革后公司的正常高效运转，长城战略咨询又提出了公司完成改制后的重点工作方向。在转变经营机制方面提出以下要点。

① 股权在适当的时候加强流动性，向厂长及其对企业发展尽职尽责的核心层流动；确保法人意志明确、统一；加快决策速度，分头召开营销、采购、技术、人力专题会议。

② 经营层与管理层分解，董事会做经营决策，总经理进行日常专业化管理；建立简约、高效的管理体制，提高部门间沟通与协调能力。

③ 对公司及其中层干部实施公开测评制度，采用月计划、周评估的考评方法，分数未达者由董事会确定是否留任；出台人员辞退办法，减员增效，能出能进。

在深化内部管理方面，重点提出加强采购管理、推行 ISO 9000 国际质量认证体系、改善办公环境与条件等咨询建议。

关于改制后的发展思路，长城战略咨询认为应该坚持“保健酒第一品牌”的战略目标，加强对保健酒的技术支持，在 J 酒的基础上，扩大保健酒的品种，增加新品牌。公司成立后，在抓经营管理的同时，适当进行资产经营，兼并酒业内部资产质量较好的企业，向股份公司发展。

在营销方面要积极探索代理商与市场推广的关系，明晰市场分销渠道与覆盖面的关系，与经销商合作创新。

经过半年多的运作，根据改制方案HDJ公司在1997年5月14日经股东会选举产生了新的董事会和监事会成员，并相继产生了新的经营班子，HDJ公司正式改制为“湖北HDJ酒业有限公司”，完成了由工厂制向现代公司制的转变，而且很快就步入了正常发展的轨道，一个新型结构的现代酿酒公司产生了。该企业成为国内最早的成功运作MBO的典范。其后，长城战略咨询开始担任湖北J酒的长期战略咨询顾问，一直至今。目前公司已经从一家传统国有企业逐步转化为有活力、高速成长的民营化企业。

（5）战略实施咨询

1998年开始，以改制和战略咨询的成果为基础，长城战略咨询为J酒的咨询工作更多地涉及“管理咨询”领域，在营销、技术、生产与作业管理、采购与供应链管理、企业信息化、人力资源等各个领域都展开具体的咨询服务。

在营销方面，结合改制后HDJ公司在营销管理体制方面存在的问题，长城战略咨询首先起草了《HDJ酒业集团分品牌实行营销管理的方案》，在双方讨论确定后根据此方案编制了营销管理制度和岗位职责。1999年8月底，长城战略咨询项目组到HDJ公司出差，与公司高层及相关人员详细讨论并确定了《HDJ酒业集团分品牌实行营销管理的方案》，以及支持此方案的管理制度和岗位职责。此次营销管理咨询的重要成果是成立“湖北HDJ营销有限公司”（公司的注册工作预计在当年年底或第二年1月完成），明确建立健全营销管理组织结构：设立总监办公室、企划部、营销财务部、市场开发部和3个营销分公司；J酒、曲酒、饮品3个营销分公司经理（品牌经理）分别负责J酒、曲酒、饮品的营销管理；营销分公司下设客户服务部、销售管理部、市场部、大区市场经理。规范了广告与促销管理，确定了广告与促销的管理原则。2000年长城战略咨询又提出建立市场部的构想，并帮助HDJ公司建立了市场部，有力地支持了HDJ公司“孵育式”的新发展模式。加强了对经销商的管理，确定选择经销商的条件，提出与经销商建立战略合作伙伴关系。

在长城战略咨询的推动下，HDJ 公司召开了第一次供应商大会和第二次经销商大会，并成功地与重要的供应商和经销商建立了战略合作伙伴关系。

在信息化方面，1999 年 1 月，长城战略咨询信息化咨询人员为 HDJ 公司进行了为期两天的计算机基础培训，并通过座谈会等形式对 J 酒信息化现状进行了调研，在此基础上完成并提交《J 酒公司信息化推进报告》。协助 HDJ 公司采购一批微机硬件，并在 HDJ 公司为技术骨干示范微机软硬件的组装。6 月赴 HDJ 公司出差，对 J 酒信息化进行了深入的调研，并对 J 酒内部网的建设提出咨询意见，完成《HDJ 酒业公司信息化评估报告》。7 月，由长城战略咨询负责的 J 酒网站设计完成并开通，此后，网站进行了几次修改，长城战略咨询也完成了若干关于网站建设的工作文件。10 月，J 酒信息中心人员到长城战略咨询，就 J 酒信息化建设进行了讨论，提交了关于 J 酒内部网、软件的使用和电子商务试点等问题的工作文件。在此基础上完成了《HDJ 酒业信息化推进咨询报告Ⅲ》和 HDJ 酒业信息化有关制度。11 月底长城战略咨询人员出差到 HDJ 公司，发布《HDJ 酒业信息化推进咨询报告Ⅲ》和 HDJ 酒业信息化有关制度，并对信息化现状进行调研。12 月，对 J 酒委托开发的进销存软件的实用性进行评估，提出了与经销商、供应商实现电子商务的设想和实施方案。到 2000 年 J 酒信息化开始采用内部网站的运行方式，有些经销商开始使用电子邮件（订单）的方式，进销存软件完成了最后开发。

在采购与仓储管理方面，长城战略咨询顾问在对 HDJ 酒业采购与仓储管理现状进行深入调研之后起草了《改善采购与仓库管理的方案》，并以此方案为基础，制定了采购与仓库管理制度和岗位职责。在 9 月底，长城战略咨询与 HDJ 领导以及物资采购部人员详细讨论并确定了《改善采购与仓库管理的方案》，以及支持此方案的管理制度和岗位职责。此方案中的重点为明确采购与仓库管理的组织结构，成立了仓储中心，设立了由财务总监领导的结算服务科，负责代表供应商办理相关手续；提出对采购物资施行编码化管理；规范了采购工作控制流程；明确了对供应商管理的要求，提出与供应商建立战略合作伙伴关系；规范了采购物资出入库管理制度；对仓库进行整体规划，以及对仓库中物资存放、保管的方式、方法提出了建议。

在生产管理方面，在对 HDJ 酒业生产管理现状进行调研后起草了《生产与作业管理改善方案》，双方讨论确定后制定了生产管理第二层次制度和岗位职责。1999 年 11 月底，王所长带领项目组到 HDJ 公司出差，与公司高层及相关人员详细讨论并确定了《生产与作业管理改善方案》，以及支持此方案的第二层次生产管理制度和岗位职责。方案重点指出了目前 HDJ 公司生产管理存在的主要问题，以及生产与作业管理改善的思想，如对生产特性进行分析、同步生产与柔性生产、生产管理组织科学化、生产管理的自动化与信息化、安全生产等。

在技术方面，在 HDJ 公司把事业边界确定为保健食品领域的时候，长城战略咨询对第三代保健食品的技术发展进行了全面调研，完成了《活性因子与保健食品开发》的专题报告，帮助 HDJ 公司了解保健食品行业技术发展现状和未来开发方向。在 HDJ 公司技术发展长期滞后、新的技术总监刚刚到位的情况下，帮助 HDJ 公司理顺和规范技术管理的基础文件。在 HDJ 公司成立市场部的时候，设计了中国 J 酒新产品开发流程，帮助 HDJ 公司理解了技术 – 市场界面的运行规则。

在人力资源方面，长城战略咨询在对 HDJ 公司人力资源管理现状进行调研的基础上，起草了人力资源管理方案和薪酬方案，在与 HDJ 公司高层多次反复讨论，以及吸收吴总的人力资源和薪酬管理思想后，最终确定了方案，并以此方案为基础，制定了人力资源管理制度和岗位职责。两个方案中的重点是不同岗位的薪酬确定的原则、员工绩效考核的办法、员工培训，以及其他人力资源管理制度。同时对中高层管理人员的人事调整及劳动合同与职务聘任的关系等问题提出了建议。

1999 年是长城战略咨询与 HDJ 公司合作内容最为广泛的一年，咨询内容众多，涉及领域广泛，对咨询项目的开展和成功运作提出了考验。长城战略咨询项目组在王所长的带领下通过半年时间的总结，基本上理顺了工作模式，即首先是与吴总探讨某领域的管理理念，进而对该领域的现状进行考察，发现问题，起草相应的咨询方案；然后同吴总及相关总监共同讨论、确定方案；最后同相关部门、人员讨论、确定支持该方案的管理制度和岗位职责，根据确定的方案、制度，HDJ 公司推动该领域的工作。通过1999年J酒咨询工作的推进，HDJ公司在上述方面的改进取得了可喜的效果，尤其是营销管理改善的效果最为明显。培训工作作为咨询项目的一部分，在1999年同样取得了很好的效果，共举行了6次培训，参加的HDJ公司人员达200人次左右。在1999年，双方加强了互动与响应，快速解决了很多在项目推进过程中相关的事项，给整个咨询项目的开展带来了很大帮助，也使客户能尽快通过方案的实施而受益。

在双方深入合作的基础上，进一步确定了工作的体制和运作模式。HDJ公司战略咨询项目在2000年同样取得了丰富的咨询成果。在战略发展、组织架构、营销体系、投资业务、技术管理、企业文化建设、人力资源管理、财务管理、质量管理、采购管理等方面进一步拓展和深化了合作内容，长城战略咨询为HDJ公司提出了更多的参考建议和咨询方案。长城战略咨询的工作卓有成效地推动了HDJ公司的发展，使HDJ公司在各方面的战略能力得到了提升。

（6）投资管理咨询

2000年以来，HDJ公司为积极应对不确定的经济环境、寻找新业务增长点、进入新市场、树立新品牌，力图通过投资新的领域和业务方向，尝试创新企业发展模式。

长城战略咨询在经过深入细致的考察和调研之后，认为HDJ公司投资必须服从于J酒战略，必须围绕战略定位“专业化的保健（健康）食品公司”来进行。J酒需要打造成一个通用性的品牌，在这个品牌下形成多个品种的产品。HDJ公司的投资要坚持以下原则。

① 有限性：投资比例限制在公司净资产的50%以内。

② 集中性：进行重点投资而不是撒胡椒面，鸡蛋放在不同的篮子里不一定安全。

③ 相关性：投资方向与公司主业有一定的相关性，不做完全陌生的领域。

④ 开阔性：投资视野不限于大冶，甚至不限于国内市场。

在此前提下，长城战略咨询对国内保健酒行业主要企业兼并的可行性进行了分析，提出了可能的兼并与合作对象供HDJ公司参考。在白酒行业，长城战略咨询完成了对白云边的考察调研与分析并提出了不实施收购的咨询建议。同时，长城战略咨询项目组认为，HDJ 公司积极探索和尝试以各种形式进行投资，是拓展核心能力和事业边界的积极举措，有利于 HDJ 公司的长远发展。在 HDJ 公司先进的机制和强大市场运作能力的影响下，今后类似的机会还会不断出现，而如何进一步强化 HDJ 公司的市场运作能力、建立强大的人才储备和有效的人才培养机制以输出管理，将是未来 HDJ 公司对外投资、合作的基础。

在此建议下，HDJ 公司逐步走上了稳健的投资拓展道路，尤其是在矿业投资方面取得了很好的突破与进展。2004 年，为适应 HDJ 公司投资业务的发展，HDJ 投资公司的定位及发展模式便成为亟须解决的重点问题，长城战略咨询项目组经过调研与分析，为 HDJ 公司的下属投资公司制定了战略定位与发展模式，在发展目标、公司定位、业务选择、组织架构等方面都做出了详细的规划与设计，有效保证了投资公司的健康高效运营。

五年战略规划与人力资源突破（2005—2015 年）

此后的五年里，HDJ 公司在稳健中实现了高速增长，成功跨入了大型企业的行列。但北京、上海等大城市的市场开拓依然没有取得突破；近年的新产品开发大都未获成功，依然维持单一产品经营格局；其品牌价值仍有待提升。

（1）新时期发展战略咨询

长城战略咨询项目组于 2005 年 3 次前往 HDJ 公司，对公司五年的发展做了深入的剖析和诊断。五年来，HDJ 公司逐步构建了比较完善的技术、生产和营销体系，已经成长为保健酒行业领袖企业。但是，新的战略产品开发、品牌价值提升及生产方式的转变成为影响下一步发展的关键环节，改善和加强内部基础管理成为公司发展的迫切需求。

基于此种形势，长城战略咨询项目组与 HDJ 公司共同制定出《HDJ 公司五年战略规划》，对 HDJ 公司未来的远景描绘了一幅宏伟的蓝图，即成为国内一流的健康食品专业厂商（2020 年）。根据公司长远发展方向，长城战略咨询重点对近期的发展思路提出如下咨询建议。

① 进一步明确聚焦主业的战略构想，针对其三大业务，提出不同的发展思路与途径。HDJ 公司未来五年间采用“有节奏的梯度发展”模式，在稳打稳扎的基础上，分步骤地布局战略重点，以突破瓶颈，使 J 酒跨上新台阶。

② 项目组研究了国际酒业的运作模式，并通过与企业决策层的沟通探讨，指出该企业未来五年的三大战略重点，明确了基于其自身能力的稳步发展思路。

③ 项目组在此基础上进一步提出了企业的品牌战略以及技术战略。未来将通过集成创新模式适时转变保健酒的生产制造工艺，以形成 HDJ 公司独特的保健酒技术优势。

④ 为顺利实现发展战略，未来五年 HDJ 公司要实现五大战略转变：从规模扩张到价值提升；从销售导向到市场导向；从区域渠道到全国渠道；从传统制造到现代制造；从产品优势到技术优势。

新时期的战略咨询帮助客户开阔了视野，并对企业发展战略进行了全方位思考，继而在公司高层统一思想。在此基础上公司拟定新的战略将从新的财务年度（8 月）开始布局实施。同时，该企业与长城战略咨询的合作也进入一个新的阶段。

（2）技术管理咨询

随着 HDJ 公司营销和管理体制的日益完善，战略方向与发展思路逐渐清晰和明朗，技术开始成为公司取得新的突破的主要瓶颈。公司在新产品开发上长期没有取得突破，新的技术管理体系亟待建立和突破。

2005 年 4 月，长城战略咨询一行 4 人再次前往 HDJ 公司，重点就技术管理进行了全方位的调研与访谈，主要从技术战略、技术组织、技术界面关系及技术人力资源等方面进行了分析和诊断，并提出了相应的咨询建议。

长城战略咨询经过分析发现：HDJ 公司总体战略已经发生了调整，但技术方向没有与之尽快对应，缺乏明确的技术战略，公司技术思想在公司内部没有达到统一；公司技术资源分布与公司业务结构不平衡，工作流程不清晰；技术中心技术人员缺乏市场经验或生产经验，难以发挥技术对市场的响应/对生产的服务功能。

针对上述问题，长城战略咨询提出，为了快速适应新的生产方式，公司必须进一步加强内部技术实力，同时需要适时调整技术体系，明确各功能单位的目标任务、技术人力资源的培养。同时保证应用基础研发、新产品开发、工艺开发、设备应用及质量评测等各个环节确立明确的职责范围和工作目标，确定清晰的界面关系。

关于技术中心组织与管理体制的调整，主要考虑到以下因素。

① 技术创新体系的建立完善：如何通过技术组织调整构建 HDJ 公司技术创新体系？

② 新产品开发的促进：如何通过技术组织调整有效促进新产品的开发推进？

③ 技术组织的人力资源配置：新的技术组织体系能否有相应的人力资源配置？

④ 技术研发与营销的界面：技术研发与营销能否结合？结合程度多深？

⑤ 技术研发与生产工艺的界面：技术与生产工艺的结合度？

⑥ 技术研发与采购等的界面：如何保证物资设备采购不影响技术研发？

⑦ 企业研发与外部资源的界面：如何通过组织设置有效整合外部技术资源实现集成创新？

经过讨论与深入思考，双方确定技术中心组织调整方案，实行技术总监领导下的专业总工负责制；按照业务方向分别设立相应的总工，具体负责所属业务方向的技术研发工作；为推进新保健酒的产品开发，将 J 酒的技术改进研发和全新产品的开发分开，分设 J 酒技术部和产品研发部，并充分考虑公司现时情况，提出若条件不成熟，新老产品研发暂时可以合在一起，但内部分工要明确。对技术部门与产品策划、市场销售、生产工艺、采购及装备方面的界面关系也做出了明确界定，制定了各部门相应的职责范围与边界。

2005 年年底，随着总工的相继到位，新的技术中心组建成立，公司技术管理体系已进入良好运转状态。

（3）人力资源岗位管理

2005年年底，HDJ公司董事长来长城战略咨询进行工作交流，他认为人力资源问题已成为公司发展的瓶颈，基于双方深厚的合作基础，他希望长城战略咨询重点关注这方面的工作。其后长城战略咨询与HDJ公司进行多次交流，确定了人力资源咨询工作将以岗位分析与职位说明书的制定为重点和突破口，为人力资源工作打好基础。

2006年2月，长城战略咨询人力资源项目组一行5人赴HDJ公司现场工作，经过调研访谈与岗位分析，初步理清了HDJ公司岗位现状，完成了一般岗位和中高层岗位描述的岗位手册，同时通过岗位分析厘清了各部门岗位职责分工状况，对公司岗位设置及岗位管理进行了诊断并提出了相应的咨询建议，将公司岗位划分为七大序列7个层级，绘制了HDJ公司岗位图谱，为后续的岗位价值评估奠定了基础。

长城战略咨询协助HDJ公司制定的岗位手册主要内容涵盖岗位基本信息、岗位职责与权限、协调关系与工作流程、任职资格、应知应会、能力素质要求、工作评价与业绩考核、职位发展、工作环境、学习成长等10个方面。配合岗位手册的编写，项目组协助HDJ公司构建了HDJ公司能力模型，对各岗位的能力要素要求有针对性地提出了具体要求，使岗位任职人员的能力提升有了明确的方向。在应知应会及学习成长方面具体而详细地规定了该岗位所应掌握和学习的知识和专业技能，并列举了相关的培训内容和参考书目。这在岗位分析方面进行了创新性的突破，这种岗位手册已经超越了传统意义上的岗位说明书，赋予了它更多的内容，拓宽了应用范围，成为隐性知识显性化的重要载体，这在国内企业的岗位分析中也是没有先例的。

（4）招聘体系设计

2006年3月，HDJ公司董事长听取人力资源咨询第一阶段成果汇报，他提出人力资源工作将是一个长期的工作，未来在其他方面要逐步展开工作。双方一致认为未来的工作将在岗位手册完善与深化的基础上，在培训机制与体系设计、岗位价值评估、岗位胜任能力评估、业绩指标体系等方面逐步推进深入。

在 2007 年年初，HDJ 公司提出希望通过招聘机制的建立和完善来提高进人质量，提升用人素质。鉴于 HDJ 公司制造行业的特点，长城战略咨询决定从基准研究入手，了解不同行业不同规模的企业招聘所采用的方式和手段。通过研究发现，知名企业在招聘过程中往往具有很强烈的企业色彩，也正因为招聘特色而被许多人才所追捧。因此长城战略咨询通过分析对比，形成了十分完备的各行业招聘机制分析报告。

针对 J 酒，在借鉴其他行业招聘经验的基础上，长城战略咨询提出了“分层招聘，重在校园”的招聘理念。首先通过调研访谈了解 HDJ 公司目前招聘现状，由于招聘没有配合公司整体战略发展，出现用人瓶颈，招聘需求往往比较急迫，造成了招聘人员质量不高、招聘成本无法核算的局面。长城战略咨询通过梳理招聘体系和明确公司总部与下属单位的组织分工，确立了招聘体系层级管理，并单独分离招聘职能，设置专人专岗。此外，招聘渠道上，确定管理人才校园为主，制造工人当地为主的思路，形成了分级分层的招聘管理体系，使招聘对象和招聘渠道对应起来，相互配合，达到效率最大化。招聘的方法工具的设计也是此次咨询活动的重点，在不断地研究目前公司内部各种类型人才特点和岗位要求后，针对每一类型的员工设计了完善的招聘方法工具和详细的操作流程，最终形成长达 200 多页具有 HDJ 特色的招聘工作手册。

事实证明，此次的招聘体系设计活动是比较成功的，在随后的校园招聘中，启用的招聘工具和方法为人力资源部选拔人才提供了科学的依据和参考，同时此次咨询活动也在 HDJ 公司形成了良好的招聘工作运转机制，帮助 HDJ 公司在选人上更上一层楼。

（5）人力资本价值评估模型

经过一年多的时间，HDJ 公司的人力资源体系形成并逐步完善，2007 年年初，HDJ 公司提出人力资本的概念，希望在人力资源体系的基础上，能够建立一套模型体现人才价值。基于对 HDJ 公司的了解，长城战略咨询与公司的人力资源部门进行长时间讨论，确认 HDJ 公司希望通过量化的手段反映出公司的人力资本价值，同时能够动态更新，保持对公司人力资本的关注。

建立人力资本模型是一种新的尝试，之前的人力资本核算都是从会计角度，从成本出发进行的，对企业人力资源管理者而言，只是冰冷的数字，而不是人才价值的体现，或者给出了衡量人才资本的标准，但是过于主观，不能够客观衡量和横向对比。为此，长城战略咨询在前人研究的基础上，摸索出了一套自己的人力资本模型建设的方法。4月，长城战略咨询与HDJ公司就人力资本的初步思路进行沟通，巧妙借用了财务报表的思想，试图为人力资源建立报表，为此根据HDJ公司行业特点，不同工作性质的人员进行归类划分，初步制定了人力资本的评价标准和评价方式，确保每一个指标都是可以衡量的、科学的。同时，根据新建立的人力资源架构体系，确保了人力资本核算有数据的支持。为了进一步确认人力资本模型的评价标准，通过HDJ公司选择合适的样本和样本量进行测算，并对形成的评价标准进行进一步调整，配合人力资本模型，形成相关的分析报告。HDJ公司通过建立的人力资本模型进行测算，得到了整体公司的人力资本状况，并以此为依据进行了分析，形成分析报告。客户反响良好。

（6）新时期人力资源规划

HDJ公司2006年销售额突破12亿元，员工超过4000人。公司进入高速发展时期，员工规模迅速扩大。但员工整体素质的提升明显落后于公司发展，人力资源的结构性矛盾日益突出。2007年，HDJ公司进入新的战略规划制定之年，公司希望再次借助外部咨询力量，摸清公司现有人力资源家底，全面发现人力资源及其管理中存在的问题，在此基础上明确未来五年人力资源需求与发展目标，尤其是希望咨询公司在人力资源各个职能模块方面能够提出具有指导性的方向性思路和改进措施，并且进一步完善和优化人力资源管理体系。

长城战略咨询人力资源项目组根据HDJ公司的实际需求，制定了人力资源规划制定工作方案。在经双方沟通确认后，项目组于2007年4月再次赴HDJ公司现场工作。项目组首先对公司中高层共计45人次进行了深度访谈，全面了解了公司人力资源状况及人力资源管理中存在的问题与不足。根据访谈结果，项目组与公司人力资源部及公司高层反复沟通，完成了《HDJ公司人力资源现状分析及人力资源规划设计思路报告》，向董事长汇报后，基本确定公司人力资源未来发展方向、重点及管理方面改进思路。

依据现状诊断结果及规划思路，项目组首先从公司战略规划和行业关键成功因素出发，确定了公司未来的核心人力资源为产品研发类人才、产品策划类人才、生产管理类人才、市场营销人才和高级管理人才等。据此提出公司在未来五年要重点围绕以上核心人才的引进与培养开展人力资源工作，以满足公司发展的实际要求。其次，项目组依据公司未来五年的发展目标和人均销售额水平，对未来人力资源总需求进行了详细预测，同时结合公司内部人力资源供给预测，提出了公司未来要达到的人员数量目标、结构目标、素质目标及效率目标。为了实现人力资源规划提出的各项目标，项目组制定了“2143——两个核心、一个明确、四个培养和三个提高”的工作思路和“控制、优化、流动、高效”的工作方针，并在人力资源管理优化方面提出了具有针对性的提升思路。在此基础上，项目组重点从招聘、培训、绩效、薪酬、人员配置及管理平台建设方面，按照不同类别人员分别提出了不同的策略目标和实现途径，并且制定了有针对性的解决方案和实施步骤。在完成上述工作内容的基础上，项目组撰写了人力资源规划报告初稿。此后项目组与公司人力资源管理人员及分管高层针对报告内容经过反复沟通与交流，最后形成《HDJ公司人力资源五年规划报告》终稿。

通过此次咨询，不但帮助HDJ公司全面、清晰地认识到公司目前人力资源及其管理中存在的问题，而且提出了公司未来人力资源要达到的具体目标和实现途径，使整个人力资源规划具有较强的指导性、实用性和可操作性，赢得了客户的高度认可。

（7）薪酬体系设计

长城战略咨询人力资源项目组在对HDJ公司进行岗位分析、培训体系建设之后，对HDJ公司整体的人力资源体系有了深刻的认识，并与其形成了良好的互动合作关系，帮助HDJ公司解决了在人力资源具体实施中遇到的困惑和问题。其间，正值HDJ公司进行工资普涨之际，项目组经过与HDJ公司的探讨，认为在“普涨”中实现薪酬结构的调整将有利于新的薪酬体系的过渡和实施，因此决定对HDJ公司的薪酬体系进行调整和再设计。

2006 年 9 月，长城战略咨询开始着手 HDJ 公司薪酬体系诊断工作，经过诊断与调研，发现薪酬体系在几年运行中已基本形成了一套成熟的运作模式，但是对于薪酬总额的控制没有概念。尽管 HDJ 公司整体的薪酬水平处于当地工资的中上水平，但是由于薪酬体系内部过于平均化，导致员工的满意度仍然不高。此外员工个人的薪酬结构单一，容易导致个人贡献与所得收入不一致的情况发生。经过详细的分析，项目组决定从 3 个方面入手：首先，建立薪酬总额的概念，根据人员结构确定不同的工资和奖金结构比例。其次，建立能力晋升通道，确认不同的薪酬结构。最后，根据目前的工资，在确保个人涨幅不变的情况下，使个人发展与公司利益进行合理的结合，并对个别不符合公司整体薪酬结构的人员工资进行调整。在 HDJ 公司现场工作过程中，长城战略咨询先前给 HDJ 公司人力资源所做的基础工作——岗位分析和岗位价值评估起了非常大的作用。由于基础较好，再次确认调整薪酬结构时，只是对个别不合适的薪酬进行调整，完成岗位与薪酬的整体结合。另外，为搭建员工晋升通道，项目组为其建立了技能等级，使员工不必挤职务晋升这个“独木桥”。个人能力获得肯定时，在薪酬中也有所体现。在此次咨询过程中，形成了一套成熟的文件，包括薪酬管理制度、薪酬设计体系、能力等级划分依据等。

HDJ 公司薪酬体系设计实际上是对 HDJ 公司薪酬再调整的过程。经过整合后的薪酬体系使得员工的积极性和满意度大大提高，HDJ 公司的人力资源工作又迈上一个新台阶。

（8）HDJ 社交化与创新生态建设

在社交化与互联网全面影响人们生活、企业竞争、社会运行方式的大背景下，长城战略咨询结合 HDJ 公司董事长要求，提出 HDJ 公司应把握时代机遇，从总体战略、技术研发、社交化营销开展研究。2014 年 1 月，长城战略咨询开展 HDJ 社交化项目，包括 HDJ 社交化总体战略思路、开放式研发、社交化营销 3 个方面。

① HDJ 社交化战略总体思路研究，从社交化时代外部环境变化、企业竞争模式的改变、酒类企业互联网探索、HDJ 社交化行动思路等 4 个方面进行了深入分析，形成《HDJ 社交化战略总体思路》。

② 开放式研发的研究与实施设计，完成开放式研发的外部环境分析和标杆企业研究，提出《HDJ 开放式研发概念设计》；之后项目组与 HDJ 公司技术中心骨干人员共同召开了开放式研发交流会，并就 HDJ 公司适合开放研发的领域内容和路径开展了全面调研；项目组对国际两大开放创新平台 Innocentive 和 Ninesigma 进行了对比研究，形成了《HDJ 开放式研发实施方案》。

③ 社交化营销研究，项目围绕粉丝经营和互联网产品开展，从社交化时代的粉丝经营路线出发，通过分析研究互联网产品特征和推广路径，形成《HDJ 粉丝经营思路总体设计》，用粉丝路线开发和推广互联网新品；HDJ 互联网新品定位采纳了项目成果中具体实施建议，产品定位于健康酒体，具有功能、粉丝参与设计研发、有情感联系、全网络销售、网络自主品牌、高性价比等方面。

2014 年，HDJ 公司出现了创新突破不足的问题：HDJ 公司以外的颠覆性创新较少，中层人员自主空间不足，对 HDJ 公司成功模式的路径依赖造成了中间层的活力相对不足，科层式直线职能架构与管理机制不适应社交化时代业务的发展，对创新的自由度形成了约束。长城战略咨询对 HDJ 创新管理现状进行了诊断，分析了 HDJ 创新的机遇与挑战，为 HDJ 公司设计了新的创新定位、价值观、创新体系构成、创新机制与资源和创新体系建设任务。长城战略咨询帮助 HDJ 公司构建了 HDJ 创新生态圈，建立 HDJ 创新 3 张网，拓展 HDJ 创新管理边界，提出以渐进式创新为主干，在新业务、新产品方面持续探索突破式创新的创新路径，完成了 HDJ 公司创新生态的变革。

（9）社交化平台建设

作为一个拥有 15 000 多人的大公司，HDJ 公司内部人员众多，HDJ 公司决定利用互联网的新思维，建设企业内部的社交化平台，让员工之间能够更好地沟通与协作。长城战略咨询从 2014 年开始，为 HDJ 公司实施了 HDJ 社交化项目，提出通过半开放式的信息交流与共享，打破员工之间工作沟通的障碍；通过对接其他业务系统，避免登录多个业务平台，提高工作效率。长城战略咨询协助 HDJ 公司完成工作管理平台建设，打造了 HDJ 公司的工作中心，HDJ 公司员工只需要登录工作管理平台就能够知道他的所有待办事项；可以随时查看项目进度，查看子项目及里程碑和重点任务，有助于整体把控项目；可以清晰了解每周任务；领导可以清楚地知道他的直属下级的任务安排；可以在平台上讨论问题，形成信息共享，有助于打破固有的工作壁垒，形成良好的工作沟通。

2017 年，长城战略咨询对 HDJ 公司的知识管理平台进行了升级。自 2013 年建立起，知识管理项目已经持续在 HDJ 公司累积了 20 万个文档，如何将这些文档利用起来成了迫切需要解决的问题。HDJ 知识管理系统升级是为了实现智慧 HDJ，打造 HDJ 公司的知识中心，将系统由以前的存储为主改为应用为主，主动推送知识给用户，让用户能够在系统中更快捷、更方便地找到想要的知识。知识管理人员可以通过专栏的形式更好地参与到知识建设中。文档采用标签形式组织可以使文档上传更便捷、使用更方便、组织更灵活。文档新增公开权限，使得文档权限更灵活，有利于知识共享。搜索的升级，可以使用户能够更快地找到自己所需的知识，使得学习成本大大降低。

生物医药及外部投资酒业咨询（2005—2020 年）

（1）HDJ 生物医药公司定位选择

HDJ 生物医药公司为 HDJ 公司全资子公司，公司成立于 2012 年，经过多年发展，形成植物提取物、中药保健品和中药配方颗粒三大业务板块，但由于多方面原因，始终未能探索出核心业务。HDJ 生物医药公司未来究竟向何处发展、如何发展，是企业最为困惑的问题。2018 年 3 月，长城战略咨询受 HDJ 公司委托，对 HDJ 生物医药公司发展战略进行梳理与规划。

项目组通过对植物提取物行业、中药保健品行业与中药配方颗粒行业进行深入研究与分析，判断植物提取物行业、中药保健品行业与中药配方颗粒行业的未来发展前景、竞争格局及机遇与挑战，同时研究行业内典型企业，发现行业关键成功要素；全面梳理与诊断 HDJ 生物医药公司整体及各业务板块中存在的发展问题，提炼其优势与劣势；对内外部环境进行综合分析，提出可能战略选择、定位及发展思路；在明确以中药配方颗粒业务为战略业务、植物提取物业务为基础业务、保健品业务为暂停业务的定位下，研究制定各项业务发展策略，并提出 HDJ 生物医药公司未来五年的发展目标、计划、里程碑及实施保障。

2018 年下半年，HDJ 生物医药公司按照咨询成果，对三大业务板块重新进行资源分配，加强中药配方颗粒业务发展，并对中药保健品业务板块组织架构进行调整优化，明确的发展重心和业务模式，使 HDJ 公司在健康产业的布局初见成效。

（2）HDJ 石首酒业发展咨询

HDJ 酒业（石首）有限公司（简称“HDJ 石首酒业”）为 HDJ 公司投资的白酒制造企业，目前主要业务包括小曲清香型基酒的生产与供应，小曲清香型成品酒及浓香型成品酒的生产与销售，其中向 HDJ 公司供应小曲清香型成品酒为公司主要的收入及利润来源。近几年，随着 HDJ 公司自身产能的增长以及生产成本的不断下降，HDJ 石首酒业的基酒已经完全丧失了竞争力，项目启动不久，HDJ 公司停止采购 HDJ 石首酒业的基酒。

根据对各种类白酒详细的行业及市场分析，结合公司自身的资源与能力特点，并充分考虑 HDJ 公司整体业务布局等 3 方面因素，我们对 HDJ 石首酒业的业务进行了重新的选择，确定将大曲清香型白酒作为未来 HDJ 石首酒业的业务发展方向。根据这一战略调整，从生产、存储、营销等各个环节的模式进行了设计，并对公司未来五年的发展路径进行了详细的规划。最后，确定出股权、管控、财务、技术、营销、人力资源等几大战略实施举措，保证了后续战略的顺利实施。

（3）广西 × 泉酒业发展咨询

广西 × 泉酒业有限公司（简称“广西 × 泉酒业”）成立于 2008 年 2 月，位于广西罗城县城东工业园，主要从事米香型白酒的生产与销售。公司成立之后便进入了快速发展阶段，2012 年公司销售收入达到 5000 万元，每年以超过 100% 的速度增长。长城战略咨询通过对白酒行业整体发展趋势的把握，以及对米香型白酒行业以及市场的深入分析，总结出广西 × 泉酒业未来面临的机遇与挑战。另外，通过调整，分析得出广西 × 泉酒业成功的关键因素，以及公司的优势与不足。

结合公司的优势与不足，以及面临的机遇与挑战，长城战略咨询提出未来广西 × 泉酒业的战略方向，并确定出公司的定位与愿景，明确了公司的产品定位，建立了公司的品牌结构，另外针对公司的渠道与市场推广方案提出了改进方案，同时制定出公司五年的发展规划，根据规划的要求，制定了资源与能力的保障措施。项目进展十分顺利，成果得到了客户的高度认可。

（4）HDJ 神农架酒业发展咨询

HDJ 神农架酒业有限公司（简称“HDJ 神农架酒业”）为 HDJ 公司在神农架地区投资新建的酒厂，在白酒行业整体产能过剩，且行业进入深度调整时期，投资新建酒厂存在较大的风险；另外，神农架地区人口少，白酒消费量小，周边市场竞争激烈，为 HDJ 神农架酒业发展提出了巨大的挑战。

长城战略咨询项目组从产业链的各个环节入手分析，选择和确定了未来 HDJ 神农架酒业应从事的产业链环节，对环节建设与否以及建设规模进行了设计。同时针对 HDJ 神农架酒业的营销模式进行了创新设计。再者，对于 HDJ 神农架酒业的具体发展计划进行了设计。最后，对 HDJ 神农架酒业战略实施的股权、治理结构、区域布局、企业名称、组织结构等方面进行了设计。战略规划报告得到了 HDJ 公司的认可，报告的主要内容已经投入到具体实施的过程当中，HDJ 神农架酒业的发展进入正常轨道，实现了持续健康发展。

在最近的五年里，长城战略咨询协助 HDJ 公司开展了一系列的咨询活动，从年度战略规划的修订与调整、外部酒业投资与管理模式的整合重组、高层管理团队建设、新时期创新管理体系优化等多个层面做了研究咨询和管理提升工作，促进了 HDJ 公司持续稳定健康发展。2020 年 HDJ 公司销售收入超过 100 亿元，成功迈入国内头部酒企阵营，走出了一条特色突出、优势明显的成长道路。

6 郑大一附院 5G 智慧医疗示范工程咨询案例

中国移动通信集团设计院有限公司河南分公司部分员工

机构简介

中国移动通信集团设计院有限公司河南分公司

——打造一流的新型信息基础设施数智化科技型企业

回首峥嵘几多载，栉风沐雨砥砺行

中国移动通信集团设计院有限公司河南分公司（以下简称“河南分院”）成立于2012年。经过这些年的高速发展，公司现有无线、交换、数据、传输、建筑、电源、网优、规划咨询、新业务、研发业务等十大专业，定位于通信网络规划、工程设计、数智化咨询，以“支撑业务发展、提升投资效益、紧跟技术演进”为目标，聚焦5G精品网络、云网协同、边缘计算、智慧中台、高速全业务传输网络、IT基础设施能力、局房资源，深入支撑河南移动未来网络建设及业务发展。

河南分院目前自有技术骨干共123人，其中研究生学历占比42%，高级咨询设计师占比33%，是一支经验丰富、技术过硬的专家队伍。在18个地市设立驻地项目组，主要服务地市移动公司，配置勘察设计人员580余人。针对5G等重点项目成立总体工作组，涵盖7个传统业务以及网优业务和垂直行业，提供全专业、全方位的技术支撑，快速响应支撑需求。

成立以来，河南分院迅速由新生发展至昭然蓬勃，由单薄纤弱成长为沉稳精壮。以党建引领，毕力同心突破重重困难；以服务人民为己任，不忘初心高标准完成各项任务。脚踏实地的每一步来自内心的坚定，奋力奔跑的每一秒来自对社会的责任。航行数载千帆阅尽回首仍是少年，长路漫漫上下求索展望笑谈风雨。

雄关漫道真如铁，而今迈步从头越

河南分院“十四五”规划，面向新型信息服务基础设施，打造端到端网络，支撑全专业、全过程平台和数智化服务。从基础业务、新兴业务及战略业务三方面完成内涵升级、规模拓展和未来布局。稳固基础业务收入规模，围绕数智化网络实现业务升级，提升价值贡献；强化新业务需求牵引，带动集团内外部收入和利润规模增长，服务信息基础设施建设。基于能力向其他行业拓展延伸，探索新型服务，拓展信息服务新领域，不断拓展集团外部收入。

立足于技术根本，整体实现“四个延伸”。围绕数智化网络，打造“规设维优管”端到端技术支撑服务，形成端到端融合数智化咨询和一体化方案产品，实现端到端服务延伸；结合5G和新基建要求，向AICDE网络应用平台支撑服务延伸，构建AaaS服务体系；增强网络能力的特色硬件，提供网络管理软件产品，实现软硬件产品延伸；面向网络数据应用和网络安全领域的增值服务，实现增值服务延伸。经过多年技术积累，河南分院积累和沉淀了丰富的咨询项目经验，以规划为指引，以“四个延伸”为方向，打造了很多优秀的项目，还多次荣获中国科技咨询协会咨询创新奖。

正德厚生载物广，臻于至善拓无疆

任重道远，行则将至，河南分院将以习近平新时代中国特色社会主义思想为指引做数智化规划设计主力军，实现规划设计数智化升级；做数智化网络运营支撑者，实现网络运营的深入拓展；做数智化转型咨询引领者，咨询2.0助力千行百业全面升级！

本案例描述的是如何帮助郑州大学第一附属医院（以下简称“郑大一附院”）规划好基于5G的智慧医疗建设方案，以便未来作为国家发展改革委资助支持的5G智慧医疗示范工程方案标杆，向全省、全国推广，充分发挥郑大一附院强大的医疗能力和示范效应，助力偏远地区也可以享受到专家的医疗服务。咨询过程一共分为两部分：2018年为郑大一附院郑东院区做了5G医疗专网试点咨询服务；2020年应郑大一附院要求，在前期河南省5G医疗专网试点顺利开展的基础上，基于前期构建省市县乡村到个人的医疗专网规划，结合5G关键技术如MEC下沉、网络切片、DNN等，做了建设河南省5G固移融合智慧医疗专网咨询服务。

客户机构

郑大一附院始建于1928年9月，其前身为河南中山大学医科。1930年医科改为医学院。1931年建立省立河南大学附设医院。1942年更名为国立河南大学附属医院。1952年更名为河南医学院附属医院。2000年正式命名为郑州大学第一附属医院。2012年成为省部共建医院。2017年临床医学成为国家“双一流”建设学科。郑大一附院是河南省乃至全国最大的医院，集医疗、教学、科研、预防、保健、康复于一体，具有较强救治能力、较高科研水平和国际交流能力的三级甲等医院和省部共建医院。近年来，郑大一附院国内影响力日益增强，在中国医院综合指数科研实力排行中居全国第10位。在中国医院自然指数排行中居全国第16位。在中国最佳医院排行榜中综合排名全国第25位，科研排名全国第14位。在中国医院科技量值排行中居全国第31位。目前，医院有河医、郑东和惠济3个院区，有河南省口腔医院、河南省眼科医院、河南省基因医院，以及郑大一附院儿童医院、肿瘤医院、心血管病医院、脑血管病医院、生殖与遗传专科医院、耳鼻喉医院、器官移植中心、消化病医院、肾脏病医院、呼吸病医院，共 13 个院中院，总占地面积 682 亩，临床医技科室 95 个，病区 239 个。全院有在职职工 12 459 人，医疗卫生技术人员 11 148 人，其中正高级职称 454 人，副高级职称 900 人，中级职称 5226 人，具有博士学位的人员 1689 人、硕士 2865 人；有院士 1 人、特聘院士 21 人、长江学者 4 人、国家杰青 4 人、百人计划专家 3 人、中原学者 3 人、享受国务院政府特殊津贴专家 22 人、省管优秀专家 20 人、省级厅级学术带头人 39 人、创新人才 2 人。

该院互联网医疗系统与应用国家工程实验室是“十三五”期间国家规划建设的 8 家“互联网”国家工程实验室之一，是我国互联网医疗领域国家级权威科技平台，也是河南省医疗卫生领域第一个国家级科技平台。

对咨询的需求

河南是人口大省，优质的医疗资源大多集中在城市地区，县、乡等偏远地区医疗资源非常紧张。为解决这一问题，早在 1996 年，河南省便设立了远程会诊中心。2014 年，远程会诊中心升级为河南省远程医学中心后，建立了河南远程医学的综合服务平台，覆盖了河南省所有的 108 个县级医疗机构。2016 年，108 个县级医疗机构配备了病理扫描机。远程医疗平台的功能具备了综合会诊、远程病理诊断、远程影像诊断、远程心电诊断、远程教育、手术指导以及远程监护等功能，实现了省市县乡村 5 级联动的远程医疗综合服务体系。

但是，由于当时的通信条件限制，远程医疗过程中，经常发生延迟，数据和音视频资料很难实时共享，阻碍了远程医疗的发展。尽管 4G 已能实现远程医疗，但过去如要传输影像，往往要选择午休、深夜等“网络空闲”时段，避免数据量过大影响网络稳定性。5G 技术有助于信息实时传输，视频“卡顿”等问题迎刃而解。

2018年，国家发展改革委发布5G应用示范工程入选名单，河南移动和郑大一附院申报的基于5G的智慧医疗示范工程入选。该项目在河南移动成功立项为“5G智慧医疗试验网”，包括：远程会诊、远程急救、远程B超与心电检查、移动查房、远程智能重症监护等系统，验证5G智慧医疗的可行性。郑大一附院的咨询需求主要体现在：

① 5G网络的关键技术及性能指标。

② 典型场景的5G网络容量及覆盖需求。

③ 5G网络工程设备参数规划。

④ 5G网络建设配套要求。

⑤ 5G基站的选址规划。

根据与郑大一附院的沟通，明确业务围绕应急救援和远程急救展开，业务建设地点分别在郑大一附院河医院区实验室大楼和郑东院区（图3-6-1）。

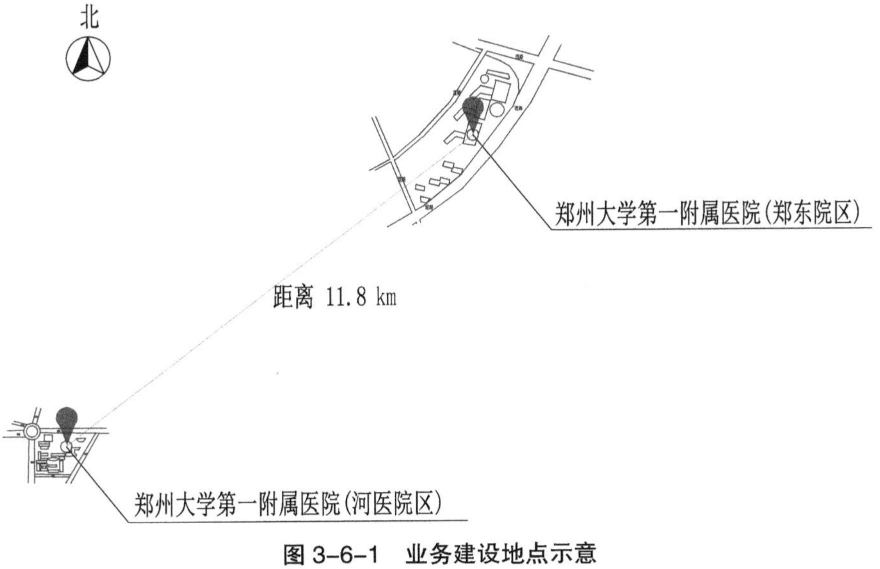

图3-6-1 业务建设地点示意

根据业务部门的5G医疗急救车、远程机器人超声、远程机器人查房等业务需求，根据集团批复的30个试验站的规模，初步在郑大一附院河医院区及郑东院区开展无线网建设方案规划（表3-6-1）。

表 3-6-1 无线网建设方案规划

覆盖区域	郑大一附院国家重点试验大楼及河医院区周边	郑东院区及周围道路（龙湖中环路、北三环）	郑东院区门诊大楼及郑东院区住院部大楼
建设方式	5G 数字化分布式皮基站	5G 室外宏基站	5G 数字化分布式皮基站、宏基站
覆盖面积（m^2）	6000（国家重点试验大楼）	200 000	20 000
站点数量（站）	5	17	8

2019 年 3 月 15 日，郑大一附院在全国第一个建成 5G 医疗试验网；3 月 20 日，在郑州智慧岛实现全国首次移动状态下的远程医疗；3 月 28 日在信阳光山开通了省内首个 5G 远程医疗农村试点；4 月 8 日，在郑大一附院建成河南省首个 5G 示范病区。5G 为郑大一附院远程医疗安上了新的翅膀：在办公室，医生遥控摇杆，就可以操控千里之外的机械臂对病患进行 B 超检查；在 5G 急救车中，医疗人员通过车载移动医疗装备持续监护患者生命体征，并通过车载摄像头与远端专家会诊病情协同诊断治疗；医生查房，可以通过 5G 网络远程实现，还能实时调阅患者信息，与其他大夫在线交流……

郑大一附院在全国甚至全球部署了第一张 5G SA 端到端网络，并开展了远程急救、远程 B 超、VR 教学、远程手术指导等系列智慧医疗应用，走在了全国前列。2020 年，5G 智慧医疗技术发挥了大作用。为了抗击疫情，国家远程医疗中心完成了 147 家定点医疗机构的系统部署，实现了全省医疗资源上下联动、诊疗协同。省疫情防控指挥部可以监控全部定点医疗机构的隔离病区，通过移动查房掌握所有重症患者的动态情况；通过该系统，全省所有重症患者都得到了省级专家的会诊，提高了重症患者的救治效率和成功率。

2020 年 6 月，郑大一附院赵杰书记提出，在前期 5G 医疗试验网的基础上，再建设一个覆盖全省的省市县乡村 5 级互联的 5G 固移融合智慧医疗专网，实现全省医疗单位、医疗云、行业应用之间畅通无阻的互联互通，实现全省医疗资源的共享，打破医疗单位之间信息孤岛的现状。郑大一附院的咨询需求为：

① 省市县乡村 5 级 5G 固移融合智慧医疗示范网的网络架构。

② 挖掘更多的 5G 远程医疗应用及技术需求。

③ 5G 无线资源如何保障 5 级医疗专网服务体系。

④ 成本收益最优的 5G 无线网解决方案。

⑤ 5G 无线网组网原则及上行带宽需求。

⑥ 5G 低时延高可靠保障机制。

第一阶段——5G 医疗试验网

2018 年河南分院为郑大一附院郑东院区做了 5G 医疗专网试点咨询服务。试点咨询服务主要围绕“应急救援”和“远程医疗”在郑大一附院国家工程实验室大楼和郑东院区演示远程急救、远程机器人查房、远程 B 超等业务。其中远程急救是患者拨打 120 呼叫急救服务，5G 急救车快速到达患者指定地点，并在救助途中通过 5G 网络与急救科互联互通，急救中心通过高清视频实时指导车上医护人员实施抢救措施。远程 B 超则是超声专家在医生端操控 B 超影像系统和反馈系统，通过 5G 网络远程控制机械臂及超声探头，开展远程超声检查医疗服务。远程机器人查房是远端医生采用操纵杆或者 APP 控制软件，通过 5G 网络控制机器人移动到指定病床，然后调整机器人头部的屏幕和摄像头角度，与患者进行高清的视频交互。

此试点方案在国家工程实验室、郑东院区及周边道路规划了 26 个站点，其中实验室大楼、郑东院区和住院部大楼采用 9 个数字化室分覆盖，郑大一附院河医院区及护理学院周边道路采用 4 个宏基站覆盖，郑东院区及周围道路采用 13 个宏基站和 4 个室分覆盖（图 3-6-2）。

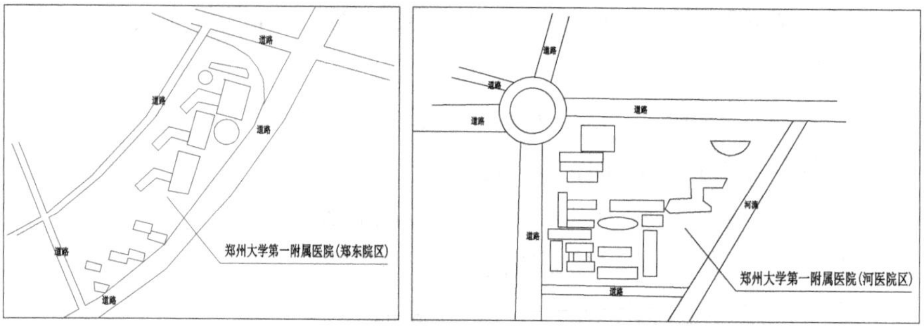

图 3-6-2　5G 医疗专网试点覆盖区域

在 2018—2019 年的咨询服务过程中，我们发现了一些问题。主要有：

① 郑大一附院的工程师们对 5G 的理解具有局限性，认为 5G 相比 4G 只是下行速率快而已。

② 郑大一附院院区的 4G 网络设备由诺基亚提供，根据 4G/5G 网络互操作要求，4G/5G 最好是同一厂家设备，才能取得更好的效果，但是诺基亚的设备成熟度相比华为、中兴较低，院方不愿意采用诺基亚的网络设备。

③ 郑大一附院提不出业务的具体需求，但如果不明确需求就无法规划无线网络；同时，河南分院的工程师们对医疗的业务也不熟悉，因此如何把网络与业务进行匹配是那时亟待解决的问题。

针对这些问题，我们内部逐一进行了深入的讨论，也和郑大一附院进行了多次的沟通，采取了这些方法：

① 派出无线网、传输网、承载网、核心网、数据、电源、土建等专业的 7 位技术专家为郑大一附院国家远程医学中心、院务部、信息中心进行 5G 关键技术及应用方面的培训多达 8 次，参加培训人员一共 120 人次。通过多次的培训，让郑大一附院的管理人员、医生以及国家工程实验室的工程师了解了 5G 相对 4G 的各项性能优势。5G 相对 4G 不仅是速率快了 100 倍，时延是其 1/5，连接密度是其 1000 倍，更重要的是可靠性可以达到 99.999%，且可以提供数据不出医院、医疗数据的定制化隔离等。

② 针对设备选择问题，我们与华为、中兴、诺基亚 3 家单位进行了多次深入技术交流，对设备的参数如 RRC 连接数、小区峰值容量、空口

RTT 时延、散热性能、AAU 功耗、MIMO 性能、4G/5G 协同等进行了详细的对比，发现华为的设备表现综合最优，中兴设备在 4G/5G 协同方面成熟度不及华为，诺基亚设备的成熟度相比华为要滞后半年甚至更多。理论上 4G/5G 是同一厂家设备更有利于互操作，但是院区的 4G 设备是由诺基亚公司提供，而诺基亚的 5G 设备又不成熟。针对此问题，我们和院方、河南移动、华为公司进行了多次沟通，我们给郑大一附院和河南移动的咨询建议为尽量采用华为的 5G 设备，以达到性能的最优，按时完成医疗试验网的建设进度。同时，我们建议华为公司积极参与郑大一附院 5G 医疗试验网的建设，免费提供华为 4G 设备或者通过拆闲补忙的方式替换诺基亚的 4G 设备。我们最终给院方提供这样的方案：与河南移动、华为协调，通过拆闲补忙的方式从其他地方拆除一些华为的 4G 设备，把院方的诺基亚 4G 设备全部替换为华为的 4G 设备，再新上一套华为的 5G 设备，这样在华为公司没有损失的情况下，既保证了 5G 网络性能和 5G 设备及时形成能力，又保证了 4G/5G 互操作的性能，使得网络更加可靠和稳定。该方案得到了三方的一致好评。

③ 行业壁垒问题严重，5G 部署应用之前，移动通信与医疗技术的结合大部分是通过提供专线来解决的，但是 5G 相对之前的移动通信技术更容易在替代有线、替代 WIFI、数据隔离、上行带宽增强等方面具有革命性的技术能力提升。我们通过对院方的多次技术培训使得他们对 5G 有了比较深入的了解，但是我们对医疗应用也同样缺乏了解。我们就此问题，多次登门拜访郑大一附院国家远程医学中心的领导，前后一共十余次。在远程医学中心深入各个实验室，如远程 B 超室、远程诊断实验室、远程手术指导实验室、新生儿室等，实地考察体验这些医疗业务对 5G 的网络性能需求。最终我们掌握了典型的 5G 智慧医疗所需的时延、速率、连接数、可靠性、隔离性等网络性能指标。双方不停地沟通碰撞，为咨询方案的成功夯实了基础。

第二阶段——基于 5G 的固移融合智慧医疗专网方案

2020 年 7 月 15 日下午，郑大一附院国家远程医学中心赵杰主任提出在前期河南省5G医疗专网试点顺利开展的基础上，基于前期构建省市县乡村到个人的医疗专网的规划，融入5G关键技术，建设河南省医疗固移融合专网，要求出具具体的建设方案和计划，主要需求有：

① 专网应该覆盖到省市县乡村（到个人可使用家庭宽带等资源），包含院区、院间、区域医联体等各种场景。

② 应对网络架构、接入平台、线路带宽等进行具体的测算，并给出投资估算以用于争取资金。

③ 以鹤壁为试点，编写完整的建设方案，并形成向全国推广的模板。

④ 由河南分院牵头，组织中国移动成都研究院、华为、郑州移动等机构协同编写。

接到任务后，我们组织了无线、传输、核心网、数据、土建专业一共5人的项目团队进驻到郑大一附院互联网医疗系统与应用国家工程实验室封闭编写。

经过一周的封闭办公，我们帮客户分析并梳理了当前智慧医疗中存在的问题。

① 缺少标准化医疗专网接入方式，如在县、乡、村医疗机构中，专线、VPN、互联网等接入方式普遍存在，数据安全性无保障。5G网络仅市级医院实现了部分覆盖，县、乡、村等基层医疗机构未覆盖，有线电视线路在新老小区均有覆盖，但多以互联网闭路电视为主。建议客户加快5G网络建设步伐，为5G医疗业务开展夯实基础。

② 缺乏顶层设计，各级医疗机构系统不一，相互独立运行，基层医疗机构缺乏安全风险意识。城市间医联体以1家三级医院为牵头单位，联合若干城市二级医院、康复医院、护理院以及社区卫生服务中心，构建“1+X”医联体，纵向整合医疗资源。县、乡、村医共体，是农村开展医联体建设的主要模式，以“县医院为龙头，乡镇卫生院为枢纽，村卫生室为基础”的县乡一体化管理，构建县、乡、村三级联动的县域医疗服务体系。各级市卫生健康委为乡镇卫生院等基层医疗机构使用的基层医疗和公共卫生信息系统不互通，仅能满足最基本的工作需要，电子病历模块医生无法正常使用。医共体没有明确的制度与相应的平台支

撑，县、乡、村各级医院按照自己的理解在开展相关工作，医联体/医共体相关政策及制度不完善。建议客户利用中国移动的云网融合方案，连通省级医疗云与各个地市医疗云，实现资源共享。

③ 在乡村医疗机构中，缺少医疗硬件，缺少培训赋能，整体医疗水平较低，设备老旧，没有配套的移动端、PC 端软件，且培训不到位。不同医疗机构工作人员对一体机的使用频率差异较大。建议客户利用 5G 固移专网，通过 AR/VR 的形式，为乡镇卫生院、村医护室等医护人员提供高质量的培训。

咨询服务过程中，就 5G 无线接入专网的架构及其实现方式的选择与客户进行了多次沟通。中国移动的 5G 医疗无线专网建设方案可以分为 QoS 方案、RB 预留方案、频谱资源预留方案、独立专网方案 4 种方案，这 4 种方案投资依次提高，网络性能保障力度也同时依次升高。5G 医疗专网，作为可复制、可推广的商业解决方案，一定要选择最佳投资收益的解决方案。5G 基站接入网作为智慧医疗系统的关键环节，可根据分层分级的需求应用 4 种专网技术细节。

QoS 方案：普通医疗业务，使用 APN 高优先级默认承载，QCI 为 6，SIM 卡开户选择 QCI；医疗高优先级业务，使用 APN 按需建立专有承载，QCI 为 3，通过 CPF 配置或者 PCRF 基于 TAC 下发 QoS。

RB 预留方案：切片 ID 可以根据用户以及业务进行 RB 资源的预留，RB 资源不会被公共用户使用，数据相对隔离、相对安全。

频谱资源预留方案：频谱带宽分成 2 个，定义两类小区：Cell 1（运营商公共）、Cell 2（医院院区），配置公共 PLMN 和 sub PLMN。通过医疗专用 MEC，5GC 控制面在核心网中心机房，根据 APN/PLMN/TAC 为医疗用户选路本地 UPF（MEC）。

独立专网方案：公网基站和专网基站部署在同一物理区域，频谱采用中国移动 4.9 GHz 频段（与公网 2.6 GHz 错开）。

QoS 方案实现最为简单，终端及网络都支持，但缺点是保障服务等级不高；频谱资源预留方案可以将医疗数据与公众数据很好地隔离起来，并且很好地保障医疗专网的服务质量，纵使公网负载很高依然不会影响医疗用户的服务保障水平，但是频谱资源利用率较低，且目前产业链还不能有效支持；RB 预留方案数据相对隔离、相对安全，比 QoS 方案更加先进，但保障等级没有频谱资源预留方案高；独立专网方案服务保障水平最高，但是基站及核心网都是专网专用，投资代价最大（图 3-6-3）。

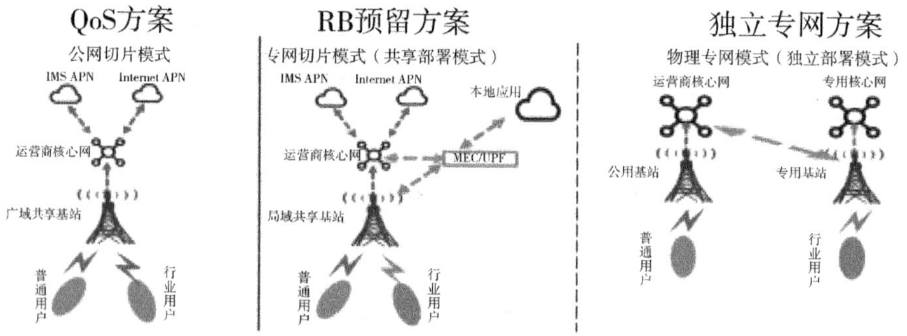

图 3-6-3　无线专网 3 种切片方案

我们与华为进行多次技术交流，了解到 RB 资源预留的产业链基本成熟，通过在 100 M 带宽资源中设置医疗终端专用 RB 资源（预留）+ 医疗终端优先调度 RB 资源的方式，即可满足郑大一附院 5G 智慧医疗专网的性能保障要求，也同时满足数据安全要求，且此方案的投资也可以被客户接纳。

与客户反复比较，最终确定 RB 资源预留的方案，这种方案目前网络支持，频谱利用率相对较高，基本上能保障医疗专网服务需求，且成本适中，投资效益较好。

在云网融合方面，我们给院方提供了具体咨询服务。

覆盖全省 500 家医院机构的无线基站建设，采用 5G SA 核心网。支持从“省—市—县—乡—村”端到端切片能力，支持从接入环、汇聚环、核心环到骨干网端到端切片能力，初期规划切片大小限定为 1 Gbps，随着医疗业务发展，根据需求按照 1 G 颗粒度切片递增；在医疗机构、医疗云、边缘云等节点位置部署行业专网网关，支持 5G 设备和固定设备无缝接入固移融合医疗专网，支持专网接入统一认证和校验；在医院内部署5G融合接入网关边缘接入设备，满足移动医疗器械（如移动查房车等）的5G接入；在医疗专网UPF旁部署一对融合多云网关，满足移动医疗业务和固定医疗业务的多云访问，包括但不限于电信云（UPF）、公有云、行业云、Internet等；集成医疗业务感知能力，医疗业务状态实时可视，端到端统一管理业务SLA，并可和SPN切片联动，高优先级业务绑定专享通道或随享通道；支持端到端安全加固，集成防火墙、切片隔离、IPS/URL/DPI等防护能力，实现业务体验保障。

其中，以省级医疗云、地市医疗云、入住式边缘云为核心的三级业务平台，提供连接加计算的基础能力。按需在省级中心节点、地市节点、各医疗单位院区节点部署高转发能力一站式UPF、数据中心、边缘云计算平台，满足高流量、低时延等医疗业务的诉求；支持ARM和X86双架构宽计算生态能力，兼容第三方应用。实现医疗行业应用的聚合、医疗数据的监控，以及院内、院间、院外多层级业务的协同。各级云支持医疗物联网、有线网络和5G等网络的访问，实现固定业务和移动业务的全场景融合。完善乡镇卫生所医疗服务，提供医疗、办公、互联网等各种打包服务。

客户对咨询服务非常满意。借助咨询服务，郑大一附院已经建成我国首个连片覆盖的5G医疗试验网，率先完成各项5G医疗应用测试，建成国内首个全场景5G智慧医疗专网。通过5G医疗固移专网，数据跑得快，患者在“家门口”就可以随时与专家“零距离”互动，基层医生也有了更多学习提高的机会，优质医疗资源搭上5G的快车可迅速下沉到基层。目前，从院前急救、院内和院间协同，到远程诊断、远程手术指导、远程会诊、远程教育、远程门诊，郑大一附院已经完成各类医疗应用场景5G“演练”，创造多个“全国第一”。

5G应用将带来就医模式和医疗生态颠覆式的改变。接下来要在智慧医疗顶层设计、5G医疗标准体系建设、配套终端的研发制造以及5G网络安全等方面发力，将郑大一附院的成功模式推向全省甚至全国，引领新时代5G医疗前沿，带动河南5G产业大发展。

结论

从2016年开始，河南分院专门组织人员跟踪5G标准，不断地学习5G关键技术，翻译5G的技术文档，不断与厂家进行技术交流，多次派技术人员赴中兴西安研究所、华为上海研究所、华为杭州培训中心参加培训，通过不断的学习，储备了5G工程技术人才，对5G网络技术有了深刻的理解，为5G医疗专网的咨询服务打下了坚实的技术基础。从2018年开始，河南分院成立专门的5G专网项目组，专门研究5G在工业、能源、交通、医疗、园区等方面的网络规划方案、行业特点及性能需求、5G专网资源保障方案、5G垂直行业产业链。2019年成立5G垂直行业拓展中心，组织专门技术人员不断深入行业了解需求，同时与各个产业链供应商伙伴一起探讨5G专网落地方案。

河南分院从2008年开始牵头河南移动的2G/3G/4G/NB-IoT网络规划与设计、优化等多项工程，对河南省全网资源现状非常熟悉。2018年开始负责河南移动全部的无线和核心网5G的勘察规划及工程建设方案、投资概算，连续多年负责河南移动的三年网络滚动规划项目。河南分院不仅对网络资源、现状熟悉，工程建设经验丰富，对未来的发展战略也能精准把握。前沿探索离不开常年实践中的经验积累，我们在5G医疗专网的咨询服务中有较好的技术洞见和精准能力。

2018年以来，项目组成员先后发表了《面向行业的5G无线专网方案》《无线网切片技术与方案》《5G在工业中的应用》《5G远程医疗架构与方案》等多篇论文，并完成了一项专利的交底书《一种急救过程中5G QoS优先级保障系统》的撰写。我们在5G行业专网上对技术的探索及理论上的总结归纳分析，反过来指导了我们在5G智慧医疗工程咨询服务过程中遇到的工程技术难题。

河南分院早在2018年开始就和郑大一附院不断频繁沟通，早于其他咨询公司跟进项目。拜访量是一切的精髓，2019年至今，河南分院同郑大一附院保持定期的沟通交流，并与郑大一附院先后参加了2019年9月在北京召开的“5G远程医疗”研讨会和12月由海南省三亚市局主办的“5G智慧医院”会议，并做主题发言。2020年，河南分院派专人进驻郑大一附院，提供驻地式服务，与客户一起先后深入鹤壁、许昌等地调研，帮助客户寻找需求、制定方案、编写项目申请，获得客户的高度认可。频繁的沟通，也是我们和郑大一附院双方共同学习的过程，从以前的将不知兵、兵不知将，到后来的客户能把医疗语言翻译成网络语言，我们也更加精准地把握了客户对网络性能的需求，保证了客户的满意度和良好的咨询服务成果。

7 ××投资控股集团咨询案例

印开锐简介

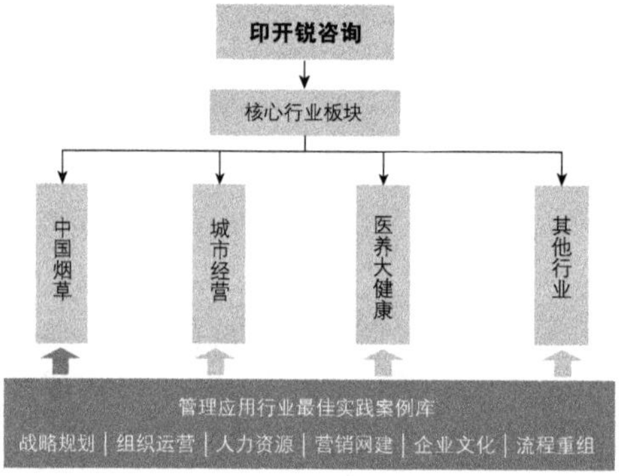

上海印开锐企业管理咨询有限公司成立于2008年，公司位于上海，同时在北京、厦门、苏州设立分支机构。

印开锐客户涉及烟草、城市经营、大健康三大行业，为超过3000家次的客户提供管理解决方案和个体成长服务！

上海印开锐企业管理咨询有限公司核心服务领域

机构简介

上海印开锐企业管理咨询有限公司

上海印开锐企业管理咨询有限公司（以下简称“印开锐”）成立于2008年，公司位于上海，同时在北京、厦门、苏州设立分支机构。印开锐客户涉及烟草、城市经营、大健康三大行业，为超过3000家次的客户提供管理解决方案和个体成长服务！

印开锐秉持深耕行业、亲近客户、强化专业、产品领先的服务理念，在“数智化”转型的大背景下，为行业客户提供以咨询为智慧驱动，以辅导、代运营、信息化为手段的1+3赋能服务。

我们为企业提供规划能落地、运营有陪伴、提升可持续的整体解决方案。业务涉及企业战略规划、企业文化建设、人力资源改革、精益管理、营销网络建设。多次承接全国性质的行业经验推广咨询服务项目、创新课题研究项目等。

印开锐为客户提供5种形式的服务：

- 以咨询服务为引擎，注重量身定制，匹配客户个性化需求。
- 以培训服务为传送带，输出标准化课程，帮助客户队伍实现知识、能力、素质提升。
- 以辅导服务输出教练技术+行动学习，授人以渔，帮助客户安装自我更新驱动器。
- 以软件服务，帮助客户实现信息化效率提升，流程固化。
- 以运维服务，帮助客户开启新媒体运营，与时俱进。

印开锐坚持四化服务理念：

- 产品归核化，提供最有竞争力的产品，锚定领域持续钻研。
- 资源一体化，内外部资源有效协同，拥抱更多可能。
- 交付敏捷化，快速响应与高标准交付，急客户之所急。
- 服务持续化，与重点客户共成长，共同见证变化。

印开锐注重质量管理与服务提升：

2020年获得中国科技咨询协会咨询项目创新奖。

2019年获得上海市市场监督管理局评定的“上海市守合同重信用企业”“合同信用等级AAA级”。

2019年通过ISO 9001：2015质量管理体系、Q/JXKC001—2018信用管理体系认证。

《面向零消的“引流、赋能、黏性”交互管理》入选烟草行业核心竞争力典型案例。“烟草商业流通品牌与现代终端建设解决方案”“新零售培训督导教学”获得国家版权局著作权认证。

印开锐注重团队发展：

我们坚持点燃每位伙伴，透过咨询的光彩，照见客户的信赖！

鼓励团队加强专业技术学习、跨项目学习、跨领域学习，通过内部交流会、内部研究课题等形式帮助团队保持思维敏锐与信息迭代速度。

印开锐拥有畅通的晋升机制，以能力、素养、文化认同为主要维度，为优秀咨询顾问提供多元发展机会，并以灵活的股权机制为公司保持发展新动力，注入新活力。

本案例主要讲述印开锐咨询（以下简称“开锐咨询”）通过对××投资控股集团（以下简称“××投控集团”）进行集团管控体系设计，帮助该集团解决企业并入、管理子公司过程中的一些难题，最终实现合理高效管控的目标。

项目背景

2011年××城投公司和××城建公司组建成立××投控集团，集团旗下包含4家一级子公司，以及5家二级子公司，集团组建后，总部设有企管部、计财部等8个职能部门，总部员工共计28人，占集团整体员工总数的7.5%。

2013年，××投控集团根据区委、区政府、区国资委对集团公司“固本强基、优化结构、创新转型、提升能级”的要求，确立了以融通资金为先导，以开发建设为主线，以经营板块为龙头的战略定位，并制定了三大战略目标：一是与政府携手化解金融风险，建立融资与经营双循环；二是做实开发建设、土地开发、投融资、经营四大板块；三是参与委办局托管企业脱钩整合，积极加强对旗下资产的经营管理，成为国资国企整合、运营的主体。

2014年在国资改革的背景下，作为本区重要的国资企业，集团按照第三条战略目标的要求，参与委办局托管企业脱钩整合，将55家企业并入，其中建交委19家（工程检测2家、养护绿化10家、技术培训1家、公路工程2家、建设咨询2家、材料1家、其他1家，其中盈利的有6家，正常经营8家，其他3家用以招投标，1家注销，1家出让）、绿容局14家（其中环卫3家、综合服务2家、绿化养护8家、公园管理1家。环卫业务靠环卫署补贴略有盈利，绿化养护有3家公司无经营活动，其余正常经营并盈利）、水务局22家（水利物资供应1家、水利工程17家、污水处理2家、林业绿化1家、自来水供应1家。目前尚有1.7亿元的政府融资贷款，利息由政府承担，水利工程公司除个别盈利外其余基本持平）。由于55家企业过去归属不同的上级机构，在组织、管理、业务运营方面都各具特点，如何调整现有组织结构更好地管理这55家企业，对于不同业务板块的企业将采用什么样的管控模式，将成为××投控集团亟待解决的难题。

问题诊断

开锐咨询通过调研访谈，初步与集团领导班子、集团部门领导及子公司领导就集团现状和未来的发展方向相关问题进行了多次商讨，并且发现集团当前存在的一些具体问题并对其进行分类。

（1）治理层级不清，管理职能弱化

集团静态管控从人事、财务、信息、权限4个维度开展，但目前财务、信息、权限3个方面的状况均不理想（图3-7-1）。

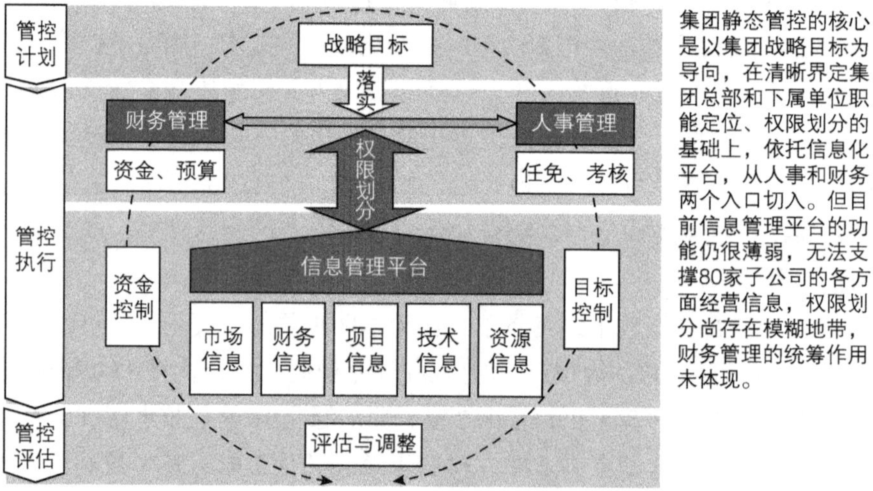

图3-7-1 静态管控示意

部分重要职能分散在子公司：目前集团计划财务部的主要职能是业务管理、财务制度管理、大额资金支付审批等，集团尚未对资金统一管理，子公司在资金方面一般会自行负责资金筹措与使用。

部门设置不符合战略：集团战略中提出要强化集团的监察审计职

能，但是目前集团总部审计监察室与企业管理部两块牌子、一个办公室，实际上审计监察室仅由企业管理部经理兼任经理，并没有真正的人员配备。集团战略要求安全管理是“可持续经营”的保障条件，但是目前集团总部刚刚设立安全部，仅设有 1 名主管，而在与子公司的对接岗位上实际难以落实。

人手不足：目前，×× 投控集团总部设有企业管理部、计划财务部、人力资源部、投资金融部、工程管理部、安全管理部、行政办公室、审计监察室、党群工作部 9 个职能部门，总经理、副总经理、部门经理、主管、干事等总共 28 人，相比于集团总人数的 375 人略显不足。未来集团将增加至 2000 多人，对总部当前的人力资源现状是一个极为严峻的挑战。从整体上看，集团总部的管理职能相对单薄，而且由于集团部分职能部门领导兼职所属子公司对应部门的相关工作，会下沉到子公司的事务工作中，最终使原本单薄的总部管理进一步削弱。

人才缺失：集团总部的一些专业管理岗位（如人力、财务等）仍为空缺，在现有 9 个职能部门中，仅有一个企业管理部设有专职的部门领导，审计监察室经理为兼任，工程管理部和安全管理部的经理由分管的副总兼任，行政办公室、计划财务部则由一名副经理（副主任）主持工作，投资金融部及党群工作部仅设有副经理（副主任）。集团职能部门一些编制配备难以满足需求，很多部门都表现出这样的现象，如集团在人力模块需同时兼顾下属子公司的管理，而仅设有副主任及人事专员各 1 名。

部门领导兼职现象普遍存在：集团整体范围内，中层以上干部的兼职现象较为突出，尤其体现在跨越公司层级的兼职上，×× 投控集团共有中层以上干部 52 人，担任有兼职的干部 31 人，中层以上干部人均兼职岗位 2.56 个，14 人同时在集团及下属子公司任职，甚至出现上级领导部门、考核部门同时兼任直接下属部门或被考核部门职位的现象。跨越层级的兼职不利于绩效考核监督实施，容易增加职能部门管理难度，造成职能和责任关系不清晰。

（2）子公司管控模式不清晰

集团对子公司的管理关系与股权关系并非一致，一些一级子公司设有管理职能，一些一级子公司并未设有管理职能，像现在的土地开发类、城市建设类工程公司，从股权关系上讲是二级子公司，但是从管理关系上讲，都是一级子公司，由集团直接管理（图 3-7-2）。

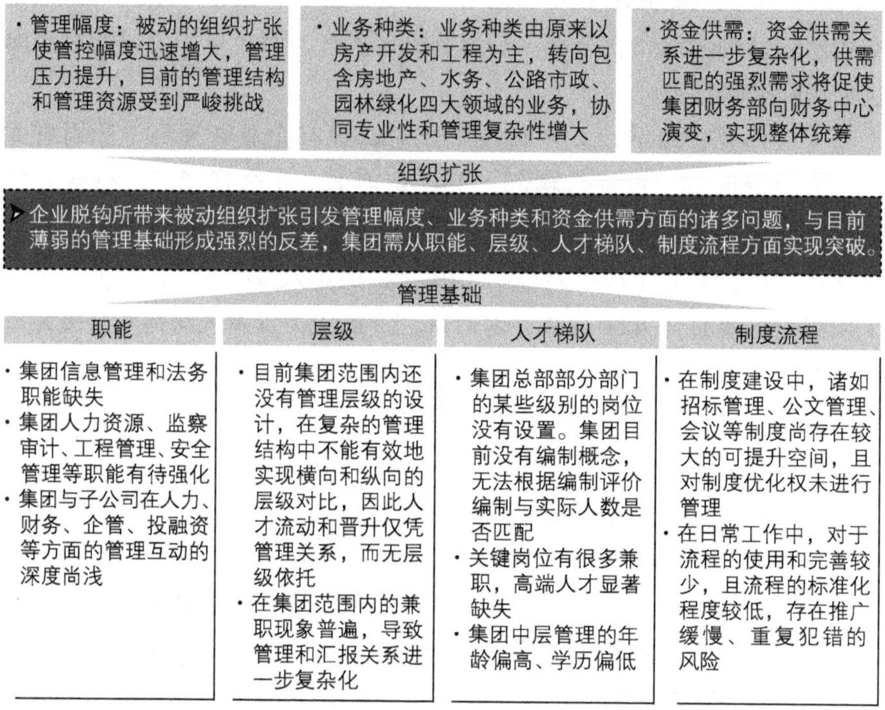

图 3-7-2　集团与子公司的管理关系

集团原下属共有 32 家子公司，业务领域涉及房产开发、施工建设、污水处理、拆迁协商、酒店经营等诸多领域，而且各公司的盈亏情况差异很大，但目前集团尚未根据子公司业务特点进行分类管理，管控方式比较单一。单一的管控方式使集团对子公司的管控复杂程度降低，但统一的考核与监督使得获取的子公司信息失去针对性，集团总部对子公司的支持也逐渐失去恰当匹配。同时，由于缺乏差异化的考核指标的导向作用，子公司根据自身特点进行发展的意愿被大大削弱。

（3）子公司治理结构不完善

由于历史原因，子公司受业务规模和组织规模的限制，其管理职能的配备尚不完善，部门管理职能（如人力、财务等）由集团替代，造成子公司的相关职能对集团职能部门形成路径依赖。对于集团全资或控股的具有完善治理结构的子公司而言，其董事会决策及管理职能与集团的相关职能部门、经营班子在子公司重大经营决策方面存在一定的重叠（图 3-7-3）。

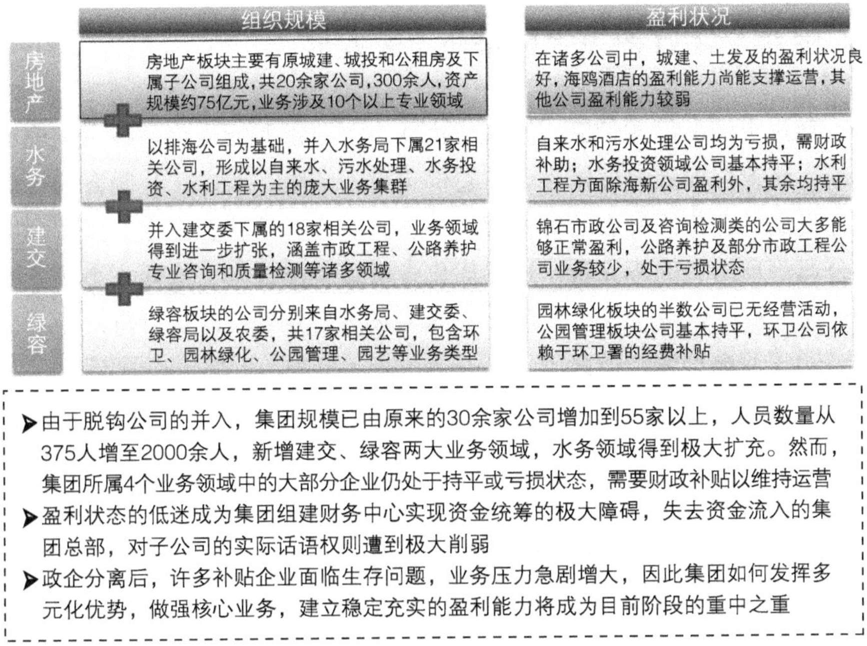

图 3-7-3 子公司组织规模与盈利状况

集团对子公司的管理方式也有差异，城投公司未设置管理机构，像工程合同签订、审核、付款等事项的相关管理职能主要由集团公司代为行使，但是城建公司的管理职能机构非常健全，设有行政人事部、财务管理部、投资管理部、开发经营部、工程管理部等。在目前的管理模式下，一些二级子公司与一级子公司一样，直接由集团总部管理，而当 55 家脱钩企业加入后，自然会增加总部现有的组织关系的复杂程度。

（4）工程管理流程不清晰

集团工程管理部定位为工程综合管理（包括资源平台、协调支撑以及技术指导），但由于集团坚持“以稳为主”的文化，工程管理部的管理职能一直未得到充分发挥，反而渐渐直接介入具体项目事务，最终导致未能形成较为成熟的工程管理体系，其实际职能的发挥与集团工程管理部的定位不相匹配。在目前的工程管理体系中，集团工程管理部与子公司都具备对项目组进行项目管理的职责，但并未针对两个权力主体进行清晰的权限划分。

哪种集团管控模式最符合未来发展

通过上面的问题诊断，开锐咨询认为，总部职能弱化是因为定位不清晰，而管控模式的模糊导致了总部定位不清晰，所以，开锐咨询提议首先找到适合集团发展的管控模式，进而明确总部功能定位，然后解决子公司治理结构的不完善，最终优化各层级管控权限、梳理核心业务流程，这一解决思路也得到了 ×× 投控集团管理层的广泛认可与支持。

（1）战略型管控模式

当前 ×× 投控集团并没有十分清晰的管控模式与管控方法，开锐咨询根据集团现状分析发现，当前管控属于以财务型管控为主的混合型管控模式，对子公司的管理较为简单、粗略，集团对子公司的发展促进作用有限，子公司之间也没有形成较多的“合力”，整体现状“集而不团”问题明显。要解决此问题，首先应找到适合集团的管控模式，然后进行转变。

常见的管控模式有 4 种，财务型分值区间为 1~2 分，战略规划型分值区间为 2~3 分，战略指导型分值区间为 3~4 分，操作型分值区间为 4~5 分，根据集权导向数字化表示如图 3–7–4 所示。

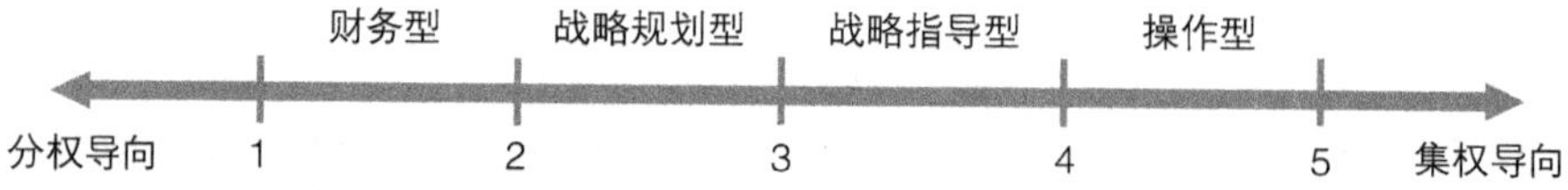

图 3–7–4 集团管控模式数字化表示

为帮助 ×× 投控集团明确应当采用的管控模式，开锐咨询利用管控评估矩阵对直属公司和脱钩公司进行管控评估。首先确定 5 个评估维度，分别是战略地位、资源能力匹配度、子公司管理成熟度、子公司业务风险度、子公司业绩水平，然后确定各维度的权重比例。从战略地位角度而言，工程类企业是集团的主导性产业，传统的养护类和运营类企业属于集团的重要产业，服务输出类的企业是集团第三梯次的产业，所以权重比例定为 15%；从资源能力匹配度方面而言，各公司与集团资源能力的匹配程度的分布相对均衡，工程类和运营类的企业评估偏高，其他类的企业稍弱，所以权重比例定为 20%；从子公司管理成熟度方面来看，各子公司均独立经营、独立核算，各自管理成熟度均属于中等水平，所以权重比例定为 25%；从子公司业务风险度而言，服务输出类的企业相对偏低，其他企业相对均衡，所以权重比例定为 15%；从子公司业绩水平角度而言，部分房地产开发公司和水务公司，以及工程类公司均表现较好，所以权重比例定为 25%。

评估示例如图 3-7-5 所示。

置业板块管控评估

评估维度	权重	置业板块			
战略地位	15%	2.5	2.5	4	4
资源能力匹配度	20%	3	3	3.5	3.5
子公司管理成熟度	25%	3.5	3.5	3	3
子公司业务风险度	15%	3	3.5	3	3
子公司业绩水平	25%	4	3.5	2	2.5
合计	100%	3.30	3.25	3.00	3.13

市政板块管控评估

评估维度	权重	市政板块1				
战略地位	15%	3.5	2.5	4	3	2
资源能力匹配度	20%	3	2	3	3	2
子公司管理成熟度	25%	3	2.5	3	3.5	2.5
子公司业务风险度	15%	3	3	3	3	2
子公司业绩水平	25%	3	2.5	3	3.5	2.5
合计	100%	3.075	2.475	3.15	3.25	2.25

评估维度	权重	市政板块2				
战略地位	15%	2	2	3	2.5	2.5
资源能力匹配度	20%	2	2	2.5	2.5	2.5
子公司管理成熟度	25%	2.5	2.5	3	3	3
子公司业务风险度	15%	2	3.5	2	2	2
子公司业绩水平	25%	2.5	2.5	3	3	3
合计	100%	2.25	2.475	2.75	2.675	2.675

图 3-7-5　对子公司的管控评估指标

开锐咨询通过对 ×× 投控集团的 4 家直属公司、4 家置业板块公司、15 家市政板块公司、12 家水务板块公司进行具体情况的分析，发现子公司整体分值处于 2~4 分，因此，×× 投控集团对子公司的管控模式应当以战略规划型管控模式为主，将总部作为战略决策和投融资决策的中心，以实现集团对子公司的战略控制和协同效应为目标，对子公司的战略规划和经营计划进行管理。开锐咨询帮助 ×× 投控集团明确了未来应该采用战略规划型管控模式治理下属公司（图 3–7–6）。×× 投控集团对于开锐咨询所采用的明确管控模式的方法及最终得出的结果表示认可与支持，增加了对开锐咨询的信任感，这为下一步的管控体系搭建奠定了良好的合作基础。

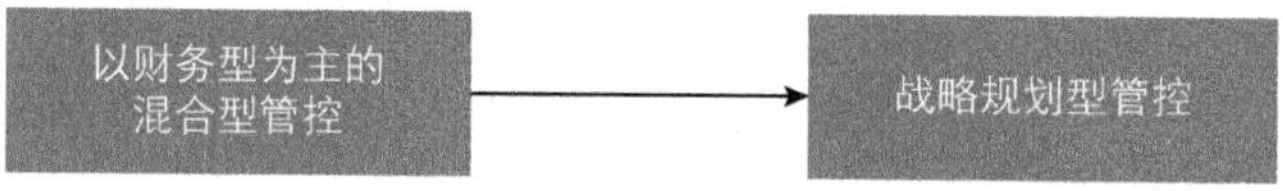

图 3–7–6　×× 投控集团未来对子公司管控模式

根据运营实际的需要，×× 投控集团在选择战略规划型管控模式之后，各级子公司及中间管理机构要根据集团总部的功能定位与权责划分来明确自身定位和权责划分。清晰的集团总部功能定位会更充分地发挥集团的战略统筹、业务组合、资源配置及多元素协同等方面的优势。因此，开锐咨询与 ×× 投控集团经商议后一致认为，对总部功能进行定位已经迫在眉睫。

（2）总部功能定位搭建治理层级

×× 投控集团总部功能定位参照战略规划型的总部功能配置思路，将行政管理、信息化管理、人力资源管理、财务管理、企业管理、投融资管理定为六大核心职能，同时将监察审计、法务管理、安全管理定为重要职能，核心职能对应支撑型部门，重要职能对应功能型部门。

核心职能中，行政管理和人力资源管理两大职能分别对应目前的综合部与人力资源部；针对信息化管理，集团在财务方面有一定的信息化基础，但从整体上看，目前集团的信息管理系统已经严重滞后于管理内容，在市场化竞争日益加剧的大背景下，唯有高速度、高质量的信息互动、工作协同、市场反应以及有数据基础的经营分析才能够使集团的综合管控落到实处，但是信息化管理处于培养阶段，暂时由综合部兼管，待条件成熟后成立信息管理部；将财务与资产管理职能对应计划财务部，在计划财务部内成立结算中心，加强集团的资金管理；总部规划与子公司战略管理以及相关的经营计划和企业绩效考核均由企业管理部负责；投融资管理对应集团投资金融部，收购与兼并的职能与投资决策密切相关，因此归口投资金融部。以上提及的五大部门作为支撑型部门，不直接对下属子公司进行管理。

根据集团总部未来的定位，以及参考各成熟集团总部职能，未来 ×× 投控集团总部将承载行政管理、信息化管理、企业管理、财务管理、人力资源管理、投融资管理、监察审计、安全管理、法务管理九大职能（图 3–7–7）。

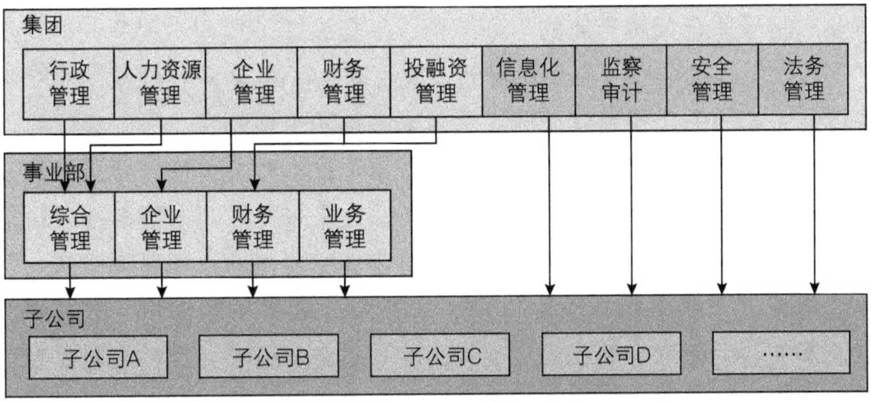

图 3–7–7　集团总部组织管理结构

重要职能中，监察审计职能目前归口在企业管理部，这与集团强化监察审计的战略不匹配，所以新增设监察审计部，专门负责对集团下辖各单位的审计监察工作；针对法律职能，由于集团规模的增大，可预期业务及相关事务处理需求和频率将会增加，而且集团新增代建职能，与此同时集团的运营需要涉及更多的法律事务，子公司也需要有统一的法律资源进行协助，因此设立法务部；从国家法规、政策和 ×× 市对工程方面的整体要求来看，工程本身以及施工过程的安全性已经处于十分重要的位置，集团需增加对子公司工程安全方面的直接管理，因此设立安全部。对于研发职能，由于集团产品以工程项目为主，而目前集团总部并非业务载体，主要的利润中心是下辖各子公司，在工程方面的研发主要在项目进程中完成，因此集团暂时未针对研发职能专门进行部门设置。监察审计部、法务部、安全管理部属于功能型部门，直接对接下属子公司，为子公司提供相应的服务。

在明确了总部定位，设置支撑型、功能型部门之后，想要提高集团总部对不同业务板块子公司的管控质量，减轻总部日常职能压力，让总部承担更多决策型、治理和管理型职能，必须利用新的管理方式来发挥上传下达的作用，挖掘子公司对自身业务管理的潜力，进一步完善组织结构层级。

（3）设立事业部完善治理层级

开锐咨询综合集团当前业务板块及整体发展状况进行分析，认为事业部制最适合集团当前的治理结构，于是设置了置业、水务、市政养护、市政工程 4 个事业部及代建部。置业事业部由 ×× 投控集团原有房产行业 4 家相关公司组建而成，承载未来集团土地开发、房产建设的主体工作，由于这 4 家公司在过去已经积累了许多相关方面的项目经验，并且该行业在本地区有一定的优势，所以在未来可以开拓更多的市场空间，成为集团的主要利润中心；水务事业部主要由原水务局脱钩的 6 家企业组成，主要承担本地区供水、水处理、水利工程业务；市政养护事业部主要由原绿容局、建交委脱钩的 6 家企业组成，主要承担本区环卫、道路养护业务；市政工程事业部主要由原绿容局、建交委脱钩的 3 家企业组成，主要承担市政工程、园林工程业务。除此外公租房公司、×× 大厦酒店、实业公司、城投公司 4 家公司由于自身有一定的特殊性，不适宜放入以上 4 个事业部任意一个之中，且这 4 家公司并不需要集团对其日常业务直接指导，所以归集团直属企业管理。由于未来集团要承接区政府代建职能，所以增设了代建部。

事业部成立后，业务管控职能基本由事业部自身指导完成，集团总部主要担任监督、指导、审批的作用，事业部内部可以承载起业务管理、上传下达的职能，开锐咨询将总部综合管理、企业管理、业务管理、财务管理四大职能下放到事业部，其中综合管理对应成立综合部，企业管理与业务管理职能对应成立运营部，同时协助代建部承担工程管理职能，财务管理职能对应成立财务部。

如何提高组织运行效率

（1）理顺管理层级关系

开锐咨询在对 ×× 投控集团组织进行变革后将出现集团总部、事业部及子公司（直属公司）3 个管理层级，为理顺管理层级关系，打通员工的职业发展通道，保证职业通道晋升的连续性，满足员工自我实现和成长的需求，开锐咨询对不同层级的管理人员的职级进行划分，在充分考虑管理幅度、员工队伍的结构稳定性，同时保证激励的情况下对公司职级进行了划分。10~8 级：高级管理人员，包含集团董事长、总经理、副总经理、事业部总经理。事业部总经理人选由集团领导班子决定，集团领导由本市国资委委任管理。7~5 级：中层管理人员，集团中坚管理人员，包含了集团部门部长、集团部门副部长、集团部门高级主管、事业部副总、事业部部门部长、事业部部门副部长、子公司（含直属）总经理、子公司副总经理。由集团人力资源部进行统一管理，招聘及晋升需经集团审核，集团对其进行考核及培养。4~3 级：基层管理人员，包含集团部门专员、事业部专员、子公司（直属子公司）部门副部长。外部招聘由公司统一进行，内部晋升需通过集团人力资源部审核，由各公司按集团人才培养方案，作为后备管理人才进行培养、考核。2~1 级：一般职员，由集团各公司根据实际情况进行岗位设置，由各公司独立进行招聘、培养。

集团职能部门、事业部、事业部职能部门三部分，各自载着不同的职责与功能，初步构成了 ×× 投控集团的整体组织结构，厘清了并入 55 家企业后的集团整体层级结构。与此同时，×× 投控集团对不同职能的管控权限应当如何调整，对重点业务的流程应当如何设计将是下一步要解决的难题。

（2）管控权限优化设计

在明确了总部功能定位，确定了总部治理层级后，为了避免各部门出现岗位职责、权限不清晰，上传下达不到位，导致职责不清的现象出现，开锐咨询从战略、财务、人力资源、监察审计等管控条线入手，将总部职能分级细化描述，将每项细化职能的权限按照决策层、部门层、下属公司层逐级分解，并将此方法完全复制到事业部，确保将每一项总部功能分解并且有效传递到各层级。

（3）重点流程设计

工程流程：开锐咨询重新梳理工程管理职能上代建部、事业部运营部、子公司、项目组各层级的权责，明确在工程管理中各个事项的责任主体。开锐咨询根据工程重要程度，将工程分为普通工程和重点工程，并分别设计了对应的流程图及流程控制说明。普通工程管理流程如图 3-7-8 所示。

战略与经营计划流程：开锐咨询分别设计了与战略、经营计划对应的流程图及流程控制说明。

至此，开锐咨询帮助 ×× 投控集团解决了为实现战略目标的组织结构及集团管控方面的难题，保障了对顺利并入的新企业进行合理有效管理组织，实现了平稳过渡，切实促进了集团发展目标的实现。

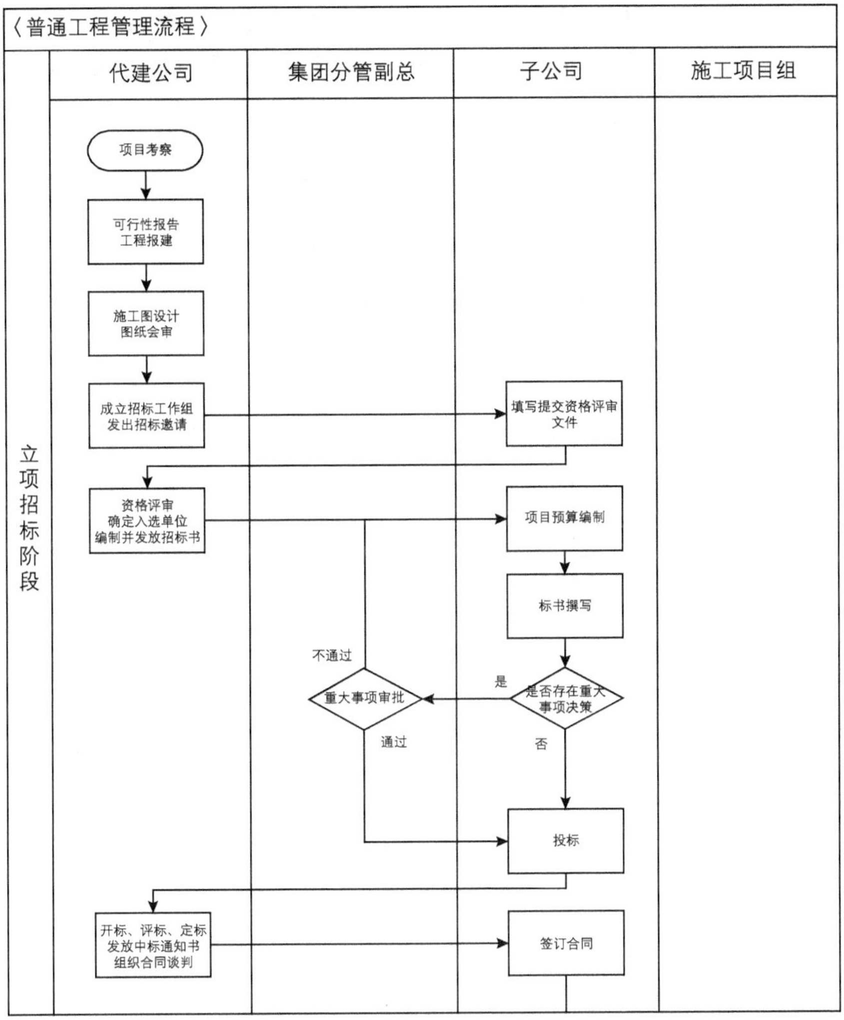

图 3-7-8 普通工程管理流程

总结

（1）项目完成情况

整个项目推进过程中，开锐咨询与 ×× 投控集团项目小组沟通充分，在设计和实施过程中客户都积极参与，从而使得方案具有很强的针对性及操作性。

项目实施过程中，项目成员表现出良好的专业性、敬业精神，对问题把握准确，所提供方案符合 ×× 投控集团实际情况，在战略规划、集团管控等方面均达到了预期目标，得到了 ×× 投控集团相关领导认可与好评。

作为集团企业，改革面临的问题比较复杂，阻力也比较大。项目组以专业、专注的态度和能力，非常准确地把握了企业的发展战略，提出了合理可行的方案，并且用高效和令人愉快的沟通方式迅速地推进了方案的落地。最终方案细致认真、严肃负责、整体可行，具有 4 个特点：理念、知识、方法都令人耳目一新；从点和面上的工作来看，扎实、细致，是认真敬业精神的表现；从方案的提出来看，具有科学性、系统性、前瞻性、先进性；从方案的执行来看，具有可操作性，能够切实节约人力、物力、财力。

（2）项目后续市场机会

由于和客户沟通充分，与客户建立了良好的关系。同时，因为项目组专业性得到客户高度认可，后期基于客户对人才培养、风险控制等的迫切需求，在 2018 年，客户与开锐咨询再度合作。

8 基于数据互联互通工程咨询评估数字化平台的创新实践*

项目团队成员

* 编写单位：同济大学建筑设计研究院（集团）有限公司。

主要完成人：王健、熊跃华、孟献宝。

机构简介

同济大学建筑设计研究院（集团）有限公司

同济大学建筑设计研究院（集团）有限公司（以下简称“TJAD”）成立于1958年，是全国知名的大型设计咨询集团，在中国民用建筑设计领域排名全国前3名，荣膺2021年ENR“全球工程设计公司150强”民用建筑设计类排名前10名。

依托百年学府同济大学的深厚底蕴，经过半个多世纪的积累和进取，TJAD拥有了深厚的工程设计实力和强大的技术咨询能力。TJAD的业务范围涉及建筑行业、公路行业、市政行业、风景园林、环境污染防治、文物保护等，以及岩土工程、地质勘探等领域的咨询、工程设计、项目管理，是目前国内资质涵盖面最广的设计咨询公司之一。在全国各个省、非洲、南美有近万个工程设计、工程规划及工程咨询案例。

集团战略定位：发展成为国内领先、国际知名的综合性设计咨询科技企业集团。提供全过程工程咨询解决方案，以设计咨询为核心服务，以科技创新为企业核心竞争优势。

TJAD始终将社会责任放在发展的第一要义，致力于推动社会进步，促进行业发展，引领客户需求，助力员工成长；成为受社会、同行、客户、员工尊敬的企业。坚持设计咨询主业，创作高端作品，让“同济设计”代表中国最高设计标准走向世界，树立集团全球行业领袖的地位。

本案例是在全过程咨询的工程背景下，如何基于大数据、云计算、AI 等技术，融合外部客户及企业内部多维度、多方面的诉求，实现咨询评估业务与软件设计的一体化融合有效探索的案例研究。主要讲述了通过对标调研、确定产品路径、模式创新、集成创新等咨询思维的运用，以达到推动工程咨询行业的创新发展和数字化转型的目标实现。

案例中对公司的一些细节（包括某些公司名称）做了改动，内容和数据翔实。

咨询背景

工程咨询评估作为全过程工程咨询的重要环节，是保障项目投资决策正确性、确保工程质量的关键环节，对推动区域经济和社会事业稳步发展具有重要作用。随着经济转型，工程建设行业从粗放型、规模型向质量型、效率型、创新型发展，工程咨询评估所起的作用愈发明显，因此各级主管部门对投资项目评审工作越来越重视，推动着评估业务不断向广度、深度发展。

然而，传统的咨询评估业务模式已不适应信息技术与产业融合的发展潮流，主要存在两大原因。

从主观方面来讲，工业化与信息化的融合是行业发展趋势。将信息技术运用到评估咨询的过程中，是咨询单位提高企业自身的业务水平，提升企业经济效益和企业市场竞争力的必由之路。因此，工程咨询单位通过融合信息技术赋能咨询业务是在企业发展战略中的重要环节。

从客观方面来讲，这是建设项目审批单位（以下称为“业主”）和咨询企业内部诉求的呈现。业主提出希望咨询单位能构建评估数字化平台，来管控项目质量、跟踪项目进度的强烈诉求；从咨询单位角度出发，面对新的竞争格局，咨询单位就必须从改善自身的管理观念和管理方式入手，从而提高企业的核心竞争力。但由于建筑行业整体的数字化程度低，如何打破产业升级与信息技术应用的壁垒，成为目前工程咨询所面临的攻坚难题。因此，在评估咨询领域，引进 AI、边缘计算、建筑信息模型（Building Information Modeling，BIM）等新一代信息技术，是外部环境催化和企业自我革新提出的客观要求。

然而，信息化、数字化建设不是一蹴而就的，我们通过近半年多的实践，总结出信息化进程中存在着诸多问题，主要体现在以下 3 点：一是对推进信息化的重要性认识不够，对信息化建设的投入不足，信息资源的开发及数据共享滞后。二是由于互联网企业难以突破业务与软件行业有机融合的难点，使得市面上信息化工具基本都以管理为主，注重工作效率提升的业务实操的软件极少。三是信息化专业人才不足，具有系统性思维，既懂计算机技术，又懂业务流程，并快速挖掘出业务痛点的人才缺乏。为此 TJAD 基于同济大学学科优势、完整的建筑产业链和信息技术积累的优势，开展咨询评估数字化平台的创新研究。

调研对标

企业信息化过程是非常具有挑战的，怎么保证它不失败呢？我们认为一定要把所有的问题找出来，并把它们串起来，画成问题树，分清问题之间的关系，将每个问题都变成独立的问题，而不是相互交叉、互相包含的大问题，最后找到问题的本质，认清问题，我们解决问题的思路也就能很快形成了。

首先，我们对工程咨询类产品进行竞品分析。竞品选择依据：市场内现有面向工程咨询业务的软件。调查发现，市面上大部分产品基本以管理为主，极少涉及以提高效率为核心的实操工具。以某咨询信息化产品为例，该软件偏重于面向企业内部的项目信息、人员情况、财务收支方面的管理，与传统 ERP 管理系统并无区别，不针对评估业务本身开展专业化工作流程，仅作为一个资料数据的过程记录汇总系统。

然后，我们又对多家企业调研，发现这些企业在信息化建设中普遍存在共性问题：①企业信息化构建大多都缺乏系统性思维，没有厘清信息化构建的真正目标，需要的要素有哪些，并且缺乏长远规划，为了研发而研发；②由于互联网企业难以突破咨询业务与软件行业有机融合的难点，使得市面上信息化工具基本都以管理为主，注重工作效率提升的业务实操软件在评估领域十分少见。

基于以上问题，认清了现状，我们将项目定位为以工业软件为基础的全过程工程咨询信息化平台，对标小米集团的理念，做“平台集成”，但由于研发周期、经费等诸多因素，目前先立足于评估咨询垂直领域研发实践。平台实现了“信息化流程、在线化操作、规范化管理”，为项目评估咨询业务提供高效、便捷的平台化服务。简单来讲，平台以提高业务人员工作效率为核心，符合业务人员操作习惯，从项目立项、收资、评审、报告编制、归档业务全流程于线上完成，同时设计单位可直接提交设计成果，建设单位对项目进度可进行整体把控，解决了当下系统相互“孤立”、数据孤岛的问题，通过跨应用程序的自动化信息流，实现跨企业、跨部门团队的数据共享互通。

明确产品路径

在经过上述调研准备工作后，我们开始讨论产品的实现路径，这个过程是决定项目定位如何、成功与否的关键所在，付出了极多的时间和精力。

（1）确定指导思想

产品的开发要立足于评估业务的转型升级。以解决我国当前工程咨询评估体系存在的不足为问题导向，致力于构建一款先进的、高效的建筑工程咨询评估数字化平台，推动工程咨询行业的智慧化管理和数据共享。

同时紧密结合市场需求，注重客户体验。系统的开发要定位于为项目评审提供高效、便捷、智能应用的信息化平台，具备稳定、高效、易用、创新的特点。此外，依靠公司长期研发积累所形成的既熟悉评估业务又掌握软件开发技术的复合型人才，有效地解决软件行业普遍存在的软件设计与目标客户需求相脱节的痛点，从而使建筑工程评估软件切实成为实用工具。

（2）梳理研究内容

基于上述确立的指导思想，我们经过讨论，认为研究内容可主要分为以下 3 个方面。

1）研发内容

那么到底研发内容应该如何设定呢？我们还是围绕用户的核心初衷，一切满足于用户的实际需求。例如，在项目管控方面，其他信息化产品都是局限于流程管理，我们就是要打通堵点，从项目立项、收资，到评审、报告编制及归档等业务全流程全部在线完成，实现全业务、全过程的线上管控；目前企业中基本都存在多个信息系统，但各个系统间数据都是割裂的，缺乏统一管控，我们通过数据的集成应用来打破这一现状，解决这个痛点；目前 AI 的快速发展，作为传统行业能否得到应用、如何快速切入、用户体验的效果如何等都是我们需要考虑和解决的。

基于以上分析，系统实现工程咨询评估业务的过程管控，涵盖从评估项目策划、项目收资、项目评审、报告编审，一直到项目总结的全过程管理。参与方涉及委托单位、建设单位、被评估单位、相关专家以及内部的项目团队，项目各方通过该系统集中在一起进行项目协同工作（图 3-8-1）。

图 3-8-1　系统登录界面

2）系统架构

从企业经营管理、项目实施管理和知识管理 3 个层面开展系统总体框架的构建。系统采用 BS 架构，通过在网络基础设施的部署，打造拓展性强的多业务集成管控平台（图 3-8-2）。

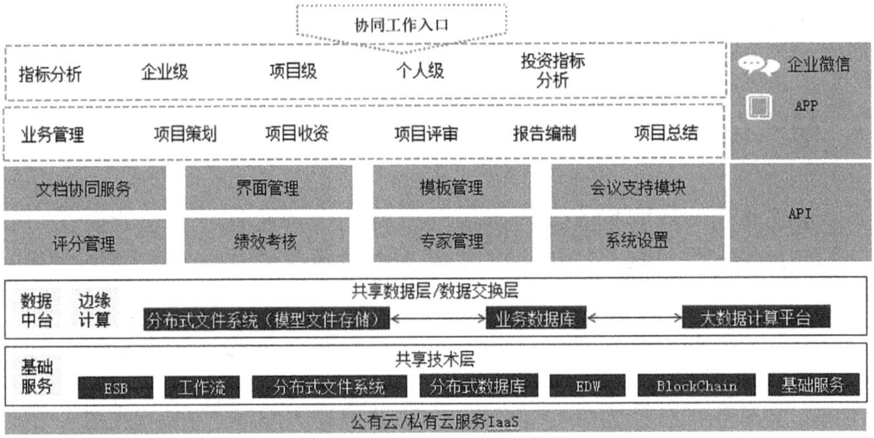

图 3-8-2　系统架构

3）功能设计

在确定好研发内容和平台架构后，来到了功能设计这一重要环节，功能设计的好坏将直接影响用户的使用感受。通过对标国内外优秀软件产品及系统本身需求的底层提炼，形成涵盖整体管控、移动办公、投资分析、过程留痕、工时统计、智能应用以及数据可视化展示等十大功能的集成化应用平台，并且充分考虑到系统拓展性。功能设置方面，除去系统的常规功能，本项目基于用户提出的强烈愿望，还对报告在线编写进行了功能的创新应用，主要体现在：

本系统实现了成果报告的自动化编写，减少评估业务开展过程中重复性工作和编撰过程中的输入失误，用信息化手段提高工作效率。通过自动化编撰业务报告功能，运用评估业务实施及管理方法对评估报告相关的项目资料进行类别划分，并按业务实际发生情况序列化，为自动化编撰报告功能提供精确的特征输入要素。借助科学抽象法，对业务报告编写过程中涉及的重复性工作、共同性内容进行抽象，将其作为底层数据支持要素保存在数据库中，一旦进行报告编制，对于该部分内容则进行快速调用。项目特征要素输入、底层数据支持要素引用、人工校对编撰等工作都通过自定义 URLprotocol 技术方法，在本系统界面内直接调用 Office 系列办公软件进行作业。同时可将作业过程及相关成果保留在服务器中，供其他项目参与方直接进行审阅查看，提高业务人员的工作效率 60% 以上。

模式创新应用

通过前期调研我们发现，软件开发行业中普遍存在着功能设置与目标客户需求脱节的难点、痛点，使得开发的软件产品往往不能达到预期目标，甚至无法使用，成为摆在台上的花瓶，只能起摆设作用。

基于这一点，我们进一步深层次挖掘其原因。过往案例证实软件工程项目实际实施过程中，能否捕获软件真实需求，是软件工程顺利开展与否的核心关键。这是由于首先软件工程作为一个集计算机技术、分析设计、人际沟通、语言表达及心理学等多领域知识于一体的技术领域，它的复杂性和重要性远超软件开发工作。其次，不同于汽车、电脑硬件等传统的产业有形、客观、可描述、可检测的需求，软件项目的需求本身具有模糊性、不确定性、变化性和主观性的特点，再加上需求分析的参与人员、业务模式、投资、时间等客观因素的影响，使得软件需求分析成为软件项目开发中最难把握的问题。

为精准解决需求分析中的问题，体现咨询服务解决问题的优势，我们对需求分析工作的复杂性及面临的潜在风险进行针对性分析。该工作亟待解决的问题主要体现在：一是由于软件用户与软件开发人员的专业背景的不同，两者存在着很大的理解差距，无法进行有效的交流沟通，造就了传统软件开发模式（图 3-8-3）；二是需求的动态变化。这两个难点和痛点成为产品研发需创新突破的关键点。

通过对上述问题的思考，结合项目多次研发、实践过程中的经验，我们首次提出“模式创新”概念（图 3-8-4），打造熟悉业务流程、懂基本软件开发思想的复合型核心用户，改变软件行业普遍采用的传统模式，突破性解决了软件设计中功能设置与目标客户需求相脱节的痛点，使信息化软件切实成为实用工具。下面重点阐述软件开发“创新模式”中复合型核心用户的要素。

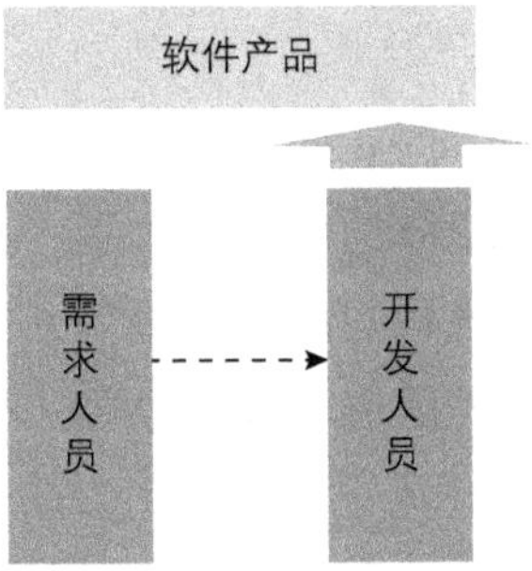

图 3-8-3　传统软件开发模式

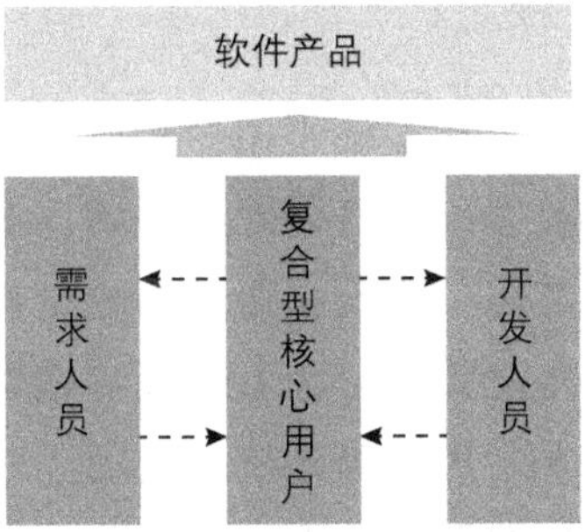

图 3-8-4　我们的软件开发创新模式

① 具有整体思维。核心用户在项目中要具有全局观，进行项目的整体设计，利用模块化思维将系统功能进行拆分，通过对底层基础应用模块的提炼，跨行业进行功能对标，进行拆分、整合，实现功能集成创新。

② 全面了解用户诉求。深度挖掘传统开发模式的痛点，全面了解用户及委托客户的软件诉求，并且懂基本的软件开发思想，用开发人员可理解的语言沟通项目功能模块，能跟软件人员进行有效沟通。

③ 自主设计开发框架。核心用户提出整个框架及流程，指导软件开发方理解、执行，变被动为主动，全过程把控项目质量。

由于复合型核心用户掌握了软件开发技术，因此能跟开发人员进行有效沟通，而且具有整体思维、全局观念，能够进行项目的整体设计，利用模块化思维将系统进行拆分，通过对底层基础应用的提炼，跨行业进行整合，实现功能集成创新。从而使成果具有研发难度大、技术含量高、创新性强、可操作性的特点。

基于打造复合型核心用户的软件开发新模式，不仅能快速满足日益增长的公司业务与信息化融合的需求，培养一批懂技术、懂业务的集成人才，随着复合型核心用户在各行业的深耕，行业经验不断积累，对业务理解会更加深入，进而提升用户体验度和满意度，同时能使员工快速学习、更好把控软件公司、减少开发成本、充分发挥自身核心竞争力和增强企业对环境的应变能力。

集成思维实践

通过复合型核心用户的软件开发新模式，即我们咨询人员对业务人员的需求进行完整准确的理解，对行业发展趋势的精准分析后，自行设计基础架构、系统框架与功能定位，打造系统核心优势。最后，定位的系统功能设置齐全，主要包含整体管控、过程留痕、移动办公、数据可视化及 AI、BIM 等新技术运用。

在打造创新性平台时，我们意识到软件技术不是集团核心优势。而软件技术的发展需要经历漫长的从无到有、从有到强的演变历程。想要与国内外先进理念快速接轨，集成思维是实现快速占领战略高地的关键途径。集成思维是指在整体上对项目把控，在局部上拆解系统功能，将其模块化，并分别对标已有的成熟技术，实现快速集合软件行业的技术优势。

首先，集成思维可以释放部分资源，使得集团在该项目的主要工作可聚焦于在全过程工程咨询层面实现信息化。三大系统开发主体——业务人员、复合型核心用户、开发人员——都从技术细节中解脱出来，集中精力打造符合行业发展趋势的前沿创新性平台。其中集团的核心用户充分发挥咨询行业的业务优势，通过行业分析、对评估业务深入了解、与业务人员充分交流等方式，从底层挖掘出核心基础功能模块——NTKO，实现报告传输、报告协同、AI 报告编制、BIM 模型展示等，开发人员也可根据核心用户的要求以开发平台为基础定制服务，搭建核心人员要求的系统框架，在功能模块中对接相关技术，有效节约开发时间和成本。

其次，对标软件行业成熟技术，借助集成思维打造创新性评估平台。这种“微创新”理念下产生的产品不仅与市场紧密契合，满足在全过程工程咨询中咨询客户对信息化日益增长的需求，稳固并开拓企业在评估领域的市场，而且不断增强企业科技实力，为企业紧随评估行业信息化发展潮流，在全过程工程咨询领域占据领先地位打下基础，为企业持续健康发展提供源源不断的动力。

最后，系统可持续发展性强，可随软件技术的发展不断迭代，在信息化产品更新速度快的今天，始终处于技术领先地位。以 AI 报告编制为例，写作机器人屡见不鲜，智能写作进入了全流程智能化阶段。写稿机器人是根据算法在第一时间自动生成稿件，瞬时输出分析和研判，一分钟内将重要资讯和解读送达用户的产品。另有写作机器人，首先，基于全网大数据的智能爬取和推荐技术，快速完成热点话题挖掘，实时更新、响应舆情，助力写作者高效获得创作灵感；其次，基于自然语言处理算法技术，根据主题自动生成多篇底稿；然后在相关主题下，提供关联性素材，通过句子、段落、关键词、文章等形式进行联想，致力于使文章更丰富、立体、深度化；最后，写作机器人提供智能化审核辅助，自动改写、查重、纠错，智能化检测提升审核效率。不难预见，在智能写作飞速发展的当下，写作机器人写作准确性、逻辑性将有大幅提高，我们通过与开发公司合作，将更先进的智能写作技术对接入评估系统，可辅助业务人员减少大量机械性写作的重复工作，大幅提高业务人员工作效率，有效缩短完成高质量评估报告所需时间，业务人员可更多关注如何充分利用咨询思维，解决评估过程痛点、难点，从而推进评估行业的发展。

构建技术壁垒

技术是提高生产力最重要的力量，每一次技术革命都会使经济增长的路径出现明显改变。在项目实施过程中，我们刻意而为之地设置了一定的技术壁垒，主要包含协同作业、AI 一键生成报告及 BIM 轻量化引擎。

（1）协同作业

基于传统办公中繁复的文件传输、信息汇总导致工作低效，企业文件分散、缺乏集中管理、存在严重的信息泄露风险，企业文档散乱、后期检索难等种种问题，评估系统中创新设计了基于信息传递通信方式的协程间通信，可同时启动数千用户协程，对高并发有良好支持，使得项目协同效率提升 2 倍。解决了管理类系统单纯上传、下载的弊病，进一步提高了工作效率，提升了用户体验的满意度。

协同写作可实现高效协同办公、文件集中规范管理和企业信息安全管控。多人多端共协同编辑文档，团队协作不受时间空间限制。避免反复上传文件，成员看到的永远是最新版文档，各成员文档收集处理便捷高效，高效整理团队资料，提高沟通效率。企业文件集中存储，分层级、分权限精细管理，所有文档都集中存储在云端，支持文件预览，并通过电脑随时随地查看、编辑、共享和协作，打造触手可及的评估报告资料库。提高企业信息安全，员工离职时重要工作文件一键接管。

（2）AI 一键生成报告

注重前沿科技追踪和关键技术突破。生成评估报告的过程主要是采用了现今世界前沿的循环神经网络（RNN）的变种 LSTM，链状循环神经网络可以通过循环保存过往记忆信息，实现模拟人脑的认知判断，每次指定新的项目特征参数时都可以根据过往的记忆序列进行模拟生成相似的文本报告。本系统采用的 LSTM 可以被图像化为图 3-8-5。

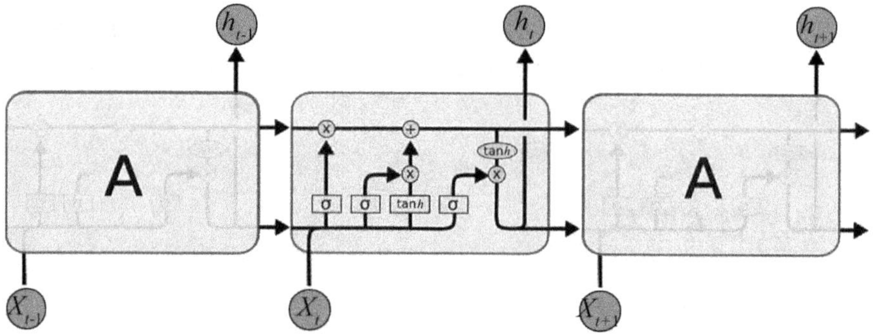

图 3-8-5　LSTM 模型

LSTM 基于 4 层重复循环结构、三大逻辑门控制、特殊交互模式、信息链式传送，实现了长期依赖信息的学习。应用该训练模型主要通过 3 个步骤：收集过往同类报告文本并进行标准化处理；建立训练模型并进行训练；保存训练记忆，通过输入项目特征参数进行输出。

（3）BIM 轻量化引擎

研发出具有自主知识产权的 BIM 轻量化开发平台，模型加载速度较行业标准提升 30%，通过 BIM 模型动态漫游演示来更直观地展现建筑的全貌，供决策者高效、精准地做出项目决策。

BIM 的核心是通过建立虚拟的建筑工程三维模型，利用数字化技术为这个模型提供完整的、与实际情况一致的建筑工程信息库。该信息库不仅包含描述建筑物构件的几何信息、专业属性及状态信息，还包含了非构件对象（如空间、运动行为）的状态信息。借助这个包含建筑工程信息的三维模型，大大提高了建筑工程的信息集成化程度，从而为建筑工程项目的相关利益方提供了一个工程信息交换和共享的平台。

BIM 技术应用在项目前期的工作有很多，包括现状建模与模型维护、场地分析、成本估算、阶段规划、规划编制、建筑策划等。BIM 数据库是动态变化的，在应用过程中不断更新、丰富和充实；这种方式为项目参与各方提供了协同工作的平台，可视化让不同专业、不同角色人员、不同单位都能最大限度全阶段参与，极大促进沟通效率。

迭代完善

系统开发的全部流程中，软件测试是软件交付使用前的最后阶段。软件测试是使用人工或自动的手段来运行或测定某个软件系统的过程，其目的在于检验它是否满足规定的需求或弄清预期结果与实际结果之间的差别。

在实际交付给用户之后，开发人员是无法预测该软件用户在实际运用过程中是如何使用该程序的。因此，在项目实践中，我们从用户的角度出发，安排测试人员分别进行 Alpha 测试或 Beta 测试。Alpha 测试是在软件开发环境下由用户进行的测试，或者模拟实际操作环境进行的测试，这部分工作可由需求人员与业务人员协同完成。Alpha 测试主要是对软件产品的功能、局域化、界面、可使用性以及性能等方面进行评价。

但是，实际操作中软件用户仍会遇到诸多问题。例如，业务人员使用系统处理业务，在遇到对系统某一节点操作不熟练、流程无法走通的情况时，常常会回归旧业务习惯，放弃适应新系统。这时，整个项目的核心人员需了解业务人员的畏难心理，考虑该操作是否不符合业务人员使用逻辑，在技术开发层面是否可优化，在企业内部人员与软件技术人员间进行协调，调动双方对优化系统的积极性，以在产品的整体把控上达到平衡。

成果推广

工程咨询评估数字化平台作为行业内的首次创新探索，实现了咨询评估业务的信息化、规范化、在线化操作，能很好地提高项目评审效率，缩短项目周期。现阶段，研究成果应用广泛，主要推广应用于政府部门及同类咨询机构，目前已经在近 100 个项目中实际使用。

市场是检验产品的唯一标准。研究成果目前除了在同济集团评估业务中实际应用外，还在市场上积极推广，并荣获上海市科学技术委员会科技成果证书，在 2019 年 9 月的教育部评估项目观摩中得到一致好评。系统的推广使用，对提高行业标准方面间接带来明显社会效益、经济效益。

咨询总结

研究成果符合全过程工程咨询行业发展和推动以工业软件为基础的新一代信息技术的国家科创战略，首次实现信息技术与评估咨询业务的深度融合，填补了评估行业信息化空白，有效地推动了咨询评估行业的转型升级。

归纳项目实践中体现的咨询思维，主要有以下 3 点。

① 具有系统性、生态性思维。要站在全局的战略高度，认识和理解项目定位，跳出项目自身局限，以系统性眼光去观察、考虑和解决问题。例如，我们提出的整个“集成平台”定位，站在这个视角下研发这个项目，纲举目张，很容易抓出项目实施中的主要矛盾和次要矛盾。

② 坚持目标导向与问题导向。在目标导向方面，项目实践之初，

即制定总体目标、整体规划，厘清项目要素，制订实际可行的阶段性计划；在问题导向方面，善于挖掘用户真实痛点，特别是隐藏、掩盖起来的，甚至用户都意识不到的，这才是咨询的核心。

③ 具有创新思维。"创新"这个关键词一直贯穿我们项目整个实践过程，当然不是为了创新而创新，这样是苍白无力的，而是在真正理解问题的核心本质下进行的创新应用。例如，我们的软件开发"创新模式"的提出及实践，有效地解决了软件设计与目标客户需求脱节的问题；又如，在设置技术壁垒的基础上，做集成应用等。

本案例作为 TJAD 在工程咨询数字化领域的创新实践，运用多种咨询方法的实践，为我国其他领域的信息化集成应用提供了有效的鲜活经验和样板。

9 优化高新区创新创业生态服务案例

（南京市 ×× 高新区）

江苏蓝鲸咨询有限公司咨询团队

机构简介

江苏蓝鲸咨询有限公司

江苏蓝鲸咨询有限公司（以下简称“蓝鲸咨询”）成立于1998年，是中国第一批经济、创新、管理咨询公司。蓝鲸咨询是江苏省“AAA”级（最高级）信誉咨询企业、江苏省重点科技咨询机构、南京市“发展第三产业先进集体”。蓝鲸咨询是江苏省科技咨询协会副理事长单位，建有江苏省企业管理咨询科技公共服务中心和江苏省四星级中小企业公共服务平台。蓝鲸咨询曾经获得中国科技咨询协会一等奖、江苏省科学技术进步奖二等奖和三等奖等10多项省部级奖。2017年5月时任江苏省委书记李强说，我们就是要支持蓝鲸咨询这样在市场上闯荡的智库。

地区发展战略和产业发展规划研究

蓝鲸咨询在地区发展战略和产业发展规划研究领域，从事产业规划、区域规划、项目规划、发展战略、专题政策研究。蓝鲸咨询参加江苏省“十五”“十一五”“十二五”“十三五”“十四五”5个五年规划的编制和研究工作，承担多个县（市、区）和开发区（高新区）国民经济和社会发展规划编制、先进制造业和现代服务业专项规划编制工作，在长三角、先进制造业、现代服务业等领域的研究、规划中取得丰硕成果，先后完成国家部委、省、辖区市、县（区、市）人民政府及其有关部门委托的项目或课题150多项。

开发区/高新区产业发展和企业成长服务

蓝鲸咨询为开发区或高新区服务，分析开发区或高新区资源，研究产业发展方向，推进产业选择、价值链定位，布局未来产业和战略性新兴产业，策划产业链战略环节建设，编制产业链全景图和招商图谱，推进顾问式招商、顾问式企业服务，制定开发区或高新区产业发展战略和企业成长实施方案，促进开发区或高新区培育千亿元产业集群、百亿元企业集群、十亿元研发机构集群。

企业管理咨询领域

蓝鲸咨询在企业战略、文化、治理、人力资源、生产运营、市场营销、研发创新、财务与成本、采购与供应链等管理领域致力于为企业提供全面的定制化的管理咨询服务方案，先后为1600多家企业提供管理咨询服务，服务客户包括世界500强、中国500强企业和大量上市公司。

专家团队

蓝鲸咨询拥有一支经验丰富、业绩优秀、勇于创新、充满活力的咨询专家团队，现有30多名咨询专家。他们具有博士、硕士学位或高级职称，被评为“江苏省注册咨询专家”。蓝鲸咨询企业管理咨询专家具有系统的高层次专业管理知识，具备快速、持续见效的实施和培训技能，并在长期客户服务中积累了丰富的实践经验，熟练掌握各种先进的咨询工具和方法，具备承担重大管理咨询业务的能力。

本案例描述的是产业规划咨询师和企业管理咨询师如何协同一致地帮助南京市××高新区（以下简称“园区”）优化创新创业生态。咨询服务机构协助园区初创型企业快速成长、推动成长型企业稳健发展，为园区的创新创业提供决策支持服务。

客户背景

（1）园区简介

园区为南京市政府直属园区、省级高新技术产业开发区、省级科技服务示范区和国家级智慧城市试点园区。园区以南京××科技城为核心，打造南京市创新名城的核心区、综合性科学中心的主要承载区以及江苏省的科技创新地标。经过多年的发展，园区取得了一定的成绩，但是一方面发展潜力有待进一步释放；另一方面亟须解决制约发展的困境。

（2）园区存在问题

园区企业总体规模偏小，产业基础相对薄弱，如何形成产业影响力、构建产业链协同发展格局？园区初创型和成长型企业较多，园区管委会企业服务中心工作人员难以解决企业的经营发展问题。如何更好地培育企业？作为科技创新型园区，集聚一批高端科研院所，如何协助科研院所加快科技成果转化落地？园区交通便捷性相对较差，公共设施等有待完善，在这种情况下，企业如何解决招聘难问题？园区各个创新载体与南京市其他园区的创新合作等方面存在不足，如何在创新链和价值链中使各方互动形成专业分工、整体协同、开放创新、集成攻关的机制？面对这一系列亟须解决的短板和问题，园区主要领导积极寻求外部力量协助。

（3）合作关系建立

蓝鲸咨询自1998年成立以来，其中一项重要业务是服务江苏省和南京市的各级政府部门、省级以上高新区和开发区，向各级领导建言献策，多次承担省市两级政府委派的工作任务，工作成果得到主管部门及领导的认可和好评，在创新创业方面取得了一些不错的成绩。因此，园区领导了解到蓝鲸咨询，通过几轮交流，蓝鲸咨询董事长的意见建议正合园区的需求。

借鉴硅谷、弗朗恩霍夫协会、苏黎世科技园、台湾工业技术研究院等成功经验，结合园区实际情况，蓝鲸咨询建议园区内设服务机构“创新办公室”，宗旨是“一个战略、两业服务”，即服务园区战略、也服务于企业和产业创新发展。园区领导采纳了该建议，成立了“创新办公室”，委托专业服务机构承担创新办公室具体工作任务，由园区主要领导担任创新办公室主任，蓝鲸咨询主要负责人担任常务副主任，创新办公室不在管委会的组织设置中，不进入行政管理序列，协助管委会推动创新创业服务，属于管委会的智力服务机构。

园区与蓝鲸咨询签订合作协议，由蓝鲸咨询承担首期创新办公室工作任务，正式建立合作关系。

项目难点

进入园区后，我们遇到了与之前提供咨询服务的很多不同之处，服务过程中遇到了很多挑战。

（1）三类服务对象

首先是在服务对象上，以前我们的服务对象都是单一的，基本是属于一对一服务，而现在我们的服务主体有三类。

1）服务管委会

创新办公室由园区管委会经发局直管，日常工作向经发局局长汇报，工作过程中会与其他部门有交流，并需要协助。虽然管委会主任牵头设立创新办公室，但是起初每个部门有不同的声音，对创新办公室和蓝鲸咨询项目组的作用持观望态度，甚至存在抵触心理。一是出于信息安全考虑，不愿意给项目组提供开展工作需要的基础数据，包括园区企业名单、管委会各部门年度工作计划等，导致项目组初期了解园区以及园区企业、企业走访调研工作等很困难，初期进展较慢；二是质疑咨询师的能力，项目组年轻咨询师较多，管委会部门领导对咨询师提升园区创新创业生态的能力持怀疑态度；三是不积极支持项目组的工作，创新办公室服务于整个园区需要多方的协调和协助，对于项目组提出的需求，部分人员不当回事，需要再三催促才能得到回复；四是一些部门本身有支撑的服务机构，建立了非正式的服务关系，担心项目组的介入会妨碍他们已有的合作，因此对创新办公室的态度比较消极；五是项目初期创新办公室的主管部门出于谨慎，不愿意主动向园区企业推荐项目组，没有管委会的背书，企业对项目组的信任度大打折扣。

2）服务企业

创新办公室需要向整个园区的企业提供服务，企业数量多而且类型多样，项目初期以及项目过程中面对的难度和挑战都比较大。一是初创型企业较多，公司大小事务都是老板一人决策部署，对公司发展没有清晰的定位和规划，由于公司规模小短期内没有明显的管理漏洞，导致企业很自信地认为不需要外部力量的协助；二是企业对项目组持戒备和防范态度，入园企业都与管委会签订了协议，明确双方的权利义务，部分未能履行协议约定事项的企业认为项目组是管委会派来监督企业的，并会给企业带来不利影响，因此会拒绝项目组的走访调研；三是企业误会创新办公室的职能，企业没有正确认识创新办公室的作用，向项目组提出的需求和问题多是解决办公载体、给予资金支持、优化公共交通等这类直接的扶持政策，由于创新办公室没有实权无法对这些需求做出有力的回应，企业就会不信任项目组，误认为项目组不能给企业发展带来好处；四是企业的问题和难点多样，每家企业都处在不同的发展阶段，企业负责人的个性和风格也不一样，需要协助解决的问题和难点不尽相同，项目组同时服务多家企业的难度较大。

3）服务新型研发机构

新型研发机构是创新的策源地，依照南京市委、市政府的要求由高校、科研院所与园区共同设立。一是新型研发机构是一个新生机构，既是科技创新的策源地，又是成果转化、引进孵化企业的基地，如何做到有别于传统研发机构运行机制，快速推动科技成果转移转化，处理好新型研发机构与引进孵化企业之间的关系，搭建高效的运营体系，是每个园区需要考虑的重要工作。二是新型研发机构的技术前沿高端、产品新颖，而且每家新型研发机构的技术差异性很大，对于外行的咨询师来讲，理解起来有一定困难。三是新型研发机构人才济济，负责人更是在学术界和社会上都有较高的地位，沟通交流存在一定的难度。

（2）青年咨询师能力不足

项目组成员基本是“90后”，项目经历和社会阅历都比较浅显，对先进技术和科技创新知识的认识不足。另外，这是公司第一次做整体的园区服务项目，项目本身很新颖，而且该园区是科技创新园，高端先进技术云集，估值经济是重点。没有可以复制的项目经验，咨询师摸着石头过河，在探索中前进。例如，量化神经处理器、垂直电荷转移成像器件、信息高铁、各种用途的机器人、超高清医用内窥镜摄像系统，等等，对咨询师来讲都非常的陌生。要做好企业服务，为企业解决发展中的问题，就必须充分理解企业的核心技术和产品，咨询师通过服务工具和手段，在短时间内解决技术和产品认知问题。不同企业有不同的问题需要解决，对咨询师的能力要求非常高。

服务与成果

项目组积极面对挑战和困难，思考破解困难局面的办法，经过3个月的持续努力和有效工作，终于有了工作的空间和提供专业服务的舞台。

（1）打开工作局面

根据对园区的初步了解以及与园区领导的交流，得知园区目前人工智能类的企业较多，在中科院自动化所的加持下，人工智能产业特色初具雏形，而且当下发展人工智能产业是大势所趋，项目组建议园区成立人工智能产业联盟，园区领导看到方案后立即批准实施。在管委会各部门的协同下，组织园区人工智能相关企业召开了人工智能产业联盟成立大会，并将企业分成智能制造、智能机器人、智能网联3个细分小组。会上管委会领导向企业介绍了创新办公室和项目组，并进行了创新办公室揭牌仪式。此次活动顺利举行，设立人工智能产业联盟夯实了园区人工智能产业的发展基础，从策划到完成这项工作，管委会各级领导基本肯定了项目组的能力和作用。通过正式以及非正式的沟通，项目组了解到管委会一些部门的顾虑，项目组积极与各部门负责人开诚布公地交谈，明确创新办公室的工作职责，确定工作界限。另外，项目组、经发局分别指定一人进行日常工作对接，项目组不再与多个部门打交道，项目组负责人定期向园区领导汇报工作进展和工作成效，建立起畅通的沟通机制。

项目组从人工智能产业联盟内的企业入手，一家家企业约拜访，每周入企调研，了解企业基本情况、听取企业的需求、诊断企业存在的问题。项目组从中筛选出若干家企业和新型研发机构，优先解决问题，树立服务典型。项目组深入扎实的工作、专业化的服务，逐渐取得了管委会和其他企业的信任。

项目组需要面上服务园区所有企业，一方面，管委会不提供所有企业的基础信息，项目组无法联系拜访，不能毫无准备地贸然敲开企业的门；另一方面，企业数量多，项目组人数有限，无法做到对每一家企业都提供个性化的专业服务。于是，项目组策划面上服务方案，面向园区全体企业举办创新创业沙龙活动。从企业实际需求出发，选取有吸引力的课程，邀请咨询专家和行业专家为企业传道授业，通过这种方式大家认识了创新办公室和项目组。活动结束后，项目组会诊参加活动企业的管理需求，解答企业共性的管理、技术、营销、供应链等问题。起初，参加沙龙的企业只有 10 家左右，邀请企业参加活动的难度非常大，企业认为花费半天工作时间去听讲座学习不值得。4 个月后，我们的企业服务群壮大了，沙龙的效果也在企业之间慢慢传开了，企业意识到半天的免费学习和问题解答带来的价值超过了正常工作的价值，只要有适合企业及员工学习的各种活动，都会派人参加，后来每场沙龙都至少有 40 家企业报名参加，甚至有的企业邀请项目组到企业给员工做专项培训。

（2）服务企业

项目组遵循发现问题、分析问题、解决问题的思路开展工作。通过入企调研、创新创业沙龙活动等方式明悉企业需求，诊断企业存在的问题，通过分析研究结合企业发展实际对企业遇到的战略规划、市场营销、人力资源、融资等企业运营管理问题提出解决办法，设计解决方案，辅导实施方案。通过面上服务和点的突破，项目组重点服务 12 家规模以上企业，编制并辅导实施 34 份企业管理方案；重点服务 13 家初创企业，为初创型企业编制并辅导实施 21 份服务咨询方案。其中，辅导过的 3 家重点成长型企业营业收入已经突破亿元，辅导过的 5 家企业营业收入增长率达到 400% 以上，辅导过的 6 家重点初创型企业上升为规模以上企业。

企业服务案例 1：一次“企业网络营销推广与网络运营”沙龙活动，项目组用通俗的话语讲解专业性知识，并采取现场模拟的方式与听众互动，参加沙龙的人员纷纷表示收获满满，并提出希望有一系列的市场营销培训，提升企业的市场营销能力。因此，项目组制定了 4 场市场营销专题培训。每次讲座结束后，都有企业向项目组提出具体的问题，请项目组协助解决。其中有一家美籍华人开办的研发生产柔性太阳能薄膜的企业，市场在国外，计划进入国内市场，企业负责人对国内市场了解不够，不知道如何进入国内市场、进入哪些领域。经过研究，项目组全面认识了该企业的产品，产品性能很好，转化率和良品率在业界排名前列，但是成本较高，价格没有竞争力，尤其是同晶硅太阳能电池相比价格较昂贵。项目组从错位竞争、梳理产品应用场景、经济效益测算、竞争对手分析、产品成熟度判断等方面入手，为企业制定市场开发方案。在企业和项目组的共同努力下，企业顺利打开国内市场，营业收入增长率超过 400%，成功升为规模以上工业企业。由于园区没有工业用地，企业现有产品产能无法满足订单需求，项目组正在积极为企业寻找合适的生产基地。

企业服务案例 2：经过调研发现园区某自动化测试公司员工的执行力不强，项目组采取多种方式在该公司进行了两周的集中调研，与负责人进行多次交流，发现公司的管理机构不完善、流程不清晰、岗位职责不明确、管理不规范、技术文件不标准、绩效与激励管理缺乏。针对以上问题，项目组制订工作计划，定期到该公司解决问题。虽然公司第一负责人很认同项目组提出的整改建议，但是公司领导班子存在不同的意见，且员工消极应对咨询师提出的工作要求，管理工作推进较慢，没有在较短时间取得改善成效。咨询师鼓励员工开诚布公地讨论自己的工作表现，采取正式和非正式会议多种方式梳理问题、与员工谈心，逐渐取得公司领导及员工的信任，咨询师编制了企业管理方案、项目管理方案、考核与激励管理方案等服务方案，通过方案实施、专题培训、项目演练、工作检查、一对一辅导等多种方式落实一系列方案，项目组在方案执行过程中不断完善方案，形成了 PDCA 的良性循环，最终有效解决了企业员工执行力弱的问题，企业营收大幅提升，突破亿元。

企业服务案例 3：园区一家主要从事卫星通信产品开发及服务的高科技企业，拥有核心高端技术，发展速度可观，需要资金加持。项目组通过协调各方资源，推荐资金方与企业对接，并参与洽谈，协助该企业获得千万数量级的融资。

企业服务案例 4：园区初创型企业和成长型企业均存在发展规划不明确、年度计划不清晰问题。项目组通过深入理解企业发展现状、发展目标和企业文化等，采用 PEST 分析、五力模型、价值链分析、SWOT 分析、波士顿矩阵等分析方法为企业制定发展战略规划，与企业管理层沟通议订年度经营计划，并辅导落实战略规划和年度经营计划。其中 1 家初创型企业和 1 家成长型企业在项目组制订的年度经营计划助推以及项目组的日常辅导下，分别上升为规模以上企业、营收突破亿元企业。

企业服务案例 5：通过企业调研，了解到一些企业抱怨园区职业环境不佳、缺少企业交流的平台、项目申报信息不通畅等问题。项目组针对系列普遍性问题，制定《职业环境指引》《企业指南》《项目申报指南》等，开展行业联合体活动、产业座谈会等。提高园区对人才的吸引力，搭建园区企业交流的平台，有效提升了企业招人、用人、留人的能力，助力园区企业间建立起合作关系。协助企业做项目申报规划，提前做好准备，有效提高成功率。

企业服务案例 6：受疫情影响，2020 年年初项目组在线工作指导园区企业抗疫经营。为帮助企业不断资、不断供、不断销、不愁人、不愁运，设计“三不断两不愁”调研表，了解疫情期间企业的订单、采购、资金、用工、运输等情况，调研企业亟须解决和本年度需要解决的问题，并对企业反馈的问题难点给出解决建议，指导企业抗疫经营。编制

《企业员工弹性工作指引》，指导企业通过弹性工作、远程办公、在家上班，保障企业生产经营不中断。为保障员工健康、阻断病毒传播、顾全园区大局，编制《企业复工经营指引》，指导企业有序复工、精准经营、谋划发展、加强经营管理能力。2020 年，园区地区生产总值同比增长率位居全市 15 个园区前列。

（3）服务新型研发机构

项目组总结出新型研发机构“4×100”超倍接力发展模型，在新型研发机构建设中寻找“最佳起跑、接棒跑、弯道超跑、冲刺跑”的合作伙伴，在每棒接力中超级放大。提出新型研发机构研发成果产业化“零到一”的突破，初创型企业“百到千”的突破，成长型企业“千到亿”的突破。园区领导非常认可项目组的提法，并多次在公开场合就此观点做出表述。

新型研发机构服务案例 1：南京市 2018 年开始建设新型研发机构，在探索阶段，在平衡研究院、平台公司、引进孵化企业之间的关系上没有成熟的方案。项目组深入调研园区新型研发机构，多次与研发机构管理层交流，研究国内外研发机构的运行机制，提出新型研发机构形成研发孵化项目跟进度、引进生态项目促落地的“一个院务管理平台、两类项目事业部”管理机制，并制定实施方案。项目组将方案的核心思想和预期目标一遍遍地向园区领导和研发机构负责人汇报，开始他们认为方案的可行性不强，在项目组的坚持和努力下，最终同意在 3 家新型研发机构先行先试，其中 2 家分别获得南京市新型研发机构建设绩效评估一等奖和二等奖。

新型研发机构服务案例 2：园区一家新型研发机构的核心技术是垂直电荷转移成像技术，咨询师第一次与研究院院长等人座谈时，听对方介绍的内容感到非常吃力，因专业性强、技术前沿高端，咨询师从未接触过，不知所云。后来，咨询师通过研究相关资料、参观实验室、向研究院人员请教，运用咨询手段和方法，理解了研究院的技术和发展阶段。研究院的介绍和展示都是科学的语言，非专业人士尤其是没有光学知识背景的人员无法充分理解技术的先进性和发展阶段。在理解研究院技术和应用方向的基础上，项目组以科普的形式、通俗易懂的语言编写研究院技术及产品的解说词。此外，项目组制定了技术成熟度评判办法，能够有效评估技术成熟度，在研究院没有形成产品前，便于园区管理者和市场人士判断研究院的情况和预估产品发布的时间线。在项目组的推动下，研究院与孵化企业获得南京市产业基金有限公司 5000 万元投资，并且与国内知名基因检测公司达成合作。

（4）服务管委会

项目组服务管委会主体、服务领导战略思维、服务园区大局、服务主导产业布局，积极完成领导下达的各项任务。

1）推动主导产业发展

项目组广泛深入了解了园区企业产品和发展方向，研究了南京市对园区的发展定位，向园区领导提出产业发展主导方向，经过多轮讨论确定“两高一新”经济发展格局，即发展人工智能和信息技术两大科技创新产业高峰 + 企业总部、互联网服务平台等新型经济业态。随后，项目组向园区领导提出，制定园区细分产业发展行动方案，从大局上更好引导企业发展、全局扶持主导产业发展壮大，为招商引资、企业培育提出指导意见，以建链、强链、补链、延链的思路充实和壮大园区产业链，突出园区的优势，提出产业发展的路径，提高园区核心产业的影响力。根据园区实际情况，项目组将企业分别归类到人工智能、集成电路、信息技术、智能制造等细分领域，分别研究了国内外相关产业发展情况和园区的优势与不足，分别组织召开产业发展座谈会，邀请代表性企业参会，对园区细分主导产业发展基础、产业链现状、产业链发展建议、扩大产业体量、产业发展的重要措施、产业生态环境建设等进行了探讨。制定了人工智能、集成电路、信息技术、智能制造等产业发展三年行动方案，分别明确发展要求与目标、提出重点发展任务和保障措施，并列出重点企业名单。方案形成后，园区领导在各大会议、上报材料中均引用行动方案中的内容。

在项目组的协助下，园区企业实现与园区内企业和南京市内其他园区或企业对接。项目组成功推荐园区 1 家芯片设计和 1 家人工智能产业代表企业，分别在 2020 年南京市委、市政府集成电路专题调研座谈会、软件和人工智能产业链培育和发展座谈会上发表讲话，成功推荐园区 1

家创新药研发公司进入南京市新医药与生命健康产业地标企业库，成功推荐 2 家人工智能企业入选南京市人工智能产业地标库。

2）完成领导交办任务

根据领导要求起草多份向上级部门汇报的材料，协助修改管委会内部文件等。编写《企业服务年行动方案》，深入贯彻习近平总书记关于统筹疫情防控和经济社会发展的重要讲话精神，紧扣中央提出的“六稳”要求，认真落实省市有关部署，提出实施强链计划、推动合作营销、建立外协基地、撬动投贷融合、培养培训人才、打造园区品牌、深化在线服务、畅通园企沟通、企服中心联动、顶格落实政策等 10 项服务措施。

咨询师与客户建立起可信任度关系

管委会及园区企业对项目组的工作高度认可，目前正在做第三期的服务，继续服务园区的产业和企业，进一步优化园区的创新产业生态。园区领导表示“创新办公室”是园区智库，相当于政府的参事室、政策研究室，相当于科技部门的生产力促进中心。园区管委会和企业表示在需要的时候，会聘用项目组推荐的其他专业化咨询师。

10 天津拾起卖科技有限公司绿色智能循环能力建设咨询项目

天津拾起卖科技有限公司绿色智能循环能力建设咨询项目组主要成员

机构简介

生物质资源化利用国家地方联合工程研究中心（南开大学）

生物质资源化利用国家地方联合工程研究中心（南开大学）（以下简称“中心”）于2019年2月获国家发展改革委批准组建。依托南开大学，中心以落实创新驱动发展战略要求，汇聚各方研究力量，针对城乡生物质固废资源化利用问题开展研究，形成系列创新成果；通过技术创新促进产业技术进步和结构调整，服务地方现代化建设，提升区域发展竞争力；完成国家发展改革委等上级部门的其他工作。

中心人员主持多项国家重大专项、国家自然科学基金项目（包括重大、重点项目）、省部级项目及国际合作项目，在固体废弃物污染与防治、生物质固废资源化、污染源解析、环境微生物技术、生物质炼制、生物质能源、土壤修复与改良、生态治理、循环经济、可持续发展、双碳发展等研究领域形成了明显特色，取得了一批高水平研究成果，某些领域的成果已接近或达到国际同类研究水平。中心拥有现代化的大型分析仪器为科研分析的顺利进行提供坚实的保障。中心在生物质固废资源化方向上取得了多项研究成果，形成了以优秀中青年学术骨干为主体、老中青相结合、结构合理、经验丰富、学术作风严谨、具有团队合作精神的科研群体和精悍的研究队伍。中心人员近三年共发表期刊论文1200余篇；申请国家专利技术700余项；在研省部级及以上项目200余项，企业合作项目300余项。中心现有科研人员110人；获省部级奖励一等奖6项。

为加强校企之间的科技合作与交流，积极搭建产学研合作平台，加速高校科技成果转化，提升企业的技术创新能力，南开大学（乙方）与天津拾起卖科技有限公司（甲方）经充分讨论和友好协商，一致同意在优势互补、真诚合作、互惠互利、合作双赢的原则和基础上共同推动企业发展。

客户背景

天津拾起卖科技有限公司（以下简称“拾起卖”）是一家循环产业互联网高科技企业。总部坐落在天津空港自贸区，在全国拥有10个基地。拾起卖CEO陈奕是再生资源行业的一名“资深创业者”，近20年来，一直从事进口废铝、废铜、废五金的加工处置。但在他看来，国内的再生资源市场更为广阔，蕴含着更多机遇。2014年之后，拥有长远眼光的陈奕就开始关注产业转型升级，将海外进口业务转向国内市场，并于2015年率其老管理团队联合投资机构，注册成立了“天津拾起卖科技有限公司”。

拾起卖秉承着“以废治废，引废除废，建设无废城市、宜居城市”的理念与信念，主营业务为循环产业综合回收利用，提供“向前一公里”和“向后一公里”的闭环解决方案。“向前一公里”面向普通大众消费者，依托拾起卖城市综合回收平台，为消费者量身打造固体废物的智慧回收；“向后一公里”则面向大型综合回收利用企业，依托“城市矿山”电商交易平台，为大型钢厂、塑料厂、纸厂、家电制造厂等客户提供再生资源，倾力打造从废弃物产生源头到资源循环利用者之间的完整供应链。

中国再生资源回收产业从各自为战、走街串巷的原始阶段，到规模化、公司化的加速阶段，再到跨区域、跨国家、跨行业的腾飞阶段，离不开科技创新这个强力引擎的助推，拾起卖也正在努力成为中国再生资源领域的高科技型企业，建立了独立的循环产业技术研究院和互联网研发中心。研究院目前已取得各项发明专利等知识产权近300项，打造了全国首例虚拟仿真再生资源工厂。公司还自主研发了“城市矿山”大宗商品电商交易平台、城市逆向物流综合管理系统等多个互联网产品，为企业内部，为政府部门、商业客户以及社会公众提供优质、高效、便捷的废弃物管理服务。

拾起卖及其下辖子公司先后荣获“中国服务业企业500强”“天津市百强企业”称号，获得工业信息化部废钢铁加工行业准入资质，连续三年被评为“十佳钢铁回收加工企业”，2019年被评为“全国优质废钢加工配送企业”，作为当年中国唯一的中小企业参评世界经济论坛年会（冬季达沃斯）全球循环经济奖（THE CIRCULARS）“2019年度中小企业奖”。

从总体来看，拾起卖紧密围绕党的基本路线和战略部署，推进建设生态文明，加强资源循环利用和“一城市一矿山”的战略目标，倾力打造从废弃物产生源头到资源循环利用之间的完整供应链和多元化的配套服务体系。可以说拾起卖在再生资源行业已经取得了相当的成就。

然而，再生资源回收利用的环保意义和资源价值尚未得到普遍认同，人们对于再生资源回收利用企业的认识往往还留有一些“脏乱差、散乱污”的偏见。拾起卖想要走专业化、现代化、产业化的高质量发展路线，其研发能力还需进一步与国内国际前沿接轨。企业虽然已经拥有了一定水平的研发团队，但依然面临研发队伍较为松散、缺乏研发经验、没有重大项目科技攻关经验等问题，对资源循环利用产业智能发展趋势仍需深入了解。加之再生资源回收利用行业的企业转型升级步伐加快，市场竞争较为激烈。面对复杂多变的市场环境，为了保持自身的行业竞争力，拾起卖向南开大学团队提出壮大研发团队、提升研发能力、拓宽发展战略等现实需求。

拾起卖和南开大学紧密合作，充分利用高等院校的技术成果、人才资源，针对我国当前废弃物资源化的现状与发展趋势，选择重点领域开展资源循环技术和产品的研发，在优势互补、真诚合作、互惠互利、合作双赢的原则和基础上共同推进企业发展。

第一次技术咨询

南开大学非常重视这次合作。项目期间，多次组织承担咨询任务的教师团队前往拾起卖总部开展实地考察，举行线下面对面交流座谈会，以准确把握委托方需求，制定科学的咨询方案。双方还一同前往天津子牙经济技术开发区、天津泰达低碳经济促进中心、APEC 绿色供应链合作网络天津示范中心、天津临港经济区生态湿地、中新天津生态城等的多家绿色智能循环经济领域的优秀企业考察学习，同他们就企业运营模式与发展方向等问题开展座谈，学习优秀企业的先进经验，认识到自身企业发展的不足。

项目组主要通过收集资料、现场调研、项目研讨等一系列工作，发现企业目前存在的主要问题有：

- 缺乏对资源循环利用产业智能发展现状的了解；
- 研发队伍核心研发能力薄弱，缺乏行业重大技术攻关的研发经验，没有承担国家重大项目经验，对课题申报基本程序、实验室建立相关知识和审批程序了解不足；
- 利用技术解决资源循环问题的研发实力薄弱，绿色智能技术研究与应用缺乏；
- 缺乏关键技术研发的科研平台。

在了解客户存在的问题和需求后，根据项目特点和多元化的客户需求，南开大学组织组建了在智能资源循环领域咨询经验丰富的跨学科咨询服务团队。第一，整个研究团队人员有 10 余人，其中教授 3 名，副教授 4 名；所有人员都具有客户需要的专业知识和实践经验，并有参加咨询服务的经验。第二，研究队伍专长体现了智能资源循环的跨学科特性。咨询团队在资源循环关键技术研发、智能大数据技术、循环经济产业与管理、绿色供应链管理等领域享有丰富的经验，为完成项目咨询提供了坚实的支撑。

同时，为了保证客户的发展视野能与国际发展前沿保持平行，项目团队还打造了“绿色智能循环沙龙”，作为项目进行过程中校企双方日常沟通交流的互动平台。沙龙每月召开一次，双方可以利用沙龙及时对接企业发展需求，以保证发展前沿的观点集成，提高客户认知能力，也作为实践交流和沟通的场景。截至目前，双方已经针对循环经济研究院的建设、重点实验室申请、重点课题的申报、标准制定、智能回收车与“废物赶集”模式、企业发展与“无废城市”规划与政策、餐厨垃圾处理技术、绿色循环智能技术等多个重要议题展开了项目研讨。

目前，咨询团队围绕企业现存问题，已经提出了有效解决方案并取得一系列进展。

（1）总结资源循环利用产业绿色智能发展概况与趋势

针对拾起卖对于绿色智能产业与绿色智能技术的融合发展现状认知不足的短板，项目组编制了《资源循环利用产业绿色智能发展报告（2018—2019）》，全面系统地介绍了资源循环利用产业绿色智能发展现状，深入分析了发展前景，为拾起卖未来拓展绿色智能市场空间进行了充分的前期调查。

（2）联合组建再生资源智能循环技术研发科研攻关团队

针对拾起卖研发队伍薄弱的问题，项目组与企业合作开展了人才交流培养：南开大学将充分发挥高校教学资源优势，为拾起卖提供人才培养和深造支持。此外，南开大学围绕企业工作方向，举办系列专家讲座，邀请海内外学者作报告并交流学习经验，有助于企业了解当前行业最新发展动态与发展方向。

（3）协助申报再生资源回收重大项目

为应对拾起卖国家重大项目经验不足问题，项目组与拾起卖紧密合作，联合申报多个课题，培育精品成果，聚焦行业前沿技术，并将项目成果在行业内推广，以推动整个行业高质量发展。

（4）合作申请发明专利

为增强企业资源循环利用技术研发实力，加快推动高校科技研发和成果转化，积极落实科技成果服务于企业发展，项目组针对我国当前废弃物资源化的现状与发展趋势，选择重点领域开展资源循环技术和产品的研发，并合作申请发明专利。

（5）筹建企业重点实验室（天津市城市废弃资源绿色智能循环企业重点实验室）

为帮助资源循环企业建设科研平台，并为企业科技创新提供智力支撑，着力破解企业技术难题，项目组在企业申报天津市城市废弃资源绿色智能循环企业重点实验室方面给予了大力支持。该实验室针对回收、分拣、分选、再利用等资源循环全流程，以绿色、智能为特色，创新资源循环的技术、产品、平台与模式，在提升企业技术水平的同时致力于促进资源循环行业的转型升级。

（6）面向未来的再生资源物联网与智能关键技术研发与储备

为适应企业在再生资源智能回收体系方面技术研发的需要，同时推动高校技术成果转化，南开大学和拾起卖合作推动关键技术在实际生产活动中的落地，技术成熟后在行业内推广可促进行业整体技术水平的提高。

进一步的发展

不同于许多竞争对手，拾起卖将互联网、物联网等先进技术引入传统再生资源行业的做法，使拾起卖以循环产业综合回收利用的专业形象占领了市场优势，并因此为企业内部，为政府部门、商业客户以及社会公众展现了他们优质、高效、便捷的废弃物资源再生能力。

从 2015 年创建“天津拾起卖科技有限公司”开始，公司初创团队从进口回收市场转型国内市场，确定了“向前一公里”品牌为“拾起卖”，“向后一公里”品牌为“城市矿山”的公司理念。从废弃物的回收，到“变废为宝”，在这种理念下拾起卖开始启动废钢铁板块、废旧家电板块的回收加工利用，推动了宝坻废钢铁加工基地成立，推进了资源综合回收利用的进一步发展。

但是我国再回收企业发展仍然面临着许多困境，如原材料国内供应来源、政府基金补贴滞后等问题都限制着我国再生资源行业的发展。拾起卖为了突破国内再生资源行业瓶颈，启动产业互联网研发计划，将互联网等先进技术引入传统的再生资源行业，打破行业传统，促进了“B2B城市矿山收储配送交易平台 V1.0”“C2B 逆向物流城市回收电商平台

V1.0”等上线，拾起卖成为天津市“互联网＋公共机构废旧商品和垃圾分类综合回收”项目中标单位。

2016—2019年，拾起卖在技术和理念上不断发展，同时不断扩大公司的业务种类及其市场规模。

应变于变化的商业气候

党的十八大以来，中国大力推进生态文明建设，经营环境的变化促使拾起卖对公司的战略进行了一系列调整。公司和南开大学已经建立了一定的合作基础，现由南开大学牵头，负责挑选符合废弃物资源化发展趋势的重点领域并开展合作，目的是为公司调整和拓宽发展战略。

主要的变化发生在再生资源回收行业的企业转型升级上，尤其是国内国际政策要求和产业智能发展上的变化。

为了保持自身在再生资源回收行业的竞争力，拾起卖向南开大学团队提出壮大研发团队、提升研发能力、拓宽发展战略等现实需求。南开大学团队在梳理了智能互联网技术发展、国内国际环境和政策等对再生资源回收企业产生重要影响后，识别了拾起卖战略目标实现的困难点。

项目期间，为了更加充分了解企业基本情况与发展潜力，项目组多次前往拾起卖总部开展实地考察，开展线下面对面交流座谈会，以准确把握委托方需求，制定科学的咨询方案。遇到关键性任务，项目组会组织拾起卖，同时邀请相关工作领域的专家就重要议题开展项目研讨会。为了保证项目期间与委托方企业的有效沟通及日常工作顺利推进，项目组打造了绿色智能循环沙龙作为推进校企深度合作的重要交流平台和双方日常沟通交流的互动平台。绿色智能循环沙龙每月召开一次，每期主要围绕当月主要工作内容回顾及下一步工作计划进行交流。在本项目实施的过程中，咨询团队有针对性地根据企业的咨询需求，提供了解决问题的方案和实施策略，给拾起卖带来了多方面的变化。

在联合研究方面，南开大学团队和拾起卖双方各自发挥优势，主要提升了再生资源回收利用的绿色效率，并对再生资源回收利用绿色技术和碳排放与碳减排相关技术和政策展开了研究。拾起卖和南开大学基于实际项目开展了产学研合作，互惠互利，优势互补。

在人才培养方面，得益于南开大学高质量的高校教学资源，企业员工多次来到南开大学聆听海内外专家学者的讲座，了解行业前沿动态。咨询团队还就相关技术对拾起卖的工作人员进行了培训，大力支持拾起卖的人才储备和深造。

在技术应用方面，在模拟仿真产品开发和关键资源循环技术研发的进程中，南开大学咨询团队为再生资源工厂 VR 开发以及生物质类固废技术研发提供了重要的技术支撑，助推了企业创新升级，极大地提升了企业竞争力。

在平台建设方面，南开大学项目咨询团队对于企业重点实验室申请、重点研发项目选择等问题给予详细具体的咨询服务，包括关注的核心问题、主要工作领域、研究团队以及申报资料整理等。结合重点实验室的基础和优势，拾起卖建立了废弃物逆向物流绿色循环供应链、废弃物智能分选与检测、智慧城市资源循环大数据信息、重点领域的资源循环利用等研究方向。

供选择的战略

对于再生资源行业企业而言，当前正处于发展关键时期。一方面，国际环境复杂多变，中美贸易摩擦不断，新冠病毒感染疫情在全球范围的蔓延为进出口贸易增加不确定性；另一方面，中国向全球郑重承诺 2030 年前实现碳达峰，垃圾分类制度、“无废城市”建设在全国持续快速推进，同时受智能互联网技术的影响，再生资源行业内部的运营模式和管理手段也在不断提升。面对复杂多变的外部环境，科学合理地设定发展战略对于企业具有举足轻重的影响。

经评估研判，主要可供拾起卖选择的战略包括以下方面。

（1）关注国内大循环及“无废城市”政策，推动城市矿产资源循环利用提质扩面

当前，构建以“国内大循环为主体、国内国际双循环相互促进”的新发展格局已经成为近期我国发展的重要方向。那么，在构建再生资源产业新发展格局方面，扩大内需成为新战略基点，将对国内废弃物资源市场起到强力提振作用。我国大宗商品，如铁矿石、精铜矿等对外依存度极高，数量保障安全问题突出，这就为相应的资源质量和高效利用提出了更高的要求。随着我国消费量的持续扩大，生活领域的固体废物如废旧纺织品、废旧包装将会成为再生资源产业新的增长点，多品类资源循环利用空间较为可观，拾起卖可密切关注上述领域发展动向，适当调整业务范围。

“无废城市”致力于持续推进固体废物源头减量和资源化利用，最大限度减少填埋量，其建设以再生资源行业为重要抓手，有助于提高再生资源领域发展速度及规模，并推动相关细分行业的发展。对于拾起卖而言，需要依托国家宏观战略政策把握再生资源行业发展动向，加强企业顶层设计以提高固废循环利用能力，进一步推动大宗固废及废旧纺织品、废旧包装等多品类废弃物资源化利用。

（2）着眼碳达峰碳中和战略，加紧资源循环利用技术升级改造

2020 年我国对外宣布碳达峰碳中和年限目标。在碳中和战略中，再生资源利用是源头减量的关键驱动力，主要通过高耗能行业（钢铁、水泥、铝和塑料）的产品再生，废弃物（秸秆、林业废弃物、生活垃圾和畜禽粪便）的能源化利用，以及电动车动力电池回收用于储能等方式实现碳减排。在此进程中，既为再生资源行业提供了广阔的发展空间，同时对资源化利用技术提出了更高要求。例如，碳中和承诺下的四大主题分别是电力脱碳、终端电气化 + 清洁化、节能提效、排放绿化。其中，排放绿化主题即对于塑料回收降解和碳捕获、利用与封存技术（CCUS）提出更高要求。对于拾起卖而言，持续贯彻“创新驱动、科技赋能”的理念，依托循环经济研究院搭建产学研合作平台，进而开展低碳化循环利用科技攻坚及升级改造，具有更深远的战略意义。

（3）紧跟智能技术发展趋势，依托“互联网 +”搭建供应链，探索商业模式创新

随着产业升级和城镇化的发展，传统的回收方式及回收模式面临回收辐射范围有限、回收再利用效率有待提高等弊端。为此，互联网大数据企业搭建城市废物平台，创新再生资源模式，有利于实现行业转型升级，促进行业向绿色化、信息化、产业化的深入发展。依托“互联网+”形成“互联网+再生资源”模式，能使得过去集散的、落后的传统行业交易模式发生改变，有利于打造新型回收交易平台，整合线上线下资源，发展新型电商模式，构建新型融资平台，形成新型商业模式。对于拾起卖而言，应加快实行两网融合模式和信息技术的广泛应用，创新回收模式，推进全产业链布局和精细化经营，搭建起从废弃物产生源头到资源循环利用之间的完整供应链。基于协同供应链管理的思想，配合供应链中各实体的业务需求，持续优化盈利模式，推动商业模式创新的纵深发展。

战略建议

通过对拾起卖进行全面的评估，该企业所涉及的废弃物资源循环利用领域为我国目前关注度高、专业性强且与国家政策联系紧密、目前亟须形成一类具有代表性领头企业的领域。拾起卖作为一家新兴的互联网城市矿产高新技术企业，其业务主要围绕废钢铁、废塑料、废纸、废弃电器电子产品等再生资源回收利用及综合服务，这正能满足我国目前市场的迫切需要。

目前的三大战略方向在于：国内的“无废城市”及国内大循环政策与再生资源回收利用行业密切联系，是这类企业未来发展的风向标。此外再生资源利用在碳达峰碳中和背景下的碳减排和市场潜力主要集中在三大领域，分别为高耗能行业的产品再生、废弃物的能源化利用，以及电动车动力电池回收用于储能等。碳达峰碳中和战略倒逼资源的源头减量，会促进再生资源利用模式的普及。互联网大数据企业搭建城市废物平台，创新再生资源运营模式，有利于实现行业转型升级，促进该行业向绿色化、信息化、产业化的深入发展。

因此，针对拾起卖企业绿色智能循环能力建设方面的战略选择应是着眼碳达峰碳中和战略，加紧资源循环利用技术升级改造。这一方面是响应我国低碳发展的大趋势；另一方面也符合科技创新推动企业发展的新要求。

战略方向的提出主要是由咨询方南开大学与拾起卖紧密合作，针对我国当前废弃物资源化的现状与发展趋势，选择重点领域，以资源循环技术的研发和产品成型为基础，针对企业未来发展的基础，而形成战略方向的建议。

项目期间，为了更加充分了解企业基本情况与发展潜力，项目组多次前往拾起卖总部开展实地考察，开展线下面对面交流座谈会，分析中国资源循环产业与绿色智能技术的融合发展现状，并结合拾起卖的实际资源、产业规模等情况，在充分了解企业真实需求的基础上准确把握客户的关键发展点，制定了科学的咨询方案。

另外，遇到关键性任务，项目组会组织拾起卖，同时邀请相关工作领域的专家就重要议题开展项目研讨会。

以项目为依托，南开大学与拾起卖筹建了天津市城市废弃资源绿色智能循环企业重点实验室，面向资源循环全流程，特别是针对回收、分拣、分选、利用等关键环节的难题。承担了工业信息化部“终端产品资源化利用系统集成（高值废旧产品回收利用）”重点项目，为废旧产品回收利用系统解决方案提供思路。联合共建了绿色智能循环研发实验室。开发了再生资源仿真系统（VR），对重点业务实行全面质量监控，建立现代化管理体制。

针对拾起卖的主要不足并结合我国目前在资源再生利用行业的挑战和机遇，选择着眼碳达峰碳中和，加紧资源循环利用技术升级改造战略的重大决策并取得良好的结果，表明公司在充分了解领域的基础上快速建立高水平的研发队伍、积累研发经验，为公司的进一步发展打下了坚实的地基。

良好的互助和共同发展关系

咨询团队采取各类咨询方式，深入了解客户的发展制约点，并制定针对性和操作性强的工作实施方案，比较全面、完美地解决了公司发展过程中出现的问题。项目组设置专门联系人，与拾起卖对接，及时反馈客户需求。在项目实施及完成后，始终与甲方对接，关注相关的平台建设、团队建设、项目申请等方面的工作进展。为公司提供了必要的研究人才和研发资源支持，而且为公司预判绿色智能产业与绿色智能技术发展趋势提供了重要帮助，在项目实施全过程中为公司提供了满意的服务，与客户建立了持续、稳定的关系。另外，咨询团队和拾起卖经充分讨论和友好协商，一致同意通过多种形式开展合作，建立产学研长期合作关系，推动科技与产业相互促进，双方秉持着优势互补、真诚合作、互惠互利、合作双赢的原则，共同实现高校科技成果快速转化，企业的技术创新能力持续提升。在几年的合作中，团队与企业的关系已从合作伙伴转变成良好的互助和共同发展关系。咨询团队未来也会继续与拾起卖保持沟通合作，共同进步，共促发展。

11 天津尚誉盛科技发展有限公司网格化管理下的乡村混合生活垃圾就地处理模式创新咨询项目

天津尚誉盛科技发展有限公司网格化管理下的乡村混合生活垃圾就地处理模式创新咨询项目组主要成员

机构简介

生物质资源化利用国家地方联合工程研究中心（南开大学）

生物质资源化利用国家地方联合工程研究中心（南开大学）（以下简称“中心”）于2019年2月获国家发展改革委批准组建。依托南开大学，中心以落实创新驱动发展战略要求，汇聚各方研究力量，针对城乡生物质固废资源化利用问题开展研究，形成系列创新成果；通过技术创新促进产业技术进步和结构调整，服务地方现代化建设，提升区域发展竞争力；完成国家发展改革委等上级部门的其他工作。

中心人员主持多项国家重大专项、国家自然科学基金项目（包括重大、重点项目）、省部级项目及国际合作项目，在固体废弃物污染与防治、生物质固废资源化、污染源解析、环境微生物技术、生物质炼制、生物质能源、土壤修复与改良、生态治理、循环经济、可持续发展、双碳发展等研究领域形成了明显特色，取得了一批高水平研究成果，某些领域的成果已接近或达到国际同类研究水平。中心拥有现代化的大型分析仪器为科研分析的顺利进行提供坚实的保障。中心在生物质固废资源化方向上取得了多项研究成果，形成了以优秀中青年学术骨干为主体、老中青相结合、结构合理、经验丰富、学术作风严谨、具有团队合作精神的科研群体和精悍的研究队伍。中心人员近三年来共发表期刊论文1200余篇；申请国家专利技术700余项；在研省部级及以上项目200余项，企业合作项目300余项。中心现有科研人员110人；获省部级奖励一等奖6项。

为加强校企之间的科技合作与交流，积极搭建产学研合作平台，加速高校科技成果转化，提升企业的技术创新能力，南开大学与天津尚誉盛科技发展有限公司经充分讨论和友好协商，一致同意在优势互补、真诚合作、互惠互利、合作双赢的原则和基础上共同推动企业发展。

客户公司背景

天津尚誉盛科技发展有限公司（以下简称“尚誉盛公司”）成立于2014年，坐落在天津市河西区，是一家集科研、开发、制造、贸易、技术服务于一体的综合性、创新型科技公司。公司始终坚持以“乡村美丽、绿水青山”为使命，依托强大的技术团队，通过与南开大学的合作，已成为中国领先的农村生活垃圾和厨余垃圾等城乡有机固废就地处置技术、产品及系统解决方案的提供商。公司从产品研发、原材料采购、生产制造、产品质量检验和售前售后服务等方面，建立了完整的流程控制和管理体系。此外，公司还在污水、污泥等行业开展了多年的技术研发、工程建设以及运行管理工作，拥有扎实的理论知识而且具有丰富的研发和实践经验。公司通过了ISO 9001质量管理体系、ISO 14001环境管理体系和ISO 18001职业健康安全管理体系认证，企业信用等级为AAA。公司建有独立的环保装置研发中心。

从总体来看，尚誉盛公司紧密围绕推进建设生态文明、加强资源循环利用和美丽乡村战略目标，倾力打造从废弃物产生源头到资源循环利用之间的高效、低费技术装置服务体系。可以说，尚誉盛公司在城乡有机固废资源化行业已取得相当的成就。

然而，尚誉盛公司在实现其战略目标方面仍然面临一些问题，企业虽然已经拥有了较高水平的研发团队，但其研发能力还需进一步与国内国际前沿接轨，表现为研发队伍较为松散，缺乏研发经验，特别是没有重大项目的科技攻关经验，对城乡有机固废资源化利用产业发展趋势仍需深入了解。加之，有机固废资源化相关企业转型升级步伐加快，市场竞争较为激烈，面对复杂多变的市场环境，为了保持自身的行业竞争力，尚誉盛公司向南开大学团队提出壮大研发团队、提升研发能力、深化技术迭代升级、拓宽发展战略等现实需求。

为解决以上问题，尚誉盛公司和南开大学紧密合作，针对我国当前城乡有机固废资源化的现状与发展趋势，开展高效无害化、减量化和资源化技术的研发和装置产品的设计，在优势互补、真诚合作、互惠互利、合作双赢的原则和基础上共同推进项目。

2015 年起技术 + 管理咨询助力客户发展

自 2015 年起尚誉盛公司面对复杂多变的市场环境，加之环保制造行业的企业转型升级步伐加快，市场竞争较为激烈，为了保持自身的行业竞争力，公司委托南开大学，提出壮大研发团队、提升研发能力、深化技术迭代升级、拓宽战略等现实需求。为此南开大学项目团队对尚誉盛公司开展技术 + 管理的咨询服务，致力于打造将有机固废从源头减量、过程清洁、末端资源化利用的绿色工艺和高效的处置设备，形成一体化的服务体系。

南开大学非常重视这次校企合作，在接受委托之后，立刻派出咨询团队前往尚誉盛公司展开实地调研，以充分了解客户所面临的真正问题和需求，并确保咨询团队能够满足甲方的要求。项目组主要通过收集资料、现场调研、项目研讨等前期工作，发现了企业目前存在的主要问题有：

➢ 缺乏对城乡有机固废资源化利用产业发展现状的了解；

➢ 研发队伍薄弱，缺乏研发经验，特别是没有承担国家重大项目经验，对课题申报、研发中心建立相关政策和程序了解不足；

➢ 资源化利用技术研发实力薄弱，一体化技术研究与应用缺乏；

➢ 缺乏关键技术研发的科研平台；

➢ 实验设备条件有限。

在了解客户存在的问题和需求后，2016 年根据项目特点和多元化的客户需求，南开大学构建了长期从事生物质固废资源化技术研发的咨询服务团队。第一，整个研究团队人员有 4 人，其中教授 1 名、副教授 1 名，所有人员都具有参加咨询服务的经验。第二，研究队伍专长体现了以技术研发为主、环境管理为辅的学科特性。团队的主要研究特长是资源循环关键技术研发、循环经济产业与管理等。完善的研究团队人员结构以及多元化的研究专长，为完成项目咨询提供了坚实的支撑。

同时，项目团队还打造了“可持续发展的生物质资源化技术研讨会”，作为项目进行过程中校企双方日常沟通交流的互动平台。研讨会每月召开一次，双方可以利用研讨会及时对接企业发展需求，保证项目的顺利推进。

目前，咨询团队抓住尚誉盛公司的主要痛点，已经提出了有效解决方案，如下所示。

（1）总结城乡有机固废资源化利用产业技术概况与趋势

自 2015 年起，针对尚誉盛公司对于城乡有机固废资源化利用绿色技术国内外发展现状认知不足的短板，项目组编制了《生物质固废资源化利用技术前沿进展》，全面系统地介绍了生物质固废（含城乡有机固废）资源化利用的绿色技术发展现状，深入分析了发展前景，为企业开展绿色技术攻关和装置产品设计提供了参考，拓宽了产品市场需求。

（2）联合组建城乡有机固废网格化管理下的就地处置技术研发科研攻关团队

自 2016 年起，针对尚誉盛公司研发队伍薄弱的问题，项目组与企业合作开展了人才交流培养：南开大学将充分发挥高校教学资源优势，为尚誉盛公司提供人才培养和深造支持。

围绕企业工作方向，举办系列专家讲座，邀请海内外学者作报告并交流学习经验，有助于企业了解当前行业最新发展动态与发展方向。

（3）面向城乡的有机固废低费、高效资源化技术研发与应用

2016 年年初，为适应企业在城乡有机固废资源化利用方面技术研发的需要，项目组立足科技创新前沿，为企业提供相应的关键技术研发与储备服务，具体包括以下研究内容。

- 高效磁脉冲电磁热转化技术；
- 高效共热解工艺技术；

- 光催化耦合低温等离子烟气净化技术；
- 微生物降解菌剂及菌种库；
- 高效好氧发酵工艺技术。

（4）仪器设备与实验条件

为解决企业实验设备条件有限的难题，2016 年按照企业的科研生产需要，项目组向企业开放相应的科研设备、仪器以及实验条件等，并派出科研人员参与甲方生产管理、工艺改进、技术设备升级等。

（5）合作申请发明专利

为增强企业资源循环利用技术研发实力，加快推动高校科技研发和成果转化，积极落实科技成果服务于企业发展，项目组针对我国当前有机固废资源化的现状与发展趋势，选择重点领域开展资源循环技术和产品的研发。围绕城乡生活垃圾、餐厨垃圾的资源化利用，相关研究工作已取得阶段性成果，双方合作申请发明专利共计 20 项：

- 一种城乡混合生活垃圾就地低温一体化处理装置及应用；
- 一种城乡混合生活垃圾就地低温自动处理技术；
- 一种城乡混合生活垃圾就地低温处置技术；
- 一种循环流化技术原位净化生活污水的方法；
- 一种用于生活污水原位净化的好氧菌填料制备方法；
- 循环流化耦合挺水植物原位净化农村生活污水装置及应用；
- 半固定床耦合挺水植物原位净化农村生活污水装置及应用；
- 一种循环流化技术原位净化生活污水装置及应用；
- 一种用于生活污水原位净化的兼性厌氧菌填料制备方法；
- 一种生活污水原位净化固定化载体及菌剂负载方法；
- 一种半固定床原位净化生活污水装置及应用；
- 一种餐厨垃圾生化处理机及应用；
- 一种餐厨垃圾好氧发酵系统及应用；
- 一种餐厨垃圾生物发酵菌剂及应用；
- 一种有机废弃物低温原位降解反应装置及应用；
- 一种农村生活垃圾原位低温热处理装置及应用；
- 一种有机废弃物间歇式低温热解装置及应用；

➢ 一种有机废弃物无氧低温热解装置及应用；

➢ 一种有机废弃物低温原位降解反应装置及应用；

➢ 一种连续式城市生活垃圾处理装置及应用。

（6）协助申报城乡有机固废等生物质资源化利用相关项目

为应对尚誉盛公司申请省部级、国家级项目经验不足问题，项目组与尚誉盛公司紧密合作，2018 年起双方联合申报课题，并以此为契机组建人才团队、培育精品成果，不断推动项目课题成果应用落地。

现项目组在有机固废资源化相关领域已申报并获批了一系列重点课题：

➢ 2020 年天津市科技计划项目：基于社区家庭厨余垃圾的就地高效低费生物处理技术及装置研发（项目编号：20YDTPJC00050）；

➢ 2019 年内蒙古自治区成果转化项目：农村混合生活垃圾高效低温矿化处理技术示范及应用（项目编号：2019CG105）；

➢ 2018 年天津市技术创新引导专项（基金）"一带一路"技术合作研发及产业化项目：混合状态农村生活垃圾高效绿色原位低温热处理技术及装置（项目编号：18YDYGHZ00020）。

（7）技术 + 管理的咨询效果

随着技术 + 管理咨询服务的不断深入，尚誉盛公司依托产学研合作平台，作为创新主体，聚集人才与科技创新资源，为废弃物资源化利用及环境治理问题提供技术服务、设备支持和解决对策，为建设资源节约型、环境友好型社会做出贡献。目前已申请发明专利和实用新型专利等知识产权 50 余项。尚誉盛公司自主研发了农村混合生活垃圾就地处置装置、城市厨余/餐厨垃圾就地好氧发酵处置装置，基于运距管理构建了网格化的垃圾资源化方案。

科研创新成果的转化已成为企业参与市场竞争的核心，技术成果的积累使企业在 2018 年被评为天津市科技型企业及国家级科技型中小企业（入库编号：2018120103A0003134）；2019 年被评为天津市高新技术企业、天津市雏鹰企业、国家高新技术企业（GR201912000866）。近年来该公司已成为京津冀地区引人注目的创新引领型技术企业，已获授权专利技术 20 余项；该公司具有跑得快（增长速度快）、跳得高（创新活跃）

的典型特征，近三年新增销售收入2160.27万元，新增利润111.08万元，新增税收137.67万元；仅2020年上半年的订单金额就已与2019年全年持平。

助力客户进一步发展

不同于许多竞争对手，尚誉盛公司是一家垃圾资源利用产业高科技制造类企业，将高速、高效、低费、无害化、减量化和资源化利用相结合，以运距为基础的网格化管理，打破了村收集、乡转运、区处理的垃圾处理处置模式，使尚誉盛公司以垃圾处理低费、高效的专业形象占领了市场，并以此为城乡垃圾管理部门、商业客户以及社会公众提供优质、高效、便捷的垃圾处理处置服务。

从2015年尚誉盛公司与南开大学技术+管理咨询服务开始，公司管理层团队立足开展乡村、海岛等偏远地区混合生活垃圾就地处置技术设备研发与推广。目前，发达地区的大城市已经建设了垃圾焚烧发电厂用于垃圾资源化利用，但受限于规模效应、收集及运输成本等因素，该种方式只适用于人口众多且相对集中的城市。而对于人口稀少又相对分散的地区，以及交通不便的山地和岛屿，虽然建立了垃圾收运和处理模式，但是地域面积大、基础设施薄弱、分布分散，导致运距长、成本高且无法及时清运，由此造成随意倾倒、堆置与焚烧，滋生蚊蝇、恶臭熏天、污染大气，严重影响了生活环境，同时为人身健康埋下隐患。

尚誉盛公司为了突破城乡生活垃圾运距长、停留时间长的行业瓶颈，开展了低温矿化技术研发，打破行业传统，实现了城乡垃圾日产日清，促进了美丽乡村建设。相关成果已在天津、河南、吉林、云南、贵州、四川、重庆、内蒙古等地实施应用（图3-11-1、图3-11-2）。

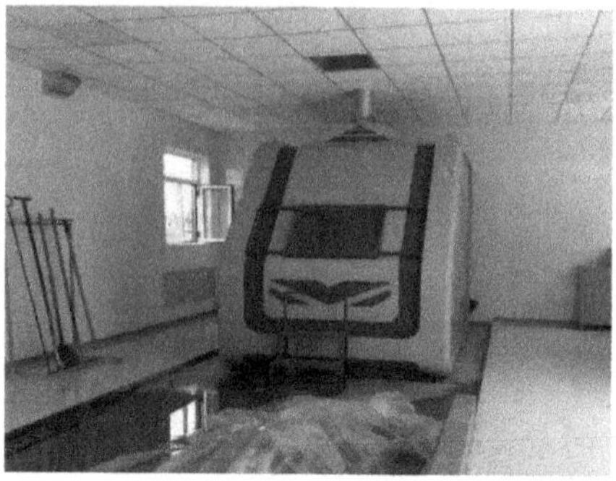

图 3-11-1　吉林省磐石市项目示范站

图 3-11-2　河南省商丘市项目示范站

应变于变化的商业气候

党的十八大以来，我国大力推进生态文明建设，党的十九大更是强调生态文明建设。围绕党的基本路线和战略部署，推进建设生态文明，加强废弃物资源循环利用的战略目标，尚誉盛公司倾力打造从废弃物产生源头到资源循环利用之间的完整技术装置链和多元化的配套服务体系。然而，公司经营面临着垃圾处理处置行业的转型升级步伐加快等一系列变化，为了保持自身的行业竞争力，尚誉盛公司向南开大学团队提出壮大研发团队、提升研发能力、深化技术迭代升级、拓宽发展战略等现实需求。

尚誉盛公司和南开大学紧密合作，针对我国当前有机垃圾资源化的现状与发展趋势，选择在重点领域开展绿色资源化技术的研发和装备制造，在优势互补、真诚合作、互惠互利、合作双赢的原则和基础上共同推进项目。

主要变化发生在垃圾处置行业的企业转型升级步伐加快。创新技术的发展、国内国际环境和政策对垃圾资源化企业产生重要影响。企业实现战略目标的主要困难在于企业研发能力薄弱，研发队伍松散，缺乏研发经验，特别是没有重大项目的科技攻关经验，对资源循环利用产业技术装备发展趋势仍需深入了解等方面。

项目期间，为了更加充分了解企业基本情况与发展潜力，项目组多次前往尚誉盛公司开展实地考察，开展线下面对面交流座谈会，以准确把握委托方需求，制定科学的咨询方案。为了保证项目期间与委托方企业的有效沟通及日常工作顺利推进，项目组打造了可持续发展的生物质资源化技术研讨会作为推进校企深度合作的重要交流平台和双方日常沟通交流的互动平台。研讨会每月召开一次，每期主要围绕当月主要工作内容回顾及下一步工作计划进行交流。针对尚誉盛公司研发队伍薄弱的问题，项目组与企业合作开展了人才交流培养：南开大学将充分发挥高校教学资源优势，为尚誉盛公司提供人才培养和深造支持。围绕企业工作方向，举办系列专家讲座，邀请海内外学者作报告并交流学习经验，有助于企业了解当前行业最新发展动态与发展方向。

在本项目实施的过程中，咨询团队有针对性地根据企业的咨询需求，提供了解决问题的方案和实施策略，给尚誉盛公司带来了多方面的变化。

在人才培养方面，得益于南开大学高质量的高校教学资源，企业员工多次来到南开大学聆听海内外专家学者的讲座，了解行业前沿动态。咨询团队还就相关技术对尚誉盛公司的工作人员进行培训，大力支持尚誉盛公司的人才储备和深造。

在技术应用方面，针对农村混合状态生活垃圾利用电磁热转化原理，通过提高热效率和热传导方式解决反应过程中热量分布不均匀、局部高温导致二噁英等难降解污染物产生，以及中心反应不完全、降解不充分的问题，利用自主研发的装置开展了 2 吨/天处理规模的生活垃圾原位无害化、减量化和资源化处理，将产出物回用到园林养护中，节约养护成本，同时能够提高土壤养分，提高植物的生长速度，使植物根系发达、枝叶繁茂，从而逐步改良土壤，恢复土壤的生态功能。该技术面向农村生活垃圾开展就地处理处置，有效解决了当前农村生活垃圾运输周期长、处理成本高、污染环境的问题。其后续成果能服务于企业发展，助推企业创新升级，极大地提升企业竞争力。

公司的强项和弱项

战略评估明确了公司在以下几个方面具有资源和实力：

➢ 获利经营，同时有一定的从金融、投资机构那里进一步筹措资金的能力；

➢ 拥有已建成的企业质量管理体系、小中试装置实验场地；

➢ 拥有符合项目目标的城乡示范区域；

➢ 建有一支多学科、高水平的科研队伍，建有独立企业研发中心。

项目同时指出了公司在以下几个方面存在的不足和薄弱环节：

➢ 缺乏对垃圾资源化行业技术装备发展现状的了解；

➢ 研发队伍薄弱，缺乏研发经验，特别是没有承担省部级、国家级项目经验，对课题申报、实验室建立相关情况了解不足；

➢ 资源循环利用技术及装备研发实力薄弱；

➢ 缺乏关键技术研发的科研平台；

➢ 实验设备条件有限。

在后续工作中，项目组会根据具体问题有针对性地给出解决方案，从而实现客户的预期目标。

供选择的战略

对于垃圾资源化行业企业而言，当前正处于发展关键时期。一方面，国际环境复杂多变，中美贸易摩擦不断，新冠病毒感染疫情在全球范围的蔓延为进出口贸易增加不确定性；另一方面，中国向全球郑重承诺 2030 年前实现碳达峰，垃圾分类制度、“无废城市”建设在全国持续快速推进，垃圾资源化行业内部的运营模式和管理手段也在不断提升。面对复杂多变的外部环境，科学合理地设定发展战略对于企业具有举足轻重的影响。

经评估研判，尚誉盛公司主要可选择的战略包括以下方面。

（1）关注国内大循环及“无废城市”政策，推动城市矿产资源循环利用提质扩面

党的十九届五中全会通过的《中共中央关于制定国民经济和社会发展第十四个五年规划和二〇三五年远景目标的建议》提出，要加快构建以国内大循环为主体、国内国际双循环相互促进的新发展格局。构建再生资源产业新发展格局，扩大内需成为新战略基点，将对垃圾资源化市场起到强力提振作用。我国大宗商品，如铁矿石、精铜矿等对外依存度极高，数量保障安全问题突出，这就为相应的资源质量和高效利用提出了更高的要求。随着我国消费量的持续扩大，特别是农村生活水平的提高，生活垃圾产量还将继续增长，此外城乡厨余/餐厨垃圾的产量亦在不断增长，这将会成为垃圾资源化产业持续的增长点，低费、高效、高速的资源化利用技术和装置的空间较为可观，值得企业为之谋划战略。

“无废城市”是指通过推动形成绿色发展方式和生活方式，持续推进固体废物源头减量和资源化利用，最大限度减少填埋量，将固体废物的负面环境影响降至最低的城市发展模式。“无废城市”建设以再生资源行业为重要抓手，有助于提高垃圾资源化领域发展速度及规模，并推动相关细分行业的发展。

对于尚誉盛公司而言，需要依托国家宏观战略政策把握垃圾资源化行业发展动向，加强企业顶层设计以提高固废资源化的技术能力和装置设计能力。

（2）着眼碳达峰碳中和战略，加紧垃圾资源化利用技术升级改造

2020年9月，习近平总书记宣布中国将提高国家自主贡献力度，采取更加有力的政策和措施，二氧化碳排放力争于2030年前达到峰值，努力争取2060年前实现碳中和；2020年12月16—18日，中央经济工作会议上，碳达峰碳中和被列为2021年八大重点工作之一。碳中和战略中，垃圾资源化利用是源头减量的关键驱动力，主要通过废弃物（秸秆、林业废弃物、生活垃圾和畜禽粪便）的肥料化、能源化利用，高耗能行业（钢铁、水泥、铝和塑料）的产品再生，以及电动车动力电池回收用于储能等方式实现碳减排。在此进程中，既为废弃物资源化行业提供了广阔的发展空间，同时对资源化利用技术提出了更高要求。

对于尚誉盛公司而言，持续贯彻“创新驱动、科技赋能”的理念，依托绿色可持续发展技术搭建产学研合作平台，进而开展低碳化、资源化利用科技攻坚及升级改造，具有更深远的战略意义。

（3）紧跟垃圾资源化技术发展趋势，依托收运路径搭建网格化平台，探索商业模式创新

随着产业升级和城镇化的发展，传统的垃圾收运、处置方式费用高，越来越难以生存，根据收运路径搭建网格化平台，创新收运、资源化利用模式，有利于实现行业转型升级，促进行业向绿色化、产业化和高效率的深入发展。依托网格化管理的平台模式，能使过去分散的、落后的传统收运、处置模式发生改变，有利于打造新型收运体系，形成就地资源化利用新模式，构建新型融资平台，形成新型商业模式。

对于尚誉盛公司而言，应加快实行网格化管理下的收运体系建设，开展就地高效、低费处置装置的研发，创新收运模式，推进上下游产业链布局和精细化管理，搭建起从废弃物产生源头到资源化利用之间的完整产业链，持续优化盈利模式，推动商业模式创新的纵深发展。

战略建议

通过对尚誉盛公司进行全面的评估，认为该企业所涉及的农村生活垃圾、餐厨/厨余垃圾等城乡有机固废资源化利用领域为我国目前关注度高、专业性强的领域且与国家政策联系紧密，目前亟须形成一类具有代表性的领头企业。尚誉盛公司是一家垃圾资源利用产业高科技制造类企业。其业务主要围绕农村混合生活垃圾、餐厨/厨余垃圾等城乡有机固废资源化利用及综合服务。这正能补足我国目前该行业的弊端。

目前的三大战略方向在于：国内的“无废城市”及国内大循环政策与垃圾资源化行业密切联系，是这类企业未来发展的风向标。此外在碳达峰碳中和背景下，垃圾资源化利用的碳减排和市场潜力主要集中在三大领域，分别为废弃物的肥料化、能源化利用，高耗能行业的产品再生，以及电动车动力电池回收用于储能等。碳达峰碳中和战略倒逼资源的源头减量，会促进垃圾资源化利用模式的普及。网格化管理平台下的有机垃圾就地处置的创新资源化模式，有利于实现行业转型升级，促进行业向绿色化、产业化、高效率深入发展。

因此，针对尚誉盛公司可持续发展绿色技术和装置建设方面的战略选择应是多方兼备，根据企业面临的实时环境适当做出调整。

战略的提出主要是咨询方南开大学与尚誉盛公司紧密合作的成果，针对我国当前有机垃圾资源化的现状与发展趋势，选择重点领域开展废弃物资源化技术的研发和装置产品成型。

项目期间，为了更加充分了解企业基本情况与发展潜力，项目组多次前往尚誉盛公司开展实地考察，开展线下面对面交流座谈会，以准确把握委托方需求，制定科学的咨询方案。

另外，遇到关键性任务，项目组会组织尚誉盛企业，同时邀请相关工作领域的专家就重要议题开展项目研讨会。截至目前，我们已经针对农村混合生活垃圾就地处置技术、网格化管理设计、餐厨/厨余垃圾高效就地资源化技术、省部级/国家级课题申报、标准制定、企业发展与“美丽乡村”建设、餐厨垃圾处理技术、绿色循环智能技术等多个重要议题展开了项目研讨。

针对尚誉盛公司的主要不足并结合我国目前在有机固废资源化行业的挑战和机遇，选择三大战略兼并的重大决策并取得良好的结果，表明公司在充分了解领域的基础上快速建立高水平的研发队伍、积累研发经验，为公司进一步发展打下了不可或缺的地基。

咨询师与客户拥有长期稳定的合作关系

咨询团队采取各类咨询方式，深入了解客户的需求，制定针对性和操作性强的工作实施方案，比较全面、完美地解决了公司发展过程中出现的问题。项目组设置专门联系人，与尚誉盛公司对接，及时反馈客户需求。在项目完成后，也与甲方对接，关注相关的团队建设、项目申请、发展瓶颈等方面的工作进展。为公司提供了必要的研究人才和研发资源支持，而且为公司预判有机固废资源化技术、行业发展趋势提供了重要帮助，从项目实施全过程为公司提供了满意的服务，与客户建立了持续、稳定的关系。

12 “四维聚焦”铸“东方引擎”

——东方电气集团企业文化整体提升项目案例

北京同心动力企业管理顾问有限公司

机构简介

北京同心动力企业管理顾问有限公司

北京同心动力企业管理顾问有限公司（Topduty Management Consulting）（以下简称“同心动力”），是中国著名的以企业文化管理为核心业务，组织品牌管理、组织转型变革齐步领先的咨询公司，中国科技咨询协会副理事长单位、中国管理咨询委员会执行委员单位。

同心动力成立于1999年，长期以来，公司肩负着“激发积极改变，铸造商业信仰”的使命，怀揣着“成就10 001家备受尊重的卓越组织”的愿景，秉承着“相信者相伴、担当者赢、比客户更用心、图钉式专业、正向简单、挑战不可能、创新没有失败、更高价值”的核心价值观，坚持“前瞻性、创新性、实效性、持续性”的咨询原则，始终致力于与客户携手共进。

20多年间，同心动力已牵手600多家优秀企业，涵盖金融、建筑、交通、电力、通信、物流、服饰、互联网等行业，先后为中国建筑、中国铁建、中国工商银行、民生银行、中国电科、中国电子、中国一重、国家电网、一汽大众、北控水务、安徽高速、广西机场、吉利集团、暴龙眼镜、太阳纸业等数百家知名企业提供管理咨询服务，培训华润集团、联想集团、百度、中国兵器、摩根士丹利（中国）等上千家卓越企业，被誉为“管理咨询界的群体德鲁克”。

同心动力不遗余力地投资于人才培养和技术研发。在人才梯队建设方面，同心动力具备稳定的核心咨询团队，90%的员工具备知名学府硕士学历；在理论方法方面，不仅拥有业务领域全流程的咨询方法论和全方位的咨询工具箱，还持续关注、积极尝试国内外最前沿的管理咨询理论与实践工具，研发推进CVF（竞争性价值框架）、Retreat（行思会）、B-DNA（品牌核心资产）等国外最佳实践成果在中国的管理应用，在企业文化管理、组织品牌管理、组织转型变革等研究和咨询领域取得具有自主知识产权的重要成果，形成了中国极具规模的专业数据库和案例库，为客户创造了超越项目需求的独特价值。

基于科学的理论认知和丰富的实践经验，结合对社会发展趋势的深刻理解，同心动力对中国企业存在的各类问题有着深刻洞见与领先行业的创新探索，从而实现为每一家企业把脉定向、对症开方，真正做到一企一策。

匠心的专业精神，精准的解决方案，显著的实战效果，持续的战略伙伴，长期坚持精品咨询的方向，使得同心动力获得了客户的广泛信任和行业的高度认可，被评为“中国受客户信赖的咨询公司”，连续13年被中国企业联合会评为中国管理咨询50强，荣获世界管理咨询最高奖项“君士坦丁奖”和著名的“拉姆·查兰管理实践奖”。

本案例重点聚焦中国东方电气集团有限公司在60多年发展历程中的优秀文化积淀及不同子企业的独特文化因子，致力打造“一个东方电气”身份标签、面向未来的东方电气集团文化，以期让文化真正成为引领这家动力企业实施“集团化管控、产业化经营、精益化管理”及实现高质量发展的“强大引擎”。

项目背景

中国东方电气集团有限公司（以下简称“东方电气”）是党中央、国务院确定的涉及国家安全和国民经济命脉的国有重要骨干企业之一，属国务院国资委监管企业，是全球唯一“六电并举”的能源装备制造大型企业集团，发电设备产量累计超过6亿千瓦，已连续18年发电设备产量位居世界前列。

东方电气始建于20世纪50年代末期，集团所属发电设备制造企业大多建立于我国“三线建设”时期。伴随着共和国电力事业的发展，经过几代东方电气人60多年的艰苦创业，东方电气已经发展成为世界最大的成套发电设备供应商和电站工程总承包商，成为中国重装工业的一颗璀璨明珠。

从“三线建设”走来的东方电气，在诸多方面已跻身“一流”，特别是在水电等众多领域已经从之前的追跑者变为并跑者，甚至是领跑者。

在“十三五”向“十四五”迈进的重要节点上，在东方电气“爬坡过坎”的关键时期，为了更好地凝聚全体东方电气人“登高望远”的精神力量，集团于2020年4月正式启动了东方电气集团企业文化整体提升项目。

项目关键点

在调研过程中，项目团队发现，东方电气集团企业文化整体提升项目面临着两大难题：一是不同的子企业都拥有厚重的历史文化积淀，都有自己成体系的文化；二是子企业中的东方汽轮机孕育诞生的“东汽精神”，与“大庆精神”一样，是国家以企业命名的精神标杆。所以，东方电气集团企业文化整体提升绝不是简单的升级或优化，而是一种凝练与升华。

如何把子企业的优秀文化因子与“东汽精神”的精髓提取出来，融入东方电气的整体文化体系中，是项目成功的关键所在。

项目推进

在项目推进过程中，我们牢牢把握以上两大关键点，从历史传承、问题导向、特征研究、落地实践方面进行“四维聚焦”，不仅做到了调研诊断的系统与全面、文化定位的准确与清晰，而且有效推动了落地深植的扎实与深入。

（1）维度一：传承历史、秉承荣光

作为一家已经走过60多年辉煌历程的企业集团，东方电气拥有厚重的积淀、优良的传统，对其进行系统的梳理与挖掘，了解历程中每个发展阶段所面临的机遇和挑战，探究各阶段关键经营管理活动及其背后的文化表现，对于厘清东方电气的文化发展脉络、解析文化要素和文化基因至关重要，这也是本次企业文化整体提升的重要基础和前提。

1）东方电气文化在艰苦创业中萌芽和孕育

1958年，东方电气的第一个子企业在四川德阳动工，来自全国各地的建设者们，承载着国家的重托，在山沟荒野极其恶劣的环境下开始了筚路蓝缕的创业历程。随着“三线建设”在西南的崇山峻岭中轰轰烈烈地展开，1966年，东方汽轮机、东方锅炉相继创建，他们与东方电机一起成为东方电气产业报国的三驾马车，在艰难困苦中，砥砺前行。建厂初期，第一代东方电气人，在极其艰苦的条件和非常恶劣的环境下，怀揣着产业报国的初心和献身“三线建设”的爱国热情，开启了自力更生、艰苦奋斗的建设篇章。土法上马装电机的“万众一心”团队精神，“一根麻绳闹革命”的实干精神和坚定信念，展现了最原始、最朴素的情怀，体现了“求实图强”的精神。随着产品交付电厂，老一辈东方电气人，注重对用户的服务，形成了“24 小时服务精神”。

2）东方电气文化在改革创新中磨砺和成长

伴随着党的十一届三中全会的东风，改革开放的浪潮席卷中国大地，为东方电气带来了生机与活力。1984 年，东方电气的前身东方电站成套设备公司在成都组建成立。1994 年，东方电机在香港联交所和上海证券交易所上市。1996 年，东方锅炉在上海证券交易所上市。1999 年，东方电气被党中央、国务院确定为涉及国家安全和国民经济命脉的国有重要骨干企业。改革开放初期，市场经济刚刚起步，东方电气人为渡过难关、支撑 30 万千瓦机组的研制，提出“做行商、吃杂粮、创名牌、争大上”经营策略，也调动了职工创新开拓的积极性。在全国改革开放的形势下，顺势而为，三厂走向联合，到 1992 年实施国有资产授权经营，实现真正的“集团式发展”，展现了一代东方电气人的远见卓识。业务经营上，从传统的“水、火”发电设备制造到电站工程总承包，并开始涉足核电，展现了不断拓展新业务的进取意识；业务范围开始布局海外，体现了“走出去”的意识。

3）东方电气文化在快速发展中融合与繁荣

进入 21 世纪，东方电气一方面按照中央要求，完成主业资产整体上市、董事会试点等，管理更加规范；另一方面抓住行业高速发展的机遇，实现经营业绩的持续提升。快速发展的东方电气，企业文化更加繁荣、更加包容。特别是在突如其来的 5·12 汶川特大地震面前，东方电气人仅用一年零九个月就完成了异地重建，书写了企业发展历史上极不平凡的一页，创造了抗震救灾和恢复重建的奇迹，诞生了“不怕牺牲、敢于胜利，坚韧不拔、艰苦创业，自主创新、勇攀高峰”的“东汽精神”，展现了“泰山压顶不弯腰”的英雄气概。

4）东方电气文化在转型发展中丰富与提升

党的十八大以来，东方电气坚持改革驱动、创新引领，建设具有全球竞争力世界一流企业的步履更加坚定，努力做技术创新的主力军、做全球化发展的先行者、做制造强国的排头兵。2016 年，面对经营管理上的巨大压力，集团公司确立了“集团化运作、产业化经营、精益化生产”的管理思路，逐渐催生形成了“一个团队、一个目标、一个梦想”的文化氛围；客户服务意识不断增强，从“制造”向“制造＋服务”转型，注重“24 小时服务精神”的全生命周期服务；在产品研发上，推进了关键核心技术自主研发，传统主业多项产品首次研制成功，展现了对前沿技术不断探索的自主创新意识。

传承历史、秉承荣光。东方电气在 60 多年发展历程中积淀形成的矢志不渝铸大国重器的报国情怀，“求实、创新、人和、图强”的东方电气集团企业精神（图 3–12–1），不服输、不屈服、不甘人后的自强基因，东方电气人专注主业、务实踏实、吃苦耐劳、忠诚敬业，坚持自力更生、自主创新，坚持走出去，这些宝贵的精神财富和文化因子需要不断延续、薪火相传。

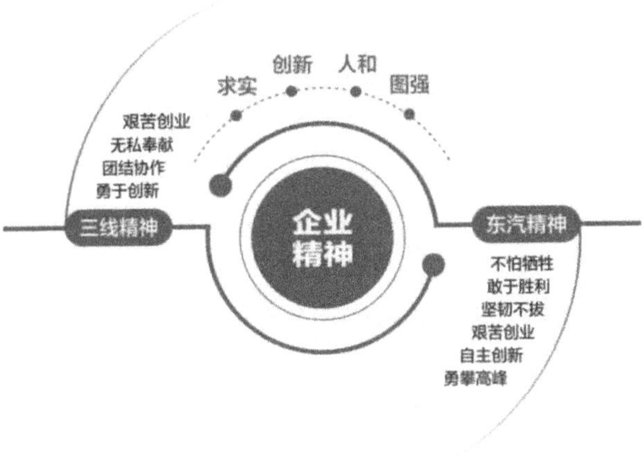

图 3–12–1　企业精神

（2）维度二：问题导向、探究成因

站在新的历史交汇点上，随着践行国有企业“六种力量”使命担当的不断深入，企业高质量发展和成为具有全球竞争力世界一流企业的发展诉求，要求东方电气必须认清自我、找准差距。为此，我们从战略、组织、机制、人、品牌以及组织文化的角度（图 3–12–2），找出了企业文化建设亟须调整和解决的问题，并对问题背后的问题进行深入探究。

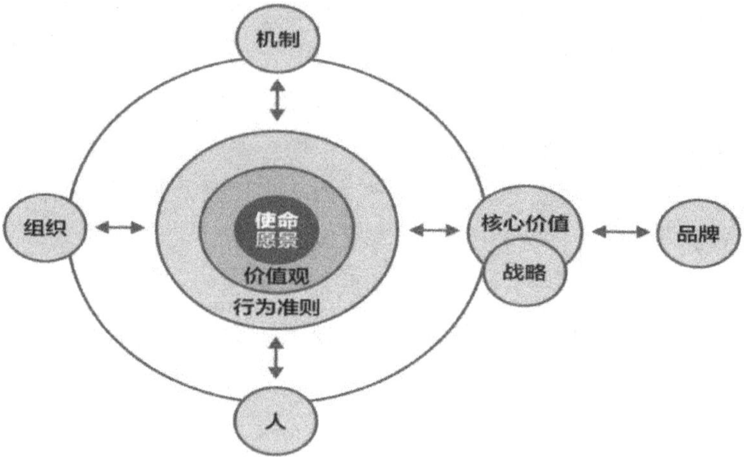

图 3-12-2　战略、组织、机制、人、品牌以及组织文化的关系

从战略的角度看，传统主业与新兴产业并举的双轮驱动战略布局较为清晰，但在由单一装备制造向提供系统化解决方案转变上却亟待进行转型突破。历史上，由于子企业长期各自独立运营，业务发展和战略的重心比较靠近子企业（偏运营导向），客观上导致集团的战略引导较少。随着集团化管控的深入推进，集团的牵引力和战略领导力在不断增强，但在执行过程中，对于战略的解码和分解、资源统筹与配置需进一步优化，以提高整个集团战略上的共识与沟通，从而产生更强大的行动力。

从组织的角度看，集团化管理的核心是确立集团总部与下属企业的责权分工，通过对管理总部的功能定位和职能共建共享来推动集团业务战略的实施，集团管理控制模式的选择是集团化管理所需要考虑的首要问题。这就需要进一步明确集团和子企业的职责与分工、责权利与管理边界的划分；同时，制度流程也需进一步简洁高效，从而进一步提升管理效率。

从文化的角度看，虽然“一个东方电气”的集团化认知逐渐形成，但尚不能发挥企业文化的统领性和身份识别功能，集团文化和企业子文化的定位及相互之间的关系还不够明确，难以形成合力。

由此我们可以清楚地透析企业经营管理现象背后的价值导向。这些深层次的价值导向亦即企业最本质的“游戏规则”，而文化起作用的程度，在于共同默认的假设创造出的组织行为（尤其是管理行为）与组织环境相匹配的程度。

通过研判管理现状，从各个维度梳理出管理问题并探究其背后的文化成因，明确了企业目前亟须调整的价值导向，并在此基础上，将结果还原到企业经营管理各个模块本身，结合制度优化进行管理改进和机制调整，最终形成“同”与“创”的文化定位和价值倡导，进一步解决企业文化体系及企业管理本身存在的问题。

（3）维度三：洞悉未来、把握特征

面对日益复杂的外部环境，洞察未来发展的文化诉求，要成为技术一流、品质一流、服务一流的国际一流企业，东方电气必须要强化科学管理、统筹规划、从严治企，不断变革创新，充分地信任并依赖员工、关注员工诉求，学习借鉴外部先进文化，发挥企业家的群体精神。

1）特征一：使命驱动、传递价值

东方电气是关系国家安全和国民经济命脉的国有重要骨干企业，中央企业的政治属性决定企业文化属性。要将党的领导这一“根”和“魂”体现到企业文化之中，将许党报国的家国情怀融入共同理想信念之中，将社会主义核心价值观落实到企业文化建设上，促进全集团在理想信念、价值理念、道德观念上紧密团结在一起，唱响主旋律，壮大正能量，使全体东方电气人始终保持昂扬向上、奋发有为的精神状态。

2）特征二：国际视野、志在一流

当前虽然全球化进程出现曲折甚至反复，但全球化的浪潮注定无法阻挡，必须在国际化视野下去厘清集团的共同纲领、共同愿景，才能锻造出追求卓越、能够做到“中国最好、世界一流”的优秀文化。

3）特征三：创新引领、拥抱变化

一切在变，创新不变。善于拥抱变化、引领创新是一切优秀企业文化的共同特质。同行业先进企业中，通用电气把“渴望变革”作为三大核心价值观之一；西门子把“矢志创新”作为组织的核心价值导向，把“努力创新、改变未来”作为重要的经营理念。文化创新是管理创新、技术创新、商业模式创新的思想基石，只有树立“敢为人先”的文化理念，企业才能走在前列、勇立潮头。

4）特征四：以人为本、奋斗为先

从企业生产要素的角度看，人是第一战略资源和第一生产要素，企业文化也应当关注每一个人。要始终坚持以人为本、以职工为中心，全心全意依靠职工群众办企业，引导职工以拼搏为荣、靠奋斗争先。要为职工成长成才创造条件、搭建舞台，让企业改革发展成果不断惠及全体职工，提升职工的获得感和幸福感，打造有温度的企业。

5）特征五：从严治企、科学管理

作为中央企业，东方电气要把全面从严治党和从严治企有机结合，按照新时代党的建设总要求，以推进全面从严治党为引领，坚持问题导向，补齐管理短板，在从严治企上下功夫、向科学管理要效益，形成知责明责、履责尽责的执行力文化。

（4）维度四：深植入制、激发激活

企业文化要真正发挥作用，关键在于深植入制。而企业文化发挥作用的最高境界和最佳状态则是员工、组织的全面激发与激活。

1）共识先行，路演激发

在企业文化体系形成之后，专门召开企业文化发布会，向全体员工、全社会隆重发布《东方电气“同·创”文化》（图 3-12-3），包括文

图 3-12-3 “同·创”文化巡讲现场

化手册、员工行为准则手册、理念文化宣传画等系列成果，使“同·创”文化成为东方电气文化引领高质量发展的里程碑。紧接着，由集团公司党群工作部负责人带队赴各单位进行“同·创”文化巡讲、东方故事讲述等系列活动。

在全集团形成非常浓厚的学习文化、践行文化的氛围。在此基础上，又深入各大主体企业进行企业文化路演活动（图 3-12-4）。通过使命连接，将东方电气“绿色动力、驱动未来”的使命与个人使命、岗位职责有机联系起来；通过核心价值观与企业精神竞拍，让大家在参与中思考、在思考中感悟，真正将东方电气“共创价值、共享成功”的核心价值观与“求实、创新、人和、图强”的企业精神内化于心、外化于行；通过正向互鉴，让每位参与者都能看到彼此眼中的彼此，找寻团队的整体优势，客观地认识自己，明晰自身的优势，找到自身差距和不足，明确自我提升方向，切实提升个人影响力与正向领导力。

图 3-12-4　企业文化路演活动

2）匹配审计，固化入制

企业的文化价值倡导离不开管理机制所决定的制度的支持和保证，因此进行制度的文化匹配性审计，审计和优化相关经营管理制度，认真梳理现行制度中企业文化核心理念倡导的制度条款，消除文化理念与制度规定的冲突，确保制度规定及调整优化与文化倡导保持一致，对于文化的深植落地至关重要。

在东方电气众多管理制度模块中，我们重点抓住人力资源管理、组织管控及业务管理等方面的制度进行与企业文化一致性的匹配性审计。其中，人力资源管理方面，围绕招聘任用、绩效管理、薪酬福利、人才发展等4个模块，选择了47项有代表性的制度对人力资源管理中涉及选、用、育、留的核心制度进行了文化匹配性审计。组织管控和业务管理等核心制度方面，选取了战略与业务规划管理、研发管理、采购与供应商管理、生产与质量管理、党建与劳模荣誉管理等方面共11项制度，进行有针对性的文化匹配性审计，确保其优化与调整能够与企业所倡导的文化保持高度的一致性（表3-12-1）。

表3-12-1 文化匹配性审计关键制度样本选取

分类	制度名称	文件数量/个
人力资源类	招聘任用	27
	绩效管理	13
	薪酬福利	2
	人才发展	5
业务运营类	战略与业务规划管理	1
	研发管理	2
	采购与供应商管理	2
	生产与质量管理	3
职能与共建	党建与劳模荣誉管理	3

项目成效

实践证明，东方电气文化已成为驱动集团逆势求进、创新求变、转型升级的强大动力引擎。近年来，面对复杂严峻的国内外形势，集团科技创新和市场开拓“双轮驱动”，“主业精、新业兴”产业发展格局进一步稳固优化，运营质量明显提升，发展动力明显增强，党的建设进一步强化，企业综合实力不断增强，品牌信誉日益提升。特别是近年来在新冠病毒感染疫情冲击以及国际贸易环境逆流横行的情况下，集团公司的营业收入、利润总额、新生效合同等主要经济指标逆势增长、好于预期，营业收入、新生效合同均创造了近五年以来的同比最大增幅。

13 民用燃气安全风险识别－预警－处置－共治系统案例

零点有数工作场景

机构简介

零点有数

零点有数已成立28年，是中国领先的数据分析与决策支持服务机构之一。深耕公共事务和商业服务的诸多领域，以第三方评估为驱动、以解决应用场景中的关键问题为出发点，梳理和优化不同垂直行业的模型与算法。在数据智能时代，公司不断整合移动互联网、人工智能、云计算、物联网等领域新技术，将多源数据与公共和商业服务的垂直行业场景结合，将20多年积累的专业知识实现“经验模型化，模型算法化，算法软件化”，为公共事务和商业领域的客户提供数据分析与决策支持服务，推进决策科学化、服务高效化。

公司通过多年的持续研发和不断创新，形成了优异的独立数据采集和分析能力。公司结合20多年来积累的不同应用场景的业务模型，运用互联网、大数据等技术，开发出在线数据集成技术和垂直应用算法两大核心技术，为客户提供数据分析与决策支持服务，提高决策支持的精准性和高效性，助力实现客户快速响应、科学决策和高效行动。公司科技创新形成的技术成果促进了下游产业的提升，实现了与实体经济的深度融合。

在公共事务领域，公司在政务服务、城市管理、市场监管、营商环境、法治与公安、文化旅游、社会群体研究、“一带一路”等领域提供数据分析与决策支持服务，助力客户提升决策水平、治理水平和服务水平。公司完成了中央统战部“全国新的社会阶层人士基本情况研究”、司法部“全国残疾人法律援助需求调查”、文化和旅游部“中国出境游游客文明形象调查”、国家税务总局“纳税人减税降费满意度调查项目”、国务院发展研究中心“中国民生满意度调查”、中国外文局“党的十八大以来核心政治话语外译传播效果评估”、中华全国工商业联合会“‘一带一路’沿线中国民营企业现状研究”等众多项目，为有关部门提供决策参考。

在商业领域，公司为消费品、金融、汽车、房地产、TMT、物流等行业中的知名客户，在客户定位与描摹、产品定位与开发、服务体验管理与优化、销售管理与优化、货品与供应链管理、卖场管理与优化、渠道布局与管理优化等方面提供数据分析与决策支持服务。公司助力客户提升产品开发环节、销售环节、运营环节和供应链环节的经营效率，对行业的效率提升、创新发展、产业升级和供给侧改革产生积极影响，最终为实现人民美好生活而服务。公司服务于中国建设银行、中国农业银行、中信银行、中国人寿、中国移动、中国邮政、中国石油、贵州茅台、百度、美团、奇虎科技、一汽集团、北汽集团、华润集团、万科集团、远洋集团等众多知名大型企业，为其制定管理决策提供支持。

公司的主导产品数立方平台集成了位置数据、消费数据、智能硬件数据、文献数据、统计年鉴数据等多种内容数据，数据形式涵盖数据库数据、文本数据、图片数据、视频数据等多种格式，供不同业务场景使用；同时，数立方平台整合了统计分析方法、大数据算法、深度学习算法等底层算法，针对不同业务场景中的问题单元，开发出应用算法模块，通过不同应用算法模块的组合、封装，形成针对特定业务问题的垂直应用算法，供执行业务时重复使用与快速调用；此外，数立方平台也内置了各种类型的可视化组件，能够交付可视化的研究成果。

本案例旨在说明咨询师通过搭建民用燃气安全风险识别－预警－处置－共治系统，促进北京市民用燃气安全巡检监督与安全管理工作的数字化应用与转型。

合作单位的背景

（1）北京市燃气管理办公室简介

北京市燃气管理办公室（以下简称“燃气办”）是北京市城市管理委员会内设机构，主要工作职责包括：负责本市燃气行业管理工作；拟订燃气发展规划和年度燃气供应计划，并组织实施；组织拟订燃气设施建设运行、安全管理及燃气供应服务的标准；监督检查燃气行业安全和服务工作；参与重要燃气供用气项目的设计审查和工程验收，组织实施重大燃气工程和技术改造项目；负责燃气安全宣传和专业培训。

（2）政府对民用燃气安全的重视程度日益提高

燃气安全管理是一项系统工程，民用燃气与居民日常生活息息相关，受管线、设施及设备老化等影响，燃气安全问题日益增多，若不及时发现隐患并妥善处理，一旦发生事故将给人民生命财产造成巨大损失。根据《城镇燃气管理条例》《北京市燃气管理条例》规定，燃气供应企业应建立民用燃气安全巡检制度，对居民用户家中的燃气设施进行定期、免费的安全检查，发现、记录并及时消除安全隐患。同时对燃气安全巡检中的整体流程、检查项目、注意事项以及工作人员行为规范做出明确要求。

（3）燃气办持续多年开展安全巡检的督查工作

为有效监督、推进燃气安全巡检工作，深入系统地掌握各燃气供应企业安全巡检现状，发现燃气安全巡检难点问题，北京市城市管理委员会连续多年委托北京零点市场调查有限公司（以下简称“零点公司”）对北京市燃气供应企业的居民用户燃气安全巡检工作进行整体督查。

咨询介入的过程

（1）合作背景

在持续开展燃气安全巡检的督查工作过程中，燃气办与零点公司一起不断探索督查方式和内容的优化，探索督查效用的延伸。

2015—2017 年：以入户调查等经典方式为主的多元督查。督查工作以各燃气供应企业上报的年度巡检小区为范围，通过拦截、入户等抽样调查方式，了解企业入户巡检率、巡检规范性、用气安全隐患、居民燃气安全意识等重点问题。同时，三年来不断深化工作内容，通过邀请居民预约燃气安全巡检员上门检查以及跟随巡检员一同入户的方式，写实记录巡检过程中的规范问题；通过燃气供应企业填报信息、对企业访谈等方式，了解企业巡检投入情况及工作难度，双向检验工作机制。

2018—2020 年：寓宣传于督查，初步探索交互督查方式。从 2019 年开始，为了扩大督查工作的效用，探索督查工作“评估”价值之外的功能，结合燃气办“负责燃气安全宣传和专业培训”的职能以及从居民端进行治理的诉求，零点公司开始在常规督查工作的基础上开展燃气安全知识宣传。通过在居民问卷中加入知识类题目、答错后提示正确答案的趣味互动形式，宣传燃气安全知识，提高居民安全意识。同时，在调查方式上，通过超能交互系统“答对”，在燃气站、社区、城管委公众号、第三方会员库等线上线下渠道，悬挂和张贴调查二维码，为公众提供参与调查的入口，大量扩充调查样本，使调查覆盖面更大、更加客观。此外，2020 年增加对液化气用户安全巡检情况的督查工作，燃气安全巡检督查工作的版图逐渐完整。

（2）需求梳理

以往巡检督查工作为燃气办掌握燃气安全巡检工作的现状、成效和问题提供了支撑，同时起到了一定的用气安全宣传的作用。但是，在政府管理部门数字化治理、精细化治理的整体工作要求下，还有很多待优化空间。

一是督查的覆盖面有待进一步扩大。北京市共有 913.8 万户家庭，燃气安全隐患排查主要依靠燃气供应企业年度入户巡检，但是巡检覆盖率和频次有限，全面性很难保障；同时，受工作方法和开展时间的限制，督查工作集中在10月至11月集中抽检，抽检1.5万户，抽检比例仅为1.6‰，燃气安全巡检工作的覆盖面远远不够。

二是数据应用效用有待进一步提高。每年年底进行一次第三方督查，评估结果仅作为次年绩效考核使用，无法实现数据链条的在线实时流转，数字化应用有待加强，问题的发现存在滞后性，导致政府管理部门没法及时做出工作指令，数据应用价值有待进一步提高。

三是以人为本的治理理念有待进一步深化。目前的督查主要依靠第三方上门找居民调查，缺乏对居民主动自检家庭燃气安全隐患、主动学习燃气安全知识、主动参加相关活动的自主性的激发，缺乏有效统一的居民触达渠道和交互工具。

四是相关利益主体有待进一步卷入。燃气安全建设和治理工作是一项系统工程，需要燃气办、燃气公司、区、街道、社区、居民等多方利益主体共建，并共享共用数据成果。目前，缺乏一个系统性的平台让相关利益主体卷入。

综合对以上待优化问题的思考，总结燃气安全巡检督查工作的既有经验，同时，结合零点公司在以数据为基础的智能化系统建设中的实践，零点公司认为，可以开发一套智能化系统，在日益严峻的安全风险防控要求下，进一步整合资源，搭建安全隐患和风险识别、预警、处置、共治体系，为民用燃气增加一个“安全阀”，体现燃气安全检查工作的动态化、精细化、智能化，推动巡查数据动能向工作动能的转化，实现燃气巡查工作的数字化应用与转型。

（3）需求聚焦

1）成立专项工作小组开展工作

在确立上述需求的前提下，零点公司迅速成立专项工作组，对需求进行聚焦和解析，以期落地为可实施的系统开发工作。专项工作组下设5个小组：研究设计组、系统开发组、资源协调组、数据分析组与服务设计组。各个小组各司其职，相关工作也开始逐步有序地推进。

2）与委托方多次沟通确定内容

前期沟通初步需求后，零点公司专项工作组与燃气办相关负责人、燃气供应企业进行了多次研讨会，不断磨合，重点探讨并明确了系统建设与传统调查机制的关系、系统功能、不同角色功能及权限、系统逻辑、数据采集与预警内容、发现问题后的数据流转、责任燃气供应企业问题整改的链路等。

3）协调多方利益主体有序推进

由于涉及多方利益主体，需要考虑如何满足系统长期运行中多方利益主体的不同需求。零点公司咨询项目小组充分发挥团队的专业力量，协调多方需求，基于核心工作目标，合理设计开发方案与系统平台功能，按照需求紧急程度进行优先级排序，有序开展项目方案设计以及平台研发工作。

在以上工作的基础上，零点公司基于多年民用燃气安全巡检评估经验，以数据为基础，以技术为支撑，通过设计更加全面、科学的调查方案，运用专业、多样且具有创新性的调查方法，在既有燃气安全巡检机制的基础上，统筹燃气数据，搭建了民用燃气安全风险识别－预警－处置－共治系统，系统可实现三大功能：①预先识别燃气安全隐患，并对监管部门、燃气供应企业、居民户等进行安全预警；②隐患识别能精准到户、精准到隐患点，保障后期隐患处置的具体化、日常化，保障监管的针对性；③在监管部门统筹下，促进燃气供应企业、下属区县、街道及社区、居民户等多方利益主体参与民用燃气安全网共建、隐患共治、信息共享。将燃气安全监管数据化、系统化、常态化、落地化，为燃气安全增加一把保护伞。

（4）确定方案

零点公司向燃气办提交了最终版平台建设方案，平台名称为民用燃气安全风险识别－预警－处置－共治系统“燃气宝 V1.0”（安燃北京），该系统集居民自检燃气安全风险、零点公司线下督查、企业对预警信息进行处置、政府监督、区/街道/社区参与共治等功能于一体，以“多方主体参与、协同治理”为目标，构建有效的燃气安全监管体系。

1）系统架构

系统通过三大功能模块的开发应用推动民用燃气安全巡检工作的数字化转型与应用（图 3-13-1）。

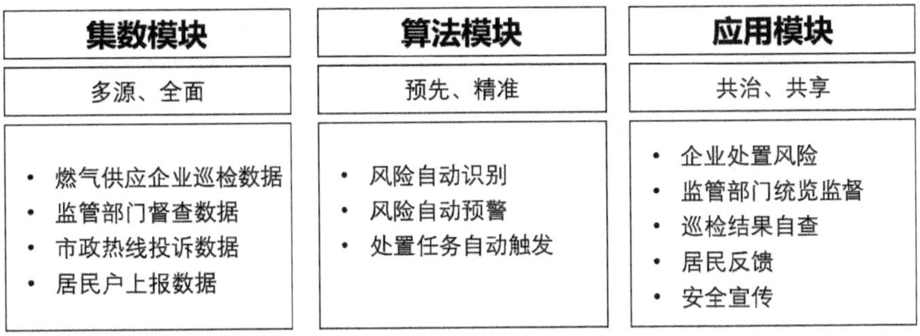

图 3–13–1 民用燃气安全风险识别 – 预警 – 处置 – 共治系统架构

集数模块。汇集多源数据，包括燃气供应企业的巡检数据、监管部门督查数据、市政热线投诉数据、居民户上报数据等，建立区域燃气用户台账。

算法模块。开发燃气安全风险识别、预警触发算法，识别具体到户的“应检未检”“灶具使用超期”“技防装置缺失”“管线老化”等具体风险，通过多渠道向责任企业预警。

应用模块。包括四大平台：安全隐患处置平台，燃气供应企业根据预警信息整改问题，个案化、日常化、动态化处置隐患，在线反馈处理结果；数据统览平台，监管部门动态掌握巡检情况、风险发生情况、企业处置情况；体检通报程序，区县、街道、社区、居民接收燃气安全体检报告，发现问题实时上报，人人监督、人人参与燃气安全共治；燃气安全知识宣贯平台，居民通过该平台学习燃气安全知识，查看燃气相关政策、资讯等内容。

2）系统功能体系

具体来看，零点公司将平台建设工作划分为前台操作、中台管理、后台查看 3 个子系统的建设。

前台操作。面向巡查员与居民的操作平台，巡查员通过超能巡查系统采集数据，居民通过“安燃北京”小程序自检燃气安全、查看体检报告、学习政策、查看资讯等。

中台管理。重点包括系统的相关参数配置、数据处理，如数据采集后的审核、流转、计算、积分设置等。

后台查看。主要是监管部门对重点数据的总览查看，包括燃气设备情况、巡检执行情况、异常预警等，赋能燃气安全巡查工作动态化、精细化、智能化管理。

（5）平台开发

平台建设方案敲定后，民用燃气安全风险识别 - 预警 - 处置 - 共治系统正式进入开发阶段。零点公司按既定平台架构有条不紊地推进开发工作，按照超能巡查数据采集系统、“安燃北京”小程序、隐患处置和数据统览平台等分模块、分步骤落实开发方案。每一模块开发时，为避免后期大幅调整与修改，在开发前，专项组出具产品 demo 与燃气办充分沟通，并完善 demo，保证 demo 定稿后再正式推进开发工作。部分功能开发后仍有不足的，进行微调，整体开发工作可控性较强，主要得益于以下几点。

1）主动沟通、提示风险，应对项目需求的不明确与变更

开发工作复杂细致，后台查看内容、系统内置调查内容、指标配置、命名措辞、算法规则、UI 设计等具体需求随着项目推进不断演变，在有限的开发时间下，项目组协调统筹与开发压力较大。

面对以上困难，零点公司一方面主动邀约燃气办进行交流，增加需求互动沟通，结合实践经验，提出专业意见建议，逐渐明确需求；另一方面与燃气办进行汇报、交流时，充分了解需求变更原因，并从需求新增和变更所需的成本、风险等角度进行全面评估和反馈，明确变更利弊，尤其针对有争议的变更进行多次反复确认，最终在不影响项目主体功能进展的前提下，结合任务优先级进行新增和变更需求的开发排期。

2）开发新功能、协调新数据，应对数据质量不佳问题

系统需内置包括燃气供应企业、燃气服务站电话地址，以及居民所在区县、街镇、小区的具体信息。此部分信息由多家燃气供应企业分别提供，但数据标准不统一、字段不一致，数据质量参差不齐，为系统后期使用增加了不确定风险。

面对以上困难，首先，零点公司专项工作组安排专人进行数据清洗，并与公司自有数据进行对标，大幅提升数据可用性。其次，与燃气办多方协调，向燃气供应企业争取相对规范的数据。最后，通过增加用

户自定义添加地址信息功能，确保居民可以正常使用。同时安排专人定期对数据信息进行维护，确保信息的有效性与准确性。

3）协调资源、开发管理精细化，应对项目交付时间紧张问题

系统板块多、功能多，项目组面临在相对较短的时间内完成平台所有功能的开发、测试与系统上线的工作压力。

面对以上困难，零点公司专项工作组迅速反应，以应对项目难点为目标开展内外部协调会议，启动应急预案：①梳理需求，确定所需资源，做好工作排期，确保开发进度与开发质量。②抽调其他临时性资源，强化团队内部人员配置。③强化项目推进管控制度，细化开发任务颗粒度，开启可视化进度汇报看板制度，每日更新。④建立突发问题响应机制，确保突发问题及时报备、快速响应、资源协同。

经过多次反复沟通确认，现已将规划阶段的平台功能开发完毕。系统业务功能如图 3-13-2 所示。

图 3-13-2 民用燃气安全风险识别 - 预警 - 处置 - 共治系统功能统览

咨询产生的效果

民用燃气安全风险识别 - 预警 - 处置 - 共治系统盘活了民用燃气安全数据，为燃气办提供了有效的工作抓手，真正实现了督查数据动能向工作动能的转化，推动了燃气安全巡检督查工作的数字化转型

与应用。系统建设完成后，主要从以下几个方面赋能燃气安全管理工作。

（1）大幅提高工作效率

系统提高了燃气安全管理工作效率，所有督查、预警、结果展示在线完成，一是大大减少人在参与项目管理、工作监督过程中的差异性，促进工作的标准化、规范化；二是缩短数据到监管工作落地之间的链条，大大提升了工作效率；三是实现相关利益主体的在线联动与协同，同时实现数据的长效积累、历史数据的动态比较，提高了工作效率。

（2）提升数据应用效能

督查“数据”向工作“问题”和工作“指令”转化，助力领导快速决策。同时，系统内所有数据在平台留痕，便于数据的随时调取、比对、分析以及引入外部数据后的价值挖掘等，数据应用效能大幅提升。

（3）便于决策人动态管理

所有环节在线，督查数据成果从“年底一次性报告”走向“动态及时输出”；同时，企业对问题整改的数据成果也在线展示，便于决策人对燃气安全巡检工作的动态管理。

（4）用户诉求管理精细化

督查问题和整改任务的动态化、个案化，让燃气安全管理工作从“聚焦满意度得分”走向“具体案件的实时解决”，为燃气办、燃气供应企业开展工作提供具体的抓手。

（5）便于开展不定期调查

通过逐年督查，对居民用户台账（含小程序、电话等数据）不断沉淀，形成会员库、项目执行年，可通过小程序推送、发送短信等方式，就管理部门关心、燃气供应企业关注、居民关切的燃气问题开展轻量化、不定期诉求采集，或者进行专项调查，结果及时动态输出，丰富项目价值。

（6）提高群众燃气安全意识

通过“安燃北京”小程序中的燃气安全体检报告功能，帮助公众了解自己家庭燃气安全情况；通过危险提示辅助公众规避燃气安全问题；通过燃气安全知识普及，提高群众燃气安全知识水平与燃气安全意识。

（7）增加燃气安全反馈渠道

“安燃北京”小程序增加了燃气工作的监督、评价与投诉渠道，方便群众自主进行诉求反馈。

此项目建设方案受到了燃气办的高度认可，认为本系统符合智慧城市、数字治理、精细化管理的政府工作方向；从业务层面，系统助力燃气办直观、动态地掌握关键数据，有助于及时发现、解决燃气安全问题，并对隐患问题进行预警预判；有效对各个燃气公司进行实时有效跟踪，更快速、更有效地进行问题闭环管理，将发现的问题实时推送给相关企业，企业根据系统反馈数据定位到户，及时进行问题追踪与整改优化；“安燃北京”将居民的被动检查变为主动上报，在进行燃气问题填报的同时可持续进行燃气安全知识的宣传贯彻，整体提升了燃气安全管理的工作效率。

14 浦东新区城市运行大数据智能治理平台建设项目

“零点有数”工作场景

机构简介

零点有数

零点有数已成立28年，是中国领先的数据分析与决策支持服务机构之一。深耕公共事务和商业服务的诸多领域，以第三方评估为驱动、以解决应用场景中的关键问题为出发点，梳理和优化不同垂直行业的模型与算法。在数据智能时代，公司不断整合移动互联网、人工智能、云计算、物联网等领域新技术，将多源数据与公共和商业服务的垂直行业场景结合，将20多年积累的专业知识实现“经验模型化，模型算法化，算法软件化”，为公共事务和商业领域的客户提供数据分析与决策支持服务，推进决策科学化、服务高效化。

公司是国务院多个部委相关工作的第三方评估机构、中国市场信息调查业协会（CAMIR）副会长单位、中国市场信息调查业协会第三方评估委员会会长单位、中国信息协会市场研究业分会（CMRA）副会长单位、国务院参事室社会调查中心发起成员单位、中共中央对外联络部发起的“一带一路”智库合作联盟理事单位、欧洲民意与市场研究协会（ESOMAR）会员单位、中国科技咨询协会创始单位会员、中国软件行业协会（CSIA）会员单位等，也是国家标准《市场、民意和社会调查　服务要求》（GB/T 26316—2010）、团体标准《市场研究　个人信息安全保护要求》（T/CAB 0101—2021）与《政务大厅服务第三方评估通则》（T/CAB CSISA 0003—2018）的主要起草单位之一。

公司通过多年的持续研发和不断创新，形成了优异的独立数据采集和分析能力。公司结合20多年来积累的不同应用场景的业务模型，运用互联网、大数据等技术，开发出在线数据集成技术和垂直应用算法两大核心技术，为客户提供数据分析与决策支持服务，提高决策支持的精准性和高效性，助力实现客户快速响应、科学决策和高效行动。公司科技创新形成的技术成果促进了下游产业的提升，实现了与实体经济的深度融合。

公司的主导产品数立方平台集成了位置数据、消费数据、智能硬件数据、文献数据、统计年鉴数据等多种内容数据，数据形式涵盖数据库数据、文本数据、图片数据、视频数据等多种格式，供不同业务场景使用；同时，数立方平台整合了统计分析方法、大数据算法、深度学习算法等底层算法，针对不同业务场景中的问题单元，开发出应用算法模块，通过不同应用算法模块的组合、封装，形成针对特定业务问题的垂直应用算法，供执行业务时重复使用与快速调用；此外，数立方平台也内置了各种类型的可视化组件，能够交付可视化的研究成果。

数立方平台的主要应用子系统在细分领域形成了关键技术突破。例如，“城市运行数据智能平台”是以民生数据为基础汇聚多源数据，集展示、观察、管理、预测等多个功能于一体的城市运行大数据的智能治理平台，通过文本结构化技术与城市治理事理图谱技术，构建不同主体、事件之间的逻辑关联，提高隐含信息挖掘、走势预测等能力，从而帮助业务部门科学决策和精细化社会治理。再如，“全触点用户交互系统”是集智能集数、垂直应用系列算法、可视化组件封装等多功能于一体的智能数据应用软件，通过接入企业或政府的用户管理系统或直接植入其服务流程获取用户的主观态度、观点看法等非留痕数据，并利用 UKEY、子入口、追踪码、微信 openID、空间位置等信息及数据防刷、红包防盗技术确保数据准确与安全，通过算力自动水平扩展、集群交互拥堵分流、云资源统一回收管理、自预警等多项技术，实现大规模并发访问时系统的稳定可靠、交互顺畅快速，形成了客户之声、低满预警、终端助销管理工具等直接解决业务场景问题的系统产品。

本案例旨在说明咨询师在将热线大数据运用于智慧政务建设中的作用。案例中对公司的一些细节（包括公司名称）做了改动，但内容和数据基本真实。

单位背景

上海市浦东新区城市运行综合管理中心（以下简称“浦东城运中心”“城运中心”或“中心”）是负责浦东新区城市运行综合管理的部门，于 2017 年 9 月启动运行，为区政府直属、委托区府办管理的五级事业单位。城运中心是浦东城市运行综合管理的统筹协调机构，也是浦东推动构建社会治理体系和治理能力现代化的重要平台。城运中心按照“统一指挥、综合协同、部门联动、资源整合、需求共享、平急结合、高效处置”的原则，融“信息总汇、权威指挥、网格管理、应急协调”功能于一体，是浦东新区的信息汇聚中心、监控预警中心、监督指挥中心、联勤联动中心以及共享应用中心。

中心的主要目标为运用现代信息技术手段充分整合各种资源，有效推进部门协同和联勤联动，实现社会治理和城市管理问题的智能主动发现和快速高效处置，努力提高城市治理整体能力，全面提升城市管理精细化水平，使城市更有序、更安全、更干净。

中心主要包括但不限于以下职能。

① 负责浦东新区范围内“110”、“119”警情、“120”急救、“12319”城建、“12345”政府服务热线和市场监管、市容环境等各类社会治理综合信息系统资源，实现对城市运行综合管理类信息的最全面、最及时、最权威的掌控。

② 负责市级转派、一级平台主动发现、二级平台上报，以及“12345”“12319”等热线举报和“浦东 e 家园”被动发现问题或事项的受理、派遣、核查、回复（访）、结案、反馈、考核、监督等工作，建立标准化流程，实现高效、规范处置。

③ 承担浦东新区总值班室、浦东新区应急联动指挥中心工作职责，指导全区政府系统应急值守工作，负责应急值守系统的建设运维，做好突发事件信息的收集报送、汇总分析和预警发布等工作，并视情成立区专项指挥部，发挥一级平台综合枢纽功能，实现集中统一、权威指挥。

④ 负责牵头协调处置二级平台难以解决的疑难问题和领导交办的与城市运行综合管理相关的其他工作。

浦东城运中心内设 6 部 1 室，包括：办公室、技术保障部、运行管理部、应急指挥部、基层指导部、督察督办部和综合协调部。

咨询介入的原因

（1）合作契机

2018 年 9 月，由零点有数（以下简称“零点”）主办的第二届全国“12345”政府服务热线高质量发展研讨会在上海召开，超过 120 家来自全国各地的热线单位共 200 余人参加了此次盛会，其中不乏来自全国政务热线领域的管理者、研究者与实践者。大会盛况空前，与此同时，与本次研讨会有关的新闻报道、相关资讯也不胫而走。

浦东城运中心负责人在偶然的机会下，浏览了本次全国“12345”政府服务热线高质量发展研讨会相关的论坛资讯。加之其曾与零点有过愉快的项目合作经历，于是，2018 年 12 月初，浦东城运中心负责人立即与零点上海区域运营副总经理取得联系，深入探讨在“12345”热线大数据方面双方可能存在的合作机会与共赢点。

浦东城运中心负责人表示，城运中心作为浦东新区“12345”热线的管理及派单单位，每日接收大量市民来电，处理各类市民诉求。2018 年 11 月，习近平总书记曾到浦东城运中心调研，更是向浦东城运中心提出了“一流城市要有一流治理，要注重在科学化、精细化、智能化上下功夫。既要善于运用现代科技手段实现智能化，又要通过绣花般的细心、耐心、巧心提高精细化水平，绣出城市的品质品牌”的城市治理纲领思想。为此，浦东城运中心要紧紧围绕总书记在区城运中心调研时提出的工作要求，厘清思路，明确目标，拓展渠道，借助智能，力求精准，形成体系，打造规模化、体系化、标准化的大数据分析工具。

如今，城运中心作为浦东的“城市大脑”，已然积累了海量的热线数据，“12345”热线也成了反映民声的重要渠道与载体。如何借助大数据智能算法的力量，对这些现有热线数据进行深度挖掘，寻找数据中存在的共性问题与事件规律，来帮助城运中心做到事前预知、及时调度，帮助老百姓解决日常生活中的操心事、烦心事与忧心事，体现城市治理的科学化、精细化与智能化，是当下城运中心亟待解决的首要问题与未来发展的核心方向。浦东新区作为在新时代高水平改革开放进程中“排头兵中的排头兵，先行者中的先行者”，要敢于“先行先试”，激活数据潜力、释放数据活力，利用数据挖掘的价值把现代化城市治理工作做在前头，做在重头，做实、做细。

浦东城运中心负责人了解到零点在城市运行大数据智能治理方面已然有所探索，并且也十分认可零点在热线项目方面的业务能力，便邀请零点咨询团队进行第一次面对面会议，就浦东城运中心目前的各类需求，结合零点的过往经验与相关探索，进行首次沟通。

（2）双方首次接洽

2019 年年初，零点咨询团队受邀前往浦东城运中心，与城运中心负责人及相关部门领导进行了首次会面。会议上，零点的咨询师就当前全国各地在热线数据分析建设方面的探索、零点对热线大数据运用方面的实验设想以及相关实践等三方面做了详细的陈述介绍，城运中心负责人则畅谈了个人对智慧城市建设与热线数据运用等方面的想法与见解，以及未来浦东城运中心在热线大数据智能平台建设方面的发展方向与规划，同时，就目前浦东城运中心的工作困境做了一定的说明。

首先，管理人员无法在大量热线工单中精确锁定需要关注的、需要介入的、需要管理的重点问题。每日接入浦东城运中心“12345”热线的数据呈现出多、乱、杂的特点，业务人员对如此大量的数据无从下手，也无法从如此海量的数据中精确定位需要重点关注的、需要及时介入的以及需要统筹管理的问题。

其次，当前的业务系统无法满足业务人员的大量数据分析需求。针对每日接入浦东城运中心的海量热线数据，城运中心业务人员需要经常进行一些专题分析。一是用于掌握热线运行现状，以更好地实现向下管理；二是用于将热线运行情况呈报有关领导。但目前面对如此大量的数据，业务人员的分析技能有限，不得不借助第三方力量进行专题分析。因此，负责人表示，希望未来专题分析的工作在城运中心内部借助专业的大数据智能分析平台便能高效开展。

最后，城运中心的各个部门在目前的业务系统操作与热线工单的日常管理中均有一定的不便之处。负责人希望零点的咨询团队能够通过现场驻点调研，了解各个部门的实际需求，将各个部门的合理需求进行整合，一并纳入该智能平台的开发计划中，为城运中心内部各个职能部门提供便利与帮助。

综合来说，城运中心负责人希望能借助零点作为专业第三方咨询机构的力量，结合习近平总书记在城运中心考察时提出的要求，为浦东新区城运体系建设添砖加瓦，为区领导提供决策依据，为新区政务改革提供发展思路。双方一拍即合，决定合力为浦东新区打造出一款热线大数据智能治理工具，助力浦东城运中心加快推进精细化、智能化与科学化的城市治理发展进程，实现快速反应、主动服务、科学决策的建设目标。浦东城运中心负责人表示，该智能分析平台建成后，也将作为子模块嵌入浦东城市大脑 2.0 系统，成为浦东城市大脑的一个重要组成部分。同时，零点与城运中心的此次合作也将被打造成为在全国具有示范效应的标杆案例，在全国各地形成可复制、可学习、可借鉴的先进经验。

此次会议结束后，零点迅速成立浦东城运中心大数据分析咨询项目组，咨询项目组下设 4 个小组：综合调研组、数据分析及应用组、业务场景组、项目推进组，各个小组各司其职，前期相关工作也开始逐步有序地推进。

咨询介入的过程

（1）需求梳理

2019年5月，零点的咨询团队人员开始陆续进场，提前驻点浦东城运中心，对接相关业务人员与管理人员，了解浦东城运中心各部门当前在业务系统使用与工单管理工作中的难点、痛点与堵点，对当前浦东新区城运体系数据分析工作现状进行整体性的考察和调研，摸清数据现状和需求现状。

一是摸清数据现状。浦东新区城运体系数据有着数量巨大、来源分散、格式多样的特点，在具体开展平台建设工作前，零点咨询团队组织咨询师对数据来源的多样性、类别的复杂性、字段的完整性进行调研，并且零点咨询团队在此过程中形成了浦东新区城运体系数据现状情况表，以确保数据红利的彻底释放。

二是摸清业务需求。零点组织开展对城运中心技术保障部、督察督办部、综合协调部等多个部门的需求调研工作。①重点调研接入数据的前端数据库待完善的数据需求；②摸清业务部门亟须开发的大数据分析需求。以需求为导向开展大数据智能分析平台的建设工作，紧贴浦东新区城运体系业务需要，形成新区城运体系大数据分析平台建设需求调研书。

在整个需求调研的过程中，零点咨询团队发现浦东城运中心在业务系统的操作与热线工单的分析管理方面，当下面临的主要问题与需求有以下几点。

1）派单部门存在部分派单不准确的问题

在浦东城运中心接到“12345”热线来电后，每个来电对应形成相应工单，城运中心派单部门负责将待处置的工单按照职责所属派发给浦东新区下辖的各个街镇与委办局，由对应的街镇、委办局负责对每个工单进行实际处理。但在这个过程中，就存在派单人员对工单对应的处置单位判断不准确或者工单涉及的职责边界不明确导致处置单位不受理工单的情况发生，导致工单被退回，多次流转，影响工单处理的时效性，易造成市民对工单处理的不满意。因此，派单部门希望通过大数据分析技术与智能分析平台的搭建来提高派单准确率，降低工单退回率，提升工单的整体处置效率。

2）工单督办人员工作压力较大的问题

浦东城运中心的督办部门工作人员每日需要对即将超过规定办理时长的工单进行督办工作，但目前存在的问题是，每日的待督办工单均需要工作人员从全部工单中进行人工挑选，找出需要督办的工单进行单独处理。但当前的工单督办业务系统没有自动筛选功能，需要人工对每条工单进行浏览，才能正确挑选出待督办的具体工单，十分费时费力。因此，督办部门希望新搭建的智能分析平台能够配备对工单的多条件筛选功能，输入或选择特定的工单标签或关键词，即可将符合条件的工单筛选出来，以大幅降低人工筛选成本，提升督办工作效率。

3）专题分析工作尚待强化的问题

由于目前浦东城运中心汇聚的热线数据多而杂，从物业安保到垃圾清理，从违法建筑到纠纷协调，系统中存在大量、多样的工单数据。业务人员需要对某个专题问题进行分析时，只能通过人工到数据库中随意检索相关数据，对检索的结果也只能通过主观判断进行分析，无法从宏观、全局的角度对工单数据进行分析与研究，甚至有时候存在无法找到相应的分析数据的情况。这些问题的存在使得城运中心业务人员专题分析工作的开展举步维艰。因此，对这些业务人员来说，一个集分析、查询、展示、管理于一体的可视化智能分析平台的搭建迫在眉睫，能够极大地提升热线数据分析的深度与广度，形成更有价值、更有深度、更有见地的专题报告来呈送相关领导，辅助领导全面了解热线运行现状，进行科学决策。

4）市民对工单处理的满意率相对较低的问题

该问题是浦东城运中心亟待解决的核心问题，针对市民满意率不高的现状，浦东城运中心目前对于海量工单数据无从下手，不知道如何着手提升市民满意率，也不清楚目前市民满意率较低的症结所在。因此，浦东城运中心希望借助大数据智能分析与算法模型，对热线数据进行深度挖掘，探寻市民满意率较低的核心原因、存在问题以及待改进方向，发现城市运行中的重难点问题与热点问题。同时，希望通过大数据智能分析实现对突发事件、隐患事件的提前预警，便于及时调度相关人员，提前遏制相关隐患事件苗头，达到以防减治，防患于未然的城市治理目标，最终提升市民满意率，提升市民生活的幸福感与安全感。

整体来看，当前浦东城运中心对于智能分析平台搭建方面的需求十分零散且不聚焦。城运中心内部不同部门因工作内容与职责的不同，对于这个即将搭建的大数据智能分析平台的需求也多种多样，整体需求呈现出多而散的状态。如何将如此多样化的需求在有限的时间与成本内与项目建设总体目标进行融合，这也成为留给项目组的一大难题。

（2）需求聚焦

随后，在 2019 年 7—10 月这段时间，零点咨询服务团队与浦东城运中心负责该项目的相关领导及相关业务人员前前后后进行了多轮围绕需求聚焦而展开的研讨会议，咨询师与城运中心各个部门领导等多方团队在会议上进行了多次磨合。在这期间，零点项目团队认识到，城运中心的各位领导并不十分清楚当前具体需要搭建一个怎样的智能系统，各部门需求也呈现出散、多、杂的情况。因此，需要依赖零点咨询服务团队的专业力量，基于核心建设目标，合理架构平台功能，按照需求优先级进行迭代开发，逐步制定、逐步引导、逐步推进平台研发工作。

最终，在经过长达 4 个月的驻点调研与会议讨论后，零点咨询服务团队整体厘清了浦东城运中心各个业务部门与管理部门的各类需求。按照需求优先级，结合习近平总书记提出的城市治理向精细化、智能化、科学化发展的总目标，零点与浦东城运中心双方共同决定第一阶段先从最重要的预警预判功能着手，打造出该智能分析平台的核心功能，体现出平台的智能化、智慧化特点。另外，结合上海市正在推行的“一屏观天下，一网管全城”的“一网统管”总体系统建设目标，将该平台打造为“观管一体化”的科学治理引擎，既有宏观城市运行数据、热线工单数据的可视化呈现，又具备管理抓手、管理辅助功能；既能向决策层领导呈现热线运行的总体态势，又能供业务人员日常管理、操作分析使用。

总体来说，零点旨在通过咨询的手段，搭建一套“领导可见、部门可享、基层可用”的大型综合治理平台，价值共享，多级应用，最终实现市民满意率的提升。具体来看，旨在实现以下目标。

1）领导可见

城运中心决策层领导通过该智能分析平台能够一目了然地掌握浦东新区热线运行整体情况、重点工单办理进度与办理情况，了解市民反映的重点问题、难点问题、新发问题、热点问题，并且通过预警预测模块能了解可能发生的突发问题、处置不到位的隐患问题以及呈现增长性趋势的群体性事件。通过以上功能模块的搭建，辅助领导实时把控浦东新区热线运行总体特征与态势，从而实现科学治理、科学决策。

2）部门可享

平台基于热线大数据形成的智能分析结果可在浦东城运中心各个部门间、城运中心与处置单位（街镇、委办局等工单处置单位）间分享、流转，将智能分析的成果运用于整个浦东新区热线体系，处置单位收到由城运中心推送的分析结果、待处置问题后，仍需将工单处置结果反馈城运中心，以此形成管理闭环。

3）基层可用

平台需配备适合基层业务人员使用的分析功能，满足业务人员对基础数据分析、专题分析报告、智能督查督办、动态绩效管理等方面的业务性需求，提高业务人员工作效率、提升工作能力、节省工作时间。

（3）确定建设方案

2019 年年底，零点咨询团队向浦东城运中心提交了最终版项目建设方案。平台名称为浦东新区城市运行大数据智能治理平台，该平台汇聚“12345”热线数据，集展示、观察、管理、预测、分析、报告、督查督办等多个功能于一体，以“数据驱动，闭环管理；全域透视，要点聚焦；智能发现，主动防控”为建设目标，通过一系列智能算法的应用，对浦东新区热线大数据进行汇总分析与展示。

整体来看，零点咨询团队将平台建设工作划分为前台大屏展示和后台管理两个子系统的建设。为响应上海市“一屏观天下，一网管全城”的“一网统管”总体系统建设目标，前台大屏展示划分为“观”和“管”两个部分，其中，“观”的部分包括对热线整体运行数据的宏观监测，并且对重点类型工单进行全流程的监控；“管”的部分则是以预警预测功能为核心，实现对风险的识别与预警。另外，“管”的部分还包括对城市运行中的重点事件、难点事件、热点事件与新发事件的挖掘与监测功能，实现对城市要情的聚焦与把握。浦东新区城市运行大数据智能治理平台以这样“观管结合”的整体功能布局，赋能城市精细化、科学化、智能化管理，最终致力于实现城市治理能力与市民满意率的全面提升。

后台管理系统则便于相关业务人员开展数据分析、专题报告以及工单智能督办等工作。其中，工单智能督办功能协助督察督办部门更准确更高效地找出异常工单和对应处置部门，督办结果用数据说话；敏捷分析功能允许非技术人员执行过往必须经由技术人员才能完成的统计分析，减少中转，提高效率；精确搜索功能支持各部门快速锁定那些包含部分或全部目标关键词的工单详情，可查阅、可导出；自动报告功能支持业务人员直接从平台导出不同时间维度的数据简报，减轻工作人员在当前紧急阶段下制作报告的压力；绩效监控功能则支持业务部门灵活管理街镇及委办局绩效考核结果，动态监管，自由度高。

如此搭建的浦东新区城市运行大数据智能治理平台，一方面从管理决策的角度，发现、解决、管理市民反映的各类问题，并且对隐患问题及时进行预警预判，帮助领导科学决策，治理城市运行中存在的各类“重病”“未病”“流行病”；另一方面也极大限度地满足并解决了业务人员数据分析困难、专题分析无从下手、工单督办费时费力的迫切需求，帮助业务部门增强业务能力、提高业务效率。

该版项目建设方案呈送浦东城运中心负责人后，受到了负责人的高度赞赏，并要求项目相关人员按照方案中的时间计划表，将平台建设有序高效地开始推进。与此同时，双方团队开始紧锣密鼓地准备项目申报与立项相关事宜，没多久，上海市浦东新区城市运行大数据智能治理平台建设项目获批正式立项，平台研发工作如火如荼地正式开展起来。零点咨询团队也基于项目建设方案，具体细化浦东新区城市运行大数据智能治理平台的各个模块功能，通过与城运中心各个部门负责人进行多次打磨、多次沟通、多次修改，最终形成了完整的产品架构与开发方案。

（4）平台开发

2020 年 2 月，基于项目建设方案，浦东新区城市运行大数据智能治理平台正式进入开发阶段。开发阶段零点将分层次落实客户需求，以提升城运中心数据分析技术水平与城市治理水平为目标，为城运体系打造便利的可视化工具及数据治理工具，提升中心智能化水平。

在开发方式方面，零点咨询团队采用了分模块开发的方式。按照开发时间安排表，开发人员每完成一个模块的开发，零点咨询团队就会针对已完成开发的模块向浦东城运中心负责人进行汇报，同时，开发人员将进入到下一个模块的开发工作中。在阶段性汇报完成后，针对城运中心方面对已开发完成模块提出的调整及修改需求，咨询师按照优先级对新增需求及修改需求进行排序，对紧急程度较高的需求及时安排修复，对优先级较低的需求则将其列入下一阶段的开发计划中。以这种方式，零点咨询服务团队既能保证智能平台的按期上线，又能保证城运中心的相关领导及时掌握开发进度与开发情况，避免造成传统的一次性开发完成后可能面对的大范围修改的问题，使得开发工作更具备灵活性与可掌握性。

在平台开发阶段，零点咨询团队面对的项目难点如下。

1）项目交付时间紧张，对开发效率与开发质量的要求较高

由于城运中心方面需要在浦东新区区领导到访时，对该智能分析平台进行汇报展示，所以零点团队需要在有限的、相对较短的时间内完成平台开发与系统上线工作，形成可供展示汇报的可视化大屏系统。

2）客户的需求频繁变更

在开发阶段，城运中心方面对于整个系统的模块设计、模块功能、模块结构方面的需求多次变更，因此，零点方面需要兼顾模块的开发与大量修复调整的工作，在有限的开发时间下，开发工作压力较大。

3）新冠病毒感染疫情突然暴发为项目开展与交付带来不确定性风险

2020 年年初，由于新冠病毒感染疫情的暴发，企业无法正常复工复产，只能采取线上办公、远程沟通的工作方式，导致项目推进受到一定程度的影响，平台开发进度与最终交付工作的不确定因素增加，面临的风险较大。

为了应对项目开展中遇到的各类难题，零点咨询团队迅速反应，针对项目难点开展多次内外部会议，对风险与问题进行多轮评估后，采取

了以下应对措施。

1）针对项目交付时间紧张的问题

一是强化团队内部项目资源配置。在规定的成本范围内，确保平台开发的每个环节合理配备项目人员。二是咨询师根据时间安排表严格推进开发进度、监管开发质量。一方面建立例会制度，包括双周、月度、季度例会，定期召开工作例会，各小组汇报进展情况；另一方面如果出现可能影响项目推进的突发情况，相关项目人员需要及时报备，零点团队共同商讨并制定妥善的解决方案，原则上不影响整体开发进度。

2）针对项目需求频繁变更的问题

在每次与城运中心方面汇报、沟通的过程中，零点咨询团队都会通过自身在该领域的专业视角，对客户方提出的每项新增、变更需求，从成本、收益、风险更多个方面进行精确评估。对于评估后确实需要及时修正的严重问题或核心功能，及时安排相关人员在不影响项目整体进度的情况下进行修复或及时给出备选方案。对于优先级较低的、对平台核心功能没有太大影响的、有一定争议的以及多次反复的需求，零点团队会以专业的视角，对变更的利弊进行分析陈述，引导客户方从项目全局的角度出发，暂缓该类需求的提出或变更。

3）针对疫情带来不确定风险的问题

零点内部建立并制定多项"疫情期间项目推进保障措施"，从团队管理、客户沟通、项目推进、应急方案等多个方面着手，尽量减少疫情带来的不确定因素，保证浦东新区城市运行大数据智能治理平台的平稳推进与按期交付。

2020 年 5 月初，该阶段规划的平台功能全部按期开发完成，浦东新区城市运行大数据智能治理平台在浦东城运中心如期上线，成为"浦东城市大脑"的重要组成模块之一。自此，浦东新区通过对市民诉求的集中汇总、处理分析和管理展示，通过切中肯綮的效果输出，提升了政府对数据智能的运用能力，提升了信息技术在城市治理领域的应用价值，也提升了民众对政府政务的口碑、信任和依赖，以及民众对城市的安全感、归属感和幸福感。

咨询产生的效果

浦东新区城市运行大数据智能治理平台从微观、宏观、紧急、常态的角度，通过对热线数据的汇融为浦东城运中心提供了不同维度的管理抓手，整体则构建了数据驱动型的问题解决模式。一方面让决策者快速了解、快速掌握城市运行体征，预测可能发生的事项，辅助领导快速决策，提升科学决策水平；另一方面允许业务端精准发现问题、快速处置问题、高效解决问题。平台建设完成后，主要从以下几个方面赋能浦东城运中心热线管理工作，产生正面效果。

（1）城市运行管理的能力和效率的提升

该平台的每一个功能模块，从重点事项全流程跟踪监管到治理要点的精准发现、集中服务，从群体性事件、周期性事件的提前示警到具体问题追本溯源、防患未然，都对应着一个明确的小目标，成功地将“12345”热线管理中存在的多线混杂问题分级分类，抓住主要矛盾，统筹兼顾，井井有条。另外，全区态势、重点信息、关键细节等信息，在一张管理大屏中一目了然，避免了多系统或多屏幕之间切换的时间损耗。所有前瞻性预警、预判，都支持管理部门直接查看案件详情、责任单位、负责人以及具体地址，并在地图上精准落位，对主要情况可以快速掌握，减少问询时间损耗，成功为城运中心管理层节省了管理决策时间。

（2）市民生活的满意度和安全感的提升

平台搭建完成后，对于群体性投诉问题、多地并发类问题、周期性复发问题、连环因果问题以及民生热点问题，浦东新区城市运行大数据智能治理平台均能协助浦东城运中心做到提前发现、提前关注、提前部署、提前控制，化事后被动应对为事前主动预防，以防减治，大大降低了治理成本与安全隐患。随着城市治理水平的提升，各类社会热点问题也得以更加快速、平稳的解决，群众诉求得到及时回应，常态问题受到预防或扼制，实现了对市民生活、出行舒适度和满意度的提升，达到了“民有所呼，我有所应”的治理效果。

（3）实现管理部门内部工作效率的提升

平台建设完成后，管理后台中的自动报告功能通过智能生成日报、周报、月报的方式，完全代替了人工撰写的传统方式，业务人员不必再每日重复进行报告撰写工作，节省了大量的人力成本与时间成本，同时提升了报告数据的准确度。后台中配备的分析功能也为业务人员提供了多种多样的分析工具与分析维度，提升了业务人员的数据分析能力，也降低了城运中心在数据分析方面对第三方机构的依赖性。智能督办功能也成功运用于督办部门的日常工作中，督办部门工作人员不必再每日面对在成千上万条工单中挑选督办工单的困境，系统自动匹配、筛选初需督办工单，整体实现了“一键督办”的智能督办方式。浦东新区城市运行大数据智能治理平台的后台管理系统通过具备创新性、实用性与技术性功能模块的组合，极大限度地提升了浦东城运中心内部各个部门的工作效率与工作能力，同时，降低了人力成本与工作耗时。

稳定的咨询师与客户关系

浦东新区城市运行大数据智能治理平台上线后，客户方对于零点在此次项目中表现出的专业能力、配合程度、响应速度与最终交付物方面均表示了认可，除了本项目涉及的智能化平台建设相关合作内容外，客户方同时在数据分析、专题研究等多个方面也积极寻求零点专业咨询力量的介入，希望通过零点专业的咨询能力，帮助浦东城运中心在对外治理与对内管理方面进行全面综合的提升。

浦东城运中心与零点的合作范围随后也得到了很大程度的扩展，双方最终形成了长期稳定、互利共赢的咨询师与客户关系，并且确定互为战略合作伙伴，开展全方位的深度合作。

15 智囊机构“产城融创”案例分析*

——珠海高新区三灶科技工业园“园镇一体化”产业战略发展规划项目

“智囊机构”策划项目

* 本案例由北京智囊维实企业管理有限公司、珠海高新技术产业开发区三灶科技工业园管理委员会撰写。

机构简介

智囊机构 THINKTANK

智囊机构 THINKTANK（全称：北京智囊维实企业管理有限公司）是专注于打造“产业化的创新创业平台”，并在此基础上，通过构建“产城融创”系统化的发展模式，帮助企业和政府打造并孵化内部生命系统和外部生态系统的专业机构。智囊机构 THINKTANK 总部位于北京朝阳区 CBD 核心区，致力于“咨询 + 赋能 + 资源 + 资本”一体化的专业服务体系，通过帮助企业“想明白—说明白—干明白”，为大企业的创新发展、园区的产业升级、科创企业的加速成长赋能。具体包括：在从事大企业创新战略咨询、领导力建设、利益相关者的沟通服务以及园区的顶层战略发展规划的同时，大力开展科创类企业的精益创业孵化以及投融资、碳资产管理等方面的专业服务，培育细分市场的领军企业，进而打造全新的产业生态，与合作伙伴共同实现“产城融创”一体化的发展新模式。同时，智囊机构 THINKTANK 与产业领军企业（产）、行业发展智库（研）、知名高校创新创业训练营（学）等深度合作，搭建立体化开放式创新生态体系。智囊机构 THINKTANK 服务客户面向各地政府及园区的产业规划，以及国内外大型企业客户的长期合作，成立 17 年来服务了数百家政府机构、中外企业客户与千余家精益创业企业。汇聚改变未来的力量——是我们的愿景。让创新更高效，让创业更精益，让创造更有价值——是我们的价值主张。聚焦产业，打造生态——是我们的业务目标。

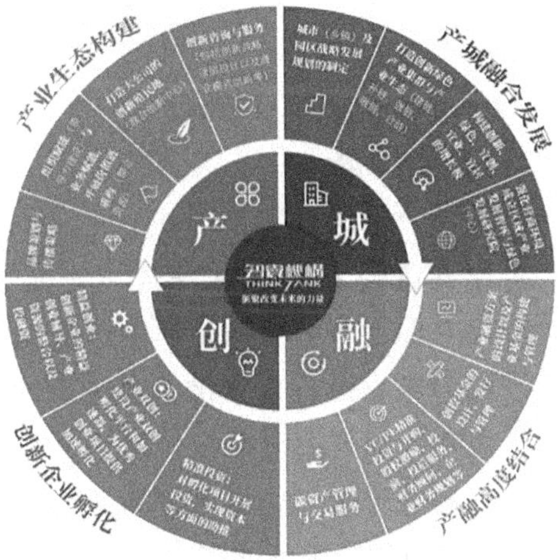

“产城融创”示意

本案例旨在说明如何通过“产城融创”相结合顶层设计、“咨询+赋能+资源+资本”一体化的服务模式，从理念的咨询到具体解决方案的提供，直至帮助客户成为产业资源的整合者，从为客户想明白，到帮助客户说明白（咨询报告），发展到与客户一起干明白，最终提供一体化解决方案。

项目背景

智囊机构 THINKTANK（以下简称“智囊机构”）是帮助企业打造并孵化内部生命系统和外部生态系统的专业机构。公司总部位于北京朝阳区 CBD 核心区，自 2005 年成立至今，一直致力于为大企业创新服务、创新战略咨询与团队赋能、社交化业务服务、精益创业孵化加速以及投融资服务等层面，立体化帮助大企业的创新发展、创业企业孵化加速成长，为企业创造出发展新动能助力、赋能。

珠海高新区三灶科技工业园的前身是珠海国家高新技术产业开发区管委会所在地，始于 1992 年。2008 年，珠海市又对全市园区加以整合并采取一系列措施推动园区的发展，珠海高新区三灶科技工业园成为全市 9 个重点园区之一。由园镇互动到园镇合一，是园区管理体制又一次大的变化。园区所在的三灶镇集中财力，健全配套基础设施，整合优质产业资源，着力将园区打造成新兴产业的聚集地和经济发展的主要引擎，使园区发展有了更广阔的空间和更坚实的产业基础。

“园镇合一”的管理体制拓展了园区的发展空间，增强了园区的产业基础。随着园区道路、管网、水电等基础配套设施，以及星级酒店、高档住宅小区等一批生活服务设施的相继完工，初步实现了工业区、居住区、商业区、休闲娱乐区等相关功能区块之间的有机融合，逐步形成了工业化、城镇化相互促进、良性互动的“产镇融合发展”新格局，营造出产业生态、人文生态、环境生态“三态合一”的综合环境。

2020 年，三灶科技工业园（全镇口径）实现规模以上工业总产值

455.04 亿元（约占全区的 60%）；规模以上工业增加值 130.69 亿元。共有超 600 个工业企业或项目落户，其中规模以上工业企业 168 家，高新技术企业 179 家。在规模以上工业企业中，产值亿元以上的企业有 70 家，产值 10 亿元以上的企业有 8 家。

三灶科技工业园围绕上层发展战略要求，在“十四五”期间，如何立足生物医药、新能源、电子电器等本地优势产业，顺应“智能化、绿色化、数字化”产业发展趋势，积极把握碳达峰碳中和、珠澳产业合作等发展机遇，深度嵌入区域产业链发展分工，争取打造广东省 20 大战略性优势与新兴产业集群的高端产业平台，成为亟待破解的命题。希望通过咨询规划的顶层设计，进一步推动优势产业价值链、创新链、供应链升级发展，进一步促进园区产业空间提质增效，探索园镇一体化协同发展的三灶模式。

2021 年，智囊机构与珠海高新区三灶科技工业园建立“咨询 + 赋能 + 资源 + 资本”一体化的深度合作，以打造国家创新型特色园区与具有区域影响力的高新科技园区为目标，通过乡镇区域到科技园区的整体产业战略发展规划，打通由区域到园区的产业规划一体化，打造园镇一体化 4.0 时代，建设具有数字化、产业生态化、绿色的产城融合以及产融结合的园镇一体化运营平台，切实推动当地产业创新发展，引进具有前景的产业级项目并进行落地，推动当地经济的快速发展。打造园镇一体化的产业规划、中长期发展战略，对园镇所覆盖的各垂直产业以及“片区”的发展形成战略架构、解决路径，进而为金湾区、珠海市乃至粤港澳大湾区的发展打造“三灶样板”经验。

需求梳理：以终为始，目标导向

一个好的咨询一定是从清晰界定客户需求开始的，绝不是我们能做什么，而是要聚焦客户为什么干这些事。

我们与客户成立了三灶科技工业园“园镇一体化”产业研究项目联合小组，通过前期研究、现场实地调研以及客户深度访谈，明确了本项目需要解决以下主要问题。

1）园镇一体化（产—城—乡融合）如何更好地融合发展？

园区和区域的发展应该是一体化的发展，彼此是一个整体。三灶镇之前原有的产业布局相对孤立，没有整体规划。下一个五年，需要从“生态布局”的角度出发，构建起产业生态。同时用“大区域”的概念覆盖园区和镇，系统化解决企业发展所需的人才、配套保证等问题。

2）如何发挥政策优势，打造产业生态并抢占高地？

2021 年，珠海市迎来了现代化国际经济特区、粤港澳大湾区、横琴粤澳深度合作区、自由贸易试验区“四区”叠加的重大发展机遇，也迎来了规模体量和区位格局的蝶变，成为粤港澳大湾区新兴产业的增长极。这些政策红利如何转化为竞争优势？

3）特色是什么？存量如何保住，增量如何提升？如何落地？

三灶科技工业园现已形成了以生物医药、新能源与新能源汽车、电子电器等产业为主的多元化产业格局。生物医药产业规模持续壮大，新能源与新能源汽车产业成为园区新的增长极。这些原有产业如何发展？未来的新型产业如何布局？园区整体发展的突破口和抓手是什么？如何从劳动密集型产业逐步发展为资金密集型、技术密集型产业？如何从优惠政策驱动型园区逐步发展为人才驱动、技术驱动的创新驱动型园区？

通过需求梳理与客户达成项目的核心目标如下。

1）明确新时期三灶科技工业园的产业发展定位

把握当前国家双循环以及碳中和等重大战略导向下的区域产业协同发展趋势，抢占粤港澳大湾区机遇，明确三灶科技工业园在珠海高新区乃至区域城市群发展中的产业分工定位，借势借力，争取融入更高层面的产业发展格局，在国家高新区高质量发展、乡村振兴、珠海市工业园区高质量发展方面积极争取先行先试政策试点以及重点示范平台落地，提升在区域发展格局中的地位。

2）提出三灶科技工业园的产业发展路径以及“园镇一体化”的策略方案

立足三灶科技工业园的资源条件，梳理总结本地优势产业所处的发展阶段以及未来升级发展趋势，从产业链出发，明确未来产业发展重点，制定产业全景图以及未来产业发展路线图，为后期产业项目导入和争取扶持政策提供支撑，以实现质量和效益上的突破。

3）打造“三灶样板”，提出“三灶方案”

精准把握当前园区发展阶段、核心优势与存在短板，以打造国家创新型特色园区与具有区域影响力的高新科技园区为目标，通过乡镇区域到科技园区的整体产业战略发展规划，打通由区域到园区的产业规划一体化，打造园镇一体化 4.0 时代，建设具有数字化、产业生态化、绿色的产城融合以及产融结合的园镇一体化运营平台，切实推动当地产业创新发展，引进具有前景的产业级项目并进行落地，推动当地经济的快速发展。打造园镇一体化的产业规划、中长期战略发展，对园镇所覆盖的各垂直产业的发展形成商业思维与解决路径，达到“咨询 + 赋能 + 资源 + 资本”一体化服务体系。

作业思路：四位一体，机会先行

在首次与客户交流时，三灶科技工业园管理委员会的领导明确指出：“规划规划，墙上一挂，我们要的可不是一纸报告，我们要的是规划出来后的落地！”应该说，这位领导的要求与我们的目标不谋而合，与智囊机构长期以来实践的“咨询 + 赋能 + 资源 + 资本”一体化的服务模式高度契合。

（1）“咨询 + 赋能 + 资源 + 资本”一体化的服务模式

在不断的实践中，我们一直探索打造“咨询+赋能+资源+资本”一体化的服务模式，从理念的导入到具体解决方案的提供，甚至帮助客户成为产业资源的整合者，从为客户想明白，到帮助客户说明白（咨询报告），发展到与客户一起干明白，这就是所谓的一体化解决方案（图 3-15-1）。

以“咨询+赋能+资源+资本”驱动的咨询公司，可为资本带来高质量、高互信的项目来源。同时，为投后管理和增值服务提供强有力的支持，包括战略规划、商业模式选择、公司治理、组织优化和流程再造、市场营销、人力资源管理、股权激励、企业文化、IT 规划、并购重组、上市方案设计、募股资金投向、上市后的投资者关系和市值管理等。通过这些服务，与企业建立“你中有我，我中有你”的千丝万缕关系，结下深情厚谊的不解之缘，最后形成咨询、资本、企业与城市发展的四者互动共生的和谐生态。

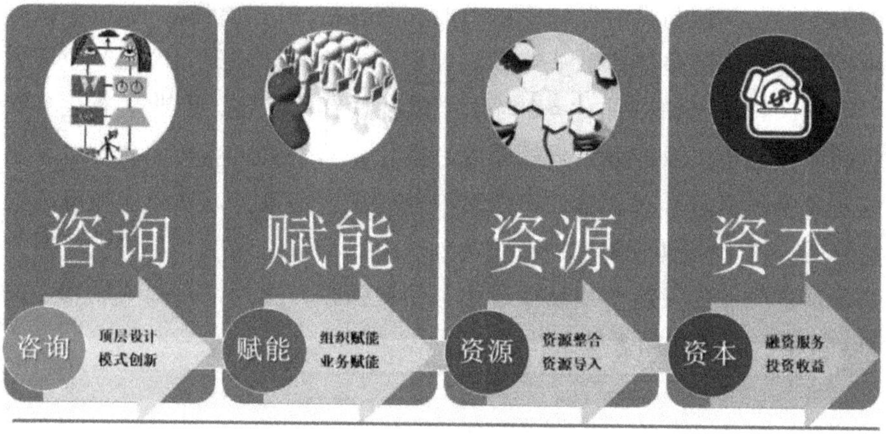

图 3-15-1　一体化咨询要素

（2）左手规划，右手战略

战略是规划的灵魂，在陆续编制城市和产业园区发展规划的过程中，我们深刻意识到一名优秀的规划师需要具备的一个非常重要的基本素养就是战略意识与战略思维。战略是什么？第一，战略是可以做的，意味着这个事情有机会。第二，战略是应该做的，这是时代或者环境所带来的一种倒逼。第三，战略是能够做的，意味着有这个实力可以去开展。第四，战略是你想做的，你是有偏好的，这是内驱的一个动力。第五，战略是敢做的，是魄力胆识的反映，它们的交集就是“战略”。我们在编制战略规划的时候，经常关注战略环境，关注战略资源，关注战略机遇和挑战，但是往往容易忽略了战略性人物的战略能力和促进战略实施的文化，这其实是导致很多咨询无法落地的主要原因之一。

（3）让一切为“机会”开路

在战略管理中，SWOT 分析是一种常用工具。但在实际的企业管理实践中，如何“扬长避短”才是 SWOT 分析的主要目的。在我们看来，做 SWOT 分析时，应该将机会置于中心地位，优势是促成机会成功的因素，威胁、劣势是导致机会（产品、项目等）失败的因素。分析在优势加持下的机会收益，以及在威胁/劣势影响下的风险，将收益与风险对比，判断“机会是否值得做”是SWOT分析的首要任务。

在此前提下，珠海高新区三灶科技工业园有着千载难逢的发展机会。

1）抓住“四区”叠加带来的前所未有的重大发展机遇

2021年，珠海市迎来了现代化国际经济特区、粤港澳大湾区、横琴粤澳深度合作区、自由贸易试验区“四区”叠加的重大发展机遇，也迎来了规模体量和区位格局的蝶变，成为粤港澳大湾区新兴产业的增长极。

与此同时，珠海市金湾区明确提出，要做好“融入、融合、融通”3篇文章。要在空间上融入，发挥金湾毗邻港澳的地缘优势，依托“一心、两港、四铁、四横六纵”交通格局，发挥空港、海港以及综合保税区在内外联通双循环方面的突出作用，重点推动“双港”与粤澳深度合作区功能协调和产业联动，将金湾打造成为粤澳深度合作区、粤港澳大湾区空间拓展的重要载体。

要在产业上融合，抢抓新科技革命和大湾区资源要素涌入风口，精准对接广深港澳项目，强化资源互补、科技赋能和金融支撑，推动二三产联动和产业链延伸配套，探索建立金湾先进制造业与港澳现代服务业融合发展的新机制。

要在制度上融通，紧跟“四区”改革创新、先行先试实践，大力推进高水平制度型开放，积极承接横琴自贸片区政策、珠海保税区功能向金湾延伸，为海港、空港片区全面赋能，加快形成接轨国际、衔接港澳的制度规则和管理机制，吸引更多海内外资源向金湾聚集。

2）在重构粤港澳大湾区产业圈层与空间布局中寻找定位

粤港澳大湾区建设已经从议题走向实施，大湾区成为中国最具经济活力、国际化水平最高的区域之一，也具备了国际顶级湾区的基础。

位于粤港澳大湾区空间内的三灶科技工业园要自觉主动地提高站位、扩展视野、放大格局，将发展目标提高到粤港澳大战略的战略层次上，特别是在发挥珠澳互补优势，实现产业联动、深度融合，进而以实现共赢的维度开展布局。

主要表现在：

① 园区发展要从粤港澳大湾区的战略高度重新定位，使其发展方向、发展目标、发展格局、发展路径与粤港澳大湾区相一致。

② 园区要从更宽广的视野、更高的层次考虑自己的资源条件、资源配置和发展空间。

③ 园区要从粤港澳大湾区的大格局中考虑自己的产业方向、产业布局和产业结构。

④ 园区的发展规划及其发展目标和发展路径应提升到粤港澳大湾区的战略高度。

⑤ 园区要和澳门的发展形成优势互补与资源共享，实现共赢。尤其是考量未来横琴的发展与溢出效应，提前做好未来产业生态的规划与布局。

3）通过碳中和目标倒逼推进产业格局重构

2020 年习近平总书记在气候雄心峰会上发表重要讲话，再次重申中国的碳减排目标：2030 年碳达峰，2060 年碳中和，体现大国担当。如果说前 30 年是数字化与信息化的时代，那么后 30 年将是低碳化时代，低碳化和数字化将成为“新两化融合”。从这个意义上讲，碳中和不是一项短期工作，而是一项长期事业。

把握当前国家双循环以及碳达峰碳中和等重大战略导向下的区域产业协同发展趋势，抢占粤港澳大湾区的发展机遇，推动珠海金湾区、珠海高新区三灶科技工业园“园镇一体化”在珠海高新区乃至区域城市群发展中的产业分工定位，并使之融入绿色、低碳的产业发展格局，三灶科技工业园需要以产业创新为突破点，通过“碳中和”产业创新的辐射赋能作用，推进产业格局重构，实现产业高质量发展。

方案规划：系统布局，重点突破

结合客户需求和项目目标，我们与客户一起制定出了未来五年的战略发展目标，聚焦发展以“智能化、绿色化、数字化”为基础的特色产业集群，将三灶镇的区域产业发展与珠海高新区三灶科技工业园优势产业发展相结合，更加注重全球、国家的产业布局和城市发展的演变与产业的内在联系，实现在创新推动下的“以产促城，以城兴产”。

（1）探索创新驱动的“产城融创”结合发展的新路径

将产业发展、城市经营、乡村振兴以及社会发展四方面统筹考虑，进行复合式经营。将“产业双创”纳入产城互动关系中，探索创新驱动下的产城融合新路径，同时针对地方发展资金不足的现状，发挥市场作用，一方面强化“产融结合”；另一方面有效利用政府引导资金，改变园区以及地方政府的收入结构，减少当地政府对土地收益的依赖，增加现代服务业以及创新项目的投资收益，系统化地构建“产城融创”发展的新模式。

在深度访谈珠海市政府政策研究室领导后，我们得出了这样的结论：三灶是珠海园区改革的排头兵，但不是为了改革而改革，而是服务于珠海做大能级和量级的大目标。从“园镇一体化”到“产城融创”高度融合的“片区发展”新策略，是从打造“三灶样本”，到实现“三灶样板”的关键。科技创新推动下的产业升级与企业发展，产业以及企业牵引下的科技成果加速转化，以及政府推动下的市场要素的实现以及各大应用场景的交织联动，让科技创新、产业升级以及应用场景三者之间形成良性互动，进而推进“园镇一体化”乃至“产城融创”高度融合的“片区发展”新策略的实现（图 3-15-2）!

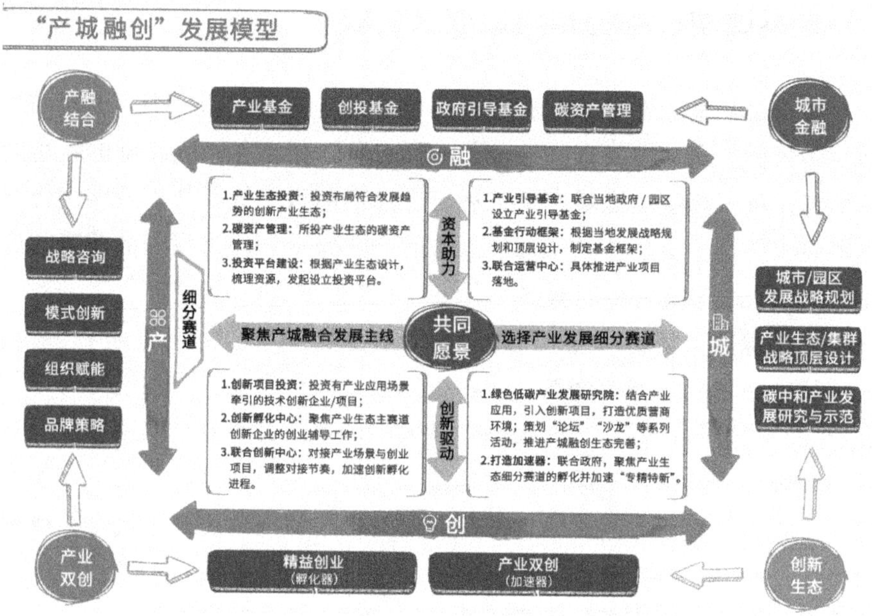

图 3-15-2 智囊机构“产城融创”发展模型

（2）以打造碳中和产业示范区为突破点，汇聚产业生态

我们深入调查和研究后认为，三灶“园镇一体化”发展需要把握当前国家双循环以及碳达峰碳中和等重大战略导向下的区域产业协同发展趋势，以产业创新为突破点，通过“碳中和”产业创新的辐射赋能作用，推进产业格局重构，实现产业高质量发展。

以共同打造粤港澳“三灶”碳中和产业示范区为突破点。强化“鼎新革故”，在打造未来可持续发展的新增长极的同时，以增量带动存量的发展，构建“1+1+N+1”（产城融创）顶层框架的同时，强化新技术、新产业以及新模式的引进与落地。即在做顶层规划的同时，开放创新，协同合作，实践招商引资的新模式，以产业为牵引，为提供创新技术与项目的应用场景，带动产业级企业的创新发展、优质的创新孵化项目进行产业化应用，引进稀缺产业，优化产业结构，进一步发挥集群优势，打造集约高效、配套完善、链条完整的现代化产业园区。具体策略是从产业、企业、科研、金融方面构建产业生态圈。

打造碳中和产业示范区“1+1+N+1”运营模式：

——建立一个总体运营平台：以绿色科技产业应用为牵引的碳中和产业示范区。

——成立一个基金（绿色金融赋能）：发起设立“碳中和产业发展基金”，牵引相关产业资源向三灶地区汇聚。

——打造N个产业集群：以新能源、航空航天技术转化、绿色建材（光伏建筑一体化）、生物医药健康、绿色物流、智能制造以及数字化职业教育等为突破口，搭建新一代产城（乡）融创的园区运营平台和以产业为牵引的创新创业孵化平台，进一步推动优势产业价值链、创新链、供应链升级发展。

——打造一个产研融合孵化平台：孵化和培育主产业相关创新企业，完善产业生态，并做好配套服务。

咨询效果：赋智赋能，打造生态

方案到底如何落地？仅以绿色建材（光伏建筑一体化）产业生态落地为例进行说明。

在智囊机构的组织和统筹下，珠海高新区三灶科技工业园管理委员会、中企国云基金、浙江合特光电、智囊机构四方达成共同建设珠海三灶园镇一体化绿色碳中和示范区“产城（乡）融创”的战略合作，共同打造国内首批“绿色碳中和产业示范园区”，构建“产城（乡）融创”融合发展新模式。

四方在发展定位、资源配置以及市场发展选择上，既有互补也有互助，具有战略级合作属性，大家共同推动“产城（乡）融创”的创新融合发展，共同打造三灶园镇一体化绿色低碳示范区的“三灶样板”（表3-15-1）。一是共同推动绿色低碳产业的发展与落地；二是共同打造绿色低碳园镇一体化的产业生态及应用场景；三是共同进行绿色科技企业创新项目的孵化与投资；四是共同发起设立大湾区碳中和产业发展研究院与绿色科技企业孵化器。

表 3-15-1　四方共同推动“产城（乡）融创”创新融合发展

产	城	融	创
浙江合特光电	三灶科技工业园	中企国云基金	智囊机构
BIPV	政策 用地 服务	产业基金 创投基金	碳中和产业研究中心 绿色科企孵化中心 碳资产管理中心
资源	资源	资本	咨询、赋能

在具体合作分工中，浙江合特光电提供 BIPV（光伏建筑一体化）的领先技术、产品和服务，落地到珠海高新区三灶科技工业园的产业发展布局和多领域应用场景；中企国云基金提供 BIPV 产业生态应用所需的绿色金融产业基金的建设与项目投资及运营服务；智囊机构则为三灶城镇及园区进行政策与产业的研究及为绿色低碳城镇园区进行战略顶层设计，对产业生态创新项目进行孵化与投资，推动产融结合和项目落地。

在规划项目逐渐实现落地的同时，《珠海高新区三灶科技工业园“园镇一体化”产业战略发展规划》的核心内容分别被纳入《广东省珠海—江门大型产业园区规划建设方案》《珠海市工业园区建设指引》《珠海市高新技术产业基金投资管理办法》《珠海大型产业聚集区建设方案》《珠海高新技术产业开发区“一区多园”产业发展规划》《珠海金湾区党代会报告》《珠海金湾区人民政府工作报告》《金湾区三灶镇人民政府政府工作报告》《金湾区三灶镇人民政府经济工作会议报告》等。在 2022 年度区镇的政府工作报告中特别提出，该项目为“推进园区扩容提质”发挥了重要作用。

报告原文如下：“强化顶层设计，优化园镇一体化运营管理体制机制，迅速开展园镇一体化发展总体规划和专项规划，有效统筹空间资源配置。深化打造省特色产业园，盘活园区闲置厂房及低效用地 20 万平方米以上，搭建粤港澳碳中和产业生态孵化平台及湾区·智囊机构智库，进一步构建园镇一体化的‘碳中和产业示范区’，成立中科健兰大湾区转化医学中心平台等。持续补强园区基础设施配套短板，全面提升园区开发能级和水平，着力打造‘产城融创’高度一体化的‘4.0’产业生态型智慧零碳园区。”

2021 年 12 月底，该项目圆满结项。2022 年 1 月 20 日，智囊机构联合三灶科技工业园、中企国云基金、浙江合特光电、吉利商用车集团在北京签订战略合作协议，为共同建设珠海三灶园镇一体化绿色碳中和示范区达成“产城（乡）融创”的战略合作，各方携手共同打造国内首批“绿色碳中和产业示范园区”，构建“产城（乡）融创”协同发展新模式，从绿色基础设施的建设入手，开启了“产城（乡）融创”协同发展的珠海项目“第二季”。

2022 年，我们将围绕“产城融创”开展多方全面的合作，尤其是以实现碳中和的产业为主导，以创新创业为突破口，打造“产城融创”的平台，探索创新驱动下的产城融创的新路径，构建“产城融创”融合发展新模式。推动大湾区实现产业、城乡、金融与创新创业的协调融合与良性互动的快速发展！具体包括：共同对三灶镇及科技工业园产业一体化运营平台进行建设，对优质的项目进行引进与推进落地，开展技术成果转化、品牌影响力打造、对接产业与资本、共同发起产业基金与创投基金，共同成立大湾区碳中和产业发展研究院与绿色科技企业孵化器平台等。

咨询新角色：连接共生、合作共赢

在我们看来，现在越来越多的客户已经不满足于一纸咨询报告，而是亟须一体化解决方案以及由此形成的具体落地措施。在此背景下，咨询公司不仅是一家专业服务机构，更是一个产业生态的构建者，对客户而言，我们不仅是“乙方”，更是发展的合作伙伴！

为了支持客户的实施落地，咨询顾问在追求咨询方案高大上的同时也必须更加实操。顾问将会面对一系列课题：如何选择试点或试运行的策略？如何管理和教练客户的团队？如何真正做到有效教练又不越俎代庖…… 这些课题并不比给出咨询建议来得简单。咨询顾问只有深入参与客户变革的实施阶段，才能在真正意义上成为客户的变革伙伴。

特别需要说明的是，“咨询 + 赋能 + 资源 + 资本”一体化的服务模式，对咨询公司和咨询人员能力提出了全新的要求，如顶层设计的能力、企业教练的能力、资源整合的能力、资本对接的能力，这几者缺一不可。同样，“产城融创”模式运营，要求咨询公司及咨询人员还要有强大的跨界沟通能力、项目协同能力等。

我们坚信，当咨询能够真正以顾客为中心，回归顾客价值创造之中，就能感受到：一个又一个新业务场景的涌现；新技术、新产业与客户进行互动时，更深层次、更有针对性的价值空间便被呈现出来；各个领域前瞻性的顾客价值方案，被一一创造出来。那些能够把技术与员工、供应商、生态伙伴协同在一起，连接共生，为顾客提供飞跃性价值的企业，将会获得跨越周期的价值增长。

项目团队：

傅　强　智囊机构董事长

张红军　珠海高新区三灶科技工业园管委会副主任

冯宗智　智囊管理研究院院长

金　平　智囊机构副总经理

董　磊　智囊机构副总经理

杨　旸　智囊机构咨询总监

张敬东　智囊管理研究院研究员

16 北京某主要商业街产业与商业规划咨询案例*

咨询项目——商业街示意图

* 本案例由中咨顾问管理有限责任公司根据真实咨询项目撰写。

机构简介

中咨顾问管理有限责任公司

中咨顾问管理有限责任公司是由国务院国资委牵头成立的战略管理咨询领域的中国方案、中国政府及国资体系的专业智库。咨询团队的主要成员来自全球顶尖管理咨询公司，兼具国际视野与中国经验，运用体系化的管理咨询方法论，结合行业最佳实践，提供从战略规划到落地实施的全方位咨询服务。中咨顾问管理有限责任公司深度聚焦国资企业的共性需求与发展痛点，紧跟政策重点，通过专业咨询服务将顶层设计变成落地方案，包括落实双碳目标、推进国企改革等重大举措。

随着核心城市纷纷进入存量时代，城市从“大拆大建”逐渐向重新定位、改造并盘活存量资产的城市有机更新转变。在城市更新大背景下，传统商贸中心如何实现产业和商业的升级与置换，成为影响区域未来发展的关键问题。本案例旨在说明在新一代城市更新中，咨询团队如何通过立足现状、纵观全球、把握趋势、逐层聚焦，为破解区域产业经济发展与商业功能焕新提供新的解决思路。

项目背景

本项目位于北京某主要商业街（以下简称“A 商街”），作为北京市传统商业中心之一，A 商街商业体量约 10 万平方米，办公及酒店 5 万~6 万平方米。

纵观历史，A 商街曾见证了北京商贸及潮流文化的崛起。近年来，受限于大多国资办公商业载体开发年限较早、设施配套老旧、业主运营能力有限等原因，加之周边新兴业态崛起，项目所在区块受周边“高人气”区域人流虹吸效应影响显著，商业活力不复往昔，产业也亟待转型升级。

K 集团（后文中的“客户”）是一家商业地产开发运营公司，多年来受托负责 A 商街产业与商业的整体运营工作，需要对 A 商街产业、单体项目、沿街商业发展现状进行全面梳理，形成 A 商街整体提升方案，明确产业、商业规划和实施策略，提升区域产业集聚度及商业氛围品质。

为保证方案兼具前瞻性和可行性，K 集团分别聘请了产业规划、商业策划、街区概念规划 3 支专业团队，配合开展此次整体方案设计工作。中咨管理顾问有限责任公司（以下简称“中咨顾问”）作为在产业与区域规划领域经验丰富的专业咨询公司，受 K 集团委托，与商业策划团队同步开展 A 商街产业规划与商业规划，其中中咨顾问团队负责 A 商街的产业升级规划工作，形成顶层设计方案，明确产业功能组合，制定产业升级改造落地实施策略。商业策划团队依托产业顶层设计，对 A 商街的商业载体分阶段进行更新升级，并与产业形成互动。街区概念规划团队则基于产业规划、商业策划两支团队的产业和商业升级规划方案，完善配套功能、公共空间等街区风貌设计，制定形成兼具国际视野、创新美学、人文情怀复合之美的街区概念规划方案。

项目启动前沟通与初步思路探讨

2021 年 11 月，中咨顾问团队与 K 集团项目负责人进行了第一次当面沟通。K 集团介绍了 A 商街的历史、现状和当前发展面临的困境，也分享了对 A 商街升级的未来设想。A 商街从昔日繁荣走向日趋没落，当前主要面临如下发展痛点。

——产业发展乏力：虽得益于过往产业积累，诸多大型国有企业驻扎，但总体而言，入驻企业多数为民营中小企业；产业结构上，以商务服务、批发零售为核心的产业体系面临新模式、新场景强势崛起的挑战，传统增长动力不足。

——商业业态老旧：必胜客、和合谷等大众餐饮聚集，商业形态以传统百货商场、步行街等社区商业为主，新消费业态发展滞后，缺少文创产品、主题咖啡等新兴体验业态。

——城市功能单一：现有存量功能载体虽然能够基本满足商业、办公、休闲等需求，但形象与设施陈旧，无法承载城市功能升级的消费新载体；同时各功能载体呈现点状分布，缺乏功能串联，社交氛围薄弱。

——年轻活力不再：一方面周边标志性商圈兴起，对 A 商街的年轻人流形成分流；另一方面餐饮业占比较高，缺少新兴潮流业态，难以成为年轻人非办公时段的首选打卡地，人流潮汐效应明显。

K 集团作为商业地产开发运营公司，多年来虽然在商业项目开发领域积累了丰富的经验，但在当前城市有机更新的大背景下，如何通过产业和商业业态的迭代升级，实现产业、商业、公共功能的良性互动，进而带动区域重新焕发活力，需要借助专业咨询团队的能力，同时需要产业规划、商业策划和街区概念规划3支团队的通力配合。对于产业规划部分，K集团也提出希望中咨顾问能够聚焦3个核心问题给出破解之法。

——总体目标定位。即项目应该如何设定合理的发展定位及可量化衡量的战略目标，从而既能满足A商街产业经济发展及商业功能焕新的诉求，又能成为北京市新一代城市更新标杆？

——产业功能组合。即A商街应该锚定怎样的产业主题、目标人群，形成怎样的商业及公共功能组团，从而填补产业及商业发展上的缺位，在街区内实现产业与商业功能的良性互动？

——落地实施策略。即项目应该如何设计切实可行的实施路径、配套优势、引商育商政策及条件，从而确保产业与城市功能的共同升级？

通过此次沟通交流，中咨顾问团队对项目的核心诉求有了更加深入的了解，咨询团队分享了对项目的初步思路，对全球城市更新、产业和商业的变化趋势进行了分析，并介绍了团队在区域与产业规划领域的相关项目经验，对项目表达了信心。

初步规划思路上，中咨顾问团队从全球趋势、产业趋势、上位要求、禀赋资源4个维度深入研判分析了A商街当前面临的发展机遇与挑战，提出定位打造“活力创新中心”，既符合全球城市和产业发展趋势，又满足国家和所在城市重大战略要求A商街承担的重大使命，以此为战略定位规划A商街整体提升方案，可以在产业上助力周边实体经济创新升级与外资企业服务完善，在商业上满足主要目标客群消费体验双升级的需求。

本次沟通交流中，中咨顾问提出的初步规划思路得到了K集团项目负责人的认可，双方在规划方向与后续项目推进方面达成了初步共识：遵循“先整体把握，后细节推进”的规划思路，先通过“四看”（向外看、向前看、向上看、向内看），逐层聚焦，形成区域的顶层设计，就顶层设计与产业体系进行汇报沟通；双方就顶层设计达成一致后，进一步推进产业在区域内的功能落位与商业策划，并形成可快速落地执行实施策略与落地举措。

双方约定，本次沟通后中咨顾问将制订形成具体工作计划和团队人员配置，提交K集团审阅决策后，尽快推动项目合同的签订工作，并适时开展项目前的相应准备工作。

项目工作计划、关键节点与团队配备

中咨顾问团队根据与 K 集团的沟通，就项目的推进制订了具体的工作计划，并与商业策划团队、街区概念规划团队建立常态化的三方沟通机制。

中咨顾问团队与商业策划团队密切配合，分两大阶段共同完成 A 商街产业与商业规划方案，通过全流程清晰规划并设置中期成果汇报、最终汇报等项目关键节点，使团队能够有效把控项目进展，在确保客户深度参与、及时掌握产业规划各阶段关键结论的同时，与商业策划团队、街区概念规划团队在各自方案制定、核心观点等方面形成有机衔接和相互支撑，保证 A 商街提升方案的整体性。

同时，中咨顾问针对客户的核心诉求，组建了专业的项目团队，并进行了明确分工。

张帆，项目合伙人，项目总体统筹，客户沟通与政府层面沟通，项目质量审阅。在政府和公共事业、区域经济发展、区域产业规划、宏观经济等领域具有丰富的经验。

罗志诚，项目负责人，项目方案总体策划，客户沟通及外部合作方协调，项目质量把控。基础设施及产业经济发展领域的资深专家顾问。

陈怡雯，项目经理，项目方案执行，项目进度与质量把控，内部团队管理，项目方案撰写。在政府机构和企业战略梳理、城市发展规划、产业规划、营商环境优化、招商战略制定等领域拥有超过十年的战略咨询服务经验。

乐心宸，咨询顾问，资料收集，案例研究，项目方案撰写。在企业内部战略规划领域拥有丰富的咨询经验。

在项目合伙人的总体把控下，由项目负责人、项目经理、团队成员按照工作计划安排，各司其职推进项目进展，内部形成相互支持与分工协作；同时，与外部商业策划团队建立紧密的日常沟通，内外相互协同，在确保项目交付质量的同时，为总体方案的成功提供保障。

第一阶段：形成顶层设计方案

顶层设计与产业定位是第一阶段的核心任务，也是明确产业功能落位与商业项目策划的前提。只有“以终为始”做好顶层设计，以结果为基准点俯视实现结果的所需过程，才能更好地确定实现达成结果的最佳途径。

为了实现产业结构、商业业态、街区风貌整体协同提升的战略目标，中咨顾问团队从“向外看”“向前看”“向上看”“向内看”4 个维度出发，逐层聚焦，以期在充分挖掘 A 商街禀赋优势的基础上，准确定位问题症结，探索城市有机更新背景下，传统商贸集聚区产业和商业成功焕新的底层逻辑和顶层设计。

纵观全球城市更新趋势，领先城市正在呈现创新创意产业回流城市中心的趋势，以创新创意激发区域活力的都心活力创新中心这种城市更新模式应运而生。波士顿滨水创新区、西雅图南湖联合区、东伦敦科技城聚焦 Y–Z 世代的工作与生活需求，或通过创新产业聚集，或打造共享创新空间，抑或营造文化创意氛围，对传统城市中心区域陈旧的楼宇、公共空间等进行“腾笼换鸟”，重新注入创新创意内涵，探索出各自的中心城区城市更新有效路径。同样，作为昔日北京市标志性的中心城区，A 商街应立足产业商业创新之本，探索打造兼具“职、住、学、娱”多元场景的活力中心，并通过持续的业态创新以保证对年轻群体的吸引力。

面向未来产业与商业革新，新数字、新服务、新创意融合趋势显著。产业上，全球产业发展的融合趋势愈发显著，实体产业数字化、制造企业服务化、科技企业创意化成为产业变革的 3 个重要趋势，衍生新兴的产业业态，而企业的选址逻辑也相应变革，更趋于“都心”集中；商业上，传统商圈从以单一购物为核心功能的实体零售场所，向打破零售、展陈、社交等功能边界，提供线上线下融合、24 小时消费的互动体验式新零售空间，即“商圈 3.0”升级（图 3–16–1）。顺应全球产业及商业的变革趋势，A 商街应着重笔墨于“三新”总部经济与“三全”社群商业。

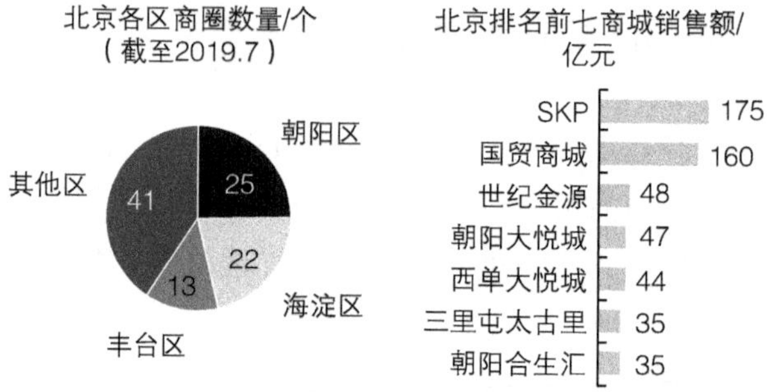

图 3-16-1　北京各区商圈数量和排名前七商城销售额

把握战略使命，双循环、新经济、产城新貌要求产城载体有机更新。在国家双循环、新经济、城市更新的战略要求下，北京应当以高品质多业态的商业功能提振消费，加紧新经济要素布局以促进首都功能调整，推进产城载体的有机更新，通过打造活力创新中心为新一轮产城发展注入活力。

A 商街独具潜力和发展基础，应主动承接打造活力中心的使命。放眼北京，活力创新中心的业态尚未呈现，而 A 商街独具潜力，主要表现在：产业上，外资企业总部、专业服务业企业、国企龙头等多类别产业要素构成融合创新之力；商业上，已具备多个全球顶奢、国际设计、潮流文化、艺术体验的多元商业载体，多层次商业网络奠定活力延续之基；人群上，国籍背景、年龄层次、行业领域等多元化人群构成区域活力之本。A 商街主动承接打造活力创新中心的使命，在破解自身发展短板、释放发展潜力的同时，实现与周边其他商业和商贸片区的良性互补。

基于国际形势、行业趋势、战略要求、发展基础的综合分析，项目团队提出了 A 商街产业规划顶层设计的初步构想：A 商街以打造北京首个活力创新中心为战略定位，聚焦潮人群，以潮流嗨玩的 Y-Z 世代与创新颠覆的科艺大咖打造影响力，以前沿视野的全球公民与品味独到的企业精英驱动价值创造；致力于打造“三新”总部产业生态，聚焦亮点新平台，优化产业全生态，重塑商业新地标；依托统筹部署、营商支持、运营创新、要素保障四大维度 8 项关键举措推动 A 商街升级改造切实落地。

在顶层设计框架下，针对产业主题定位的核心议题，项目团队从目标客群画像出发，进一步描绘了新数字经济、新服务经济、新创意经济“三新”产业体系生态的具体构成（图 3-16-2），即明确了细分产业领域、重点驻商、共性化驻商需求，以及各产业重要抓手亮点平台项目的“蓝本”。

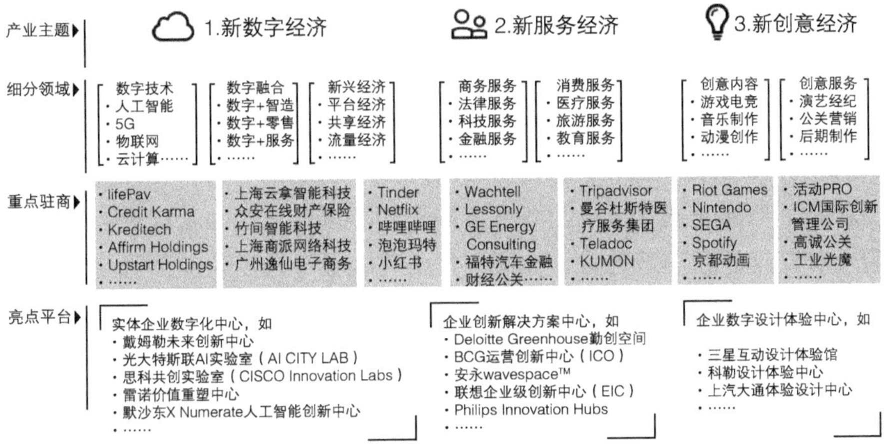

图 3-16-2　“三新”产业体系生态的具体构成

至此，中咨顾问对第一阶段的核心议题给出了自己的解答，并就此顶层设计初步方案分别与商业策划团队、街区概念规划团队进行了及时、充分的沟通。

中期成果汇报与沟通

2022 年 1 月，中咨顾问团队与商业策划团队、街区概念规划团队一起就各自项目中期方案向 K 集团进行了汇报。由于产业与商业规划方案之间存在紧密的逻辑联系，在汇报前中咨顾问对产业与商业规划方案进行了统筹整合，并提前将产业与商业规划方案初稿提交 K 集团项目负责人。中咨顾问团队希望通过本次中期成果汇报，将项目现阶段重要发现与 K 集团进行深入交流，系统性地收集 K 集团相关领导的意见和反馈，以确保顶层设计方案的可行性。

中咨顾问团队的项目负责人对A商街产业规划方案的关键结论进行了讲解，从国际代表性活力创新中心街区的先进实践案例入手，生动刻画了传统中心城区如何实现转型升级，对其核心功能和业态构成进行了提炼总结，结合对A商街发展基础和面临瓶颈的深入剖析，探讨A商街打造活力创新中心推动区域整体升级的可行性。

立足全国双循环大背景，中咨顾问全面分析了全球新一轮城市更新下产业、商业面临的迭代需求和转型方向，以及北京市在这一轮战略机遇下应承担的历史使命，提出在产业上，为顺应全球实体产业数字化、制造企业服务化、科技企业创意化的升级革新趋势，A商街应探索由新数字经济、新服务经济、新创意经济构成的新总部生态；在商业上，捕捉新品驱动加速迭代、线上线下界限模糊、混合功能全面渗透、多元体验全时穿越的新消费趋势，加固“社群化商业”的定位。活力创新中心充分整合了全球产业与商业革新的新趋势，而双循环、新经济、产城新貌的上位趋势也提示北京打造活力创新中心的迫切性和必要性。

至此，中咨顾问提出，当前A商街加快打造北京首个活力创新中心是契合自身发展与未来趋势的最佳选择，并展示了这一战略目标下的顶层设计和产业规划方案。

与会的K集团和A商街街道对中咨顾问中期汇报提出的总体方案和关键结论表示了认可，认为方案提出的活力创新中心理念非常先进且契合A商街发展需求，“三新”产业结构也做到了物理空间上有引爆点、发展路径合理清晰，且与街区概念规划团队的美学街区实现了有机结合，为空间设计“装进什么内容”提供了清晰思路。下一步以此顶层设计为基础，由繁入简，内容更加聚焦几个关键问题，进一步梳理细化产业的空间落位和落地举措。

同时，与会领导提出了几个希望中咨顾问进一步澄清和解答的问题。

——方案优化上，进一步细化A商街南侧整条街区中重点载体的业态规划，以及“三新”产业及亮点平台项目的空间落位建议。

——时间安排上，配合2022年年底实现先行商业引爆项目×（以下简称“商业×”）试营业的时间节点，厘清产业与商业升级的分阶段实施路径。

——推进机制上，形成由 K 集团、街道、中咨顾问、商业策划团队组成的专项工作小组，明确小组负责人，各团队安排专人负责对接，形成定期例会及工作汇报制度。

中咨顾问团队对于总体方案得到 K 集团及街道认可感到高兴的同时，深刻意识到下一阶段方案优化的重要性和紧迫性。一方面需继续优化产业功能设计，同时应再次对区域整体开展详细的实地调研；另一方面确保产业功能落位清晰准确，切实助力客户提升 A 商街升级方案的落地效率。

第二阶段：深化功能定位

为充分解答中期汇报沟通会上 K 集团和街道提出的关键问题，尤其是产业功能布局和空间落位问题。会后，中咨顾问团队迅速再次安排团队成员对 A 商街主要道路南北两侧特别是南侧的办公商业载体、街区、公共空间进行了地毯式“扫街”，通过实地走访、拍照与信息检索相结合的方式，全面了解 A 商街现有产业、商业、公共服务等功能业态的空间落位、产权归属和当前用途等，为产业功能定位细化和空间落位规划提供依据。

设计产业全功能布局。项目团队以“三新”产业生态为基础，重点聚焦具备产业承载功能且 K 集团持有产权的物业载体，并优先启动商业 × 所属载体的产业升级工作；依托主要产业功能升级空间，聚焦亮点平台项目，激活 A 商街产业升级活力，并与先行商业项目形成业态联动，优化产业全生态。按照亮点平台项目“连点成线”、产业新生态重塑动力、商业新地标引爆热点的原则，重新绘制整体街区的功能空间落位蓝图。

明确重点物业单体功能落位。按照整体街区功能布局蓝图，对标国际成熟活力创新中心产业生态布局最佳实践，结合“三新”产业的亮点新平台和重点驻商项目的共性驻商诉求，项目团队对街区各重点物业的功能空间布局逐一制定落位方案建议，明确“职”即办公功能的空间布局，同时对配套的“住、学、娱”城市功能升级提出建议，确保 A 商街产业和商业功能布局优化，并为街区概念规划团队细化设计提供产业和商业的内容导入和布局原则（图 3-16-3）。

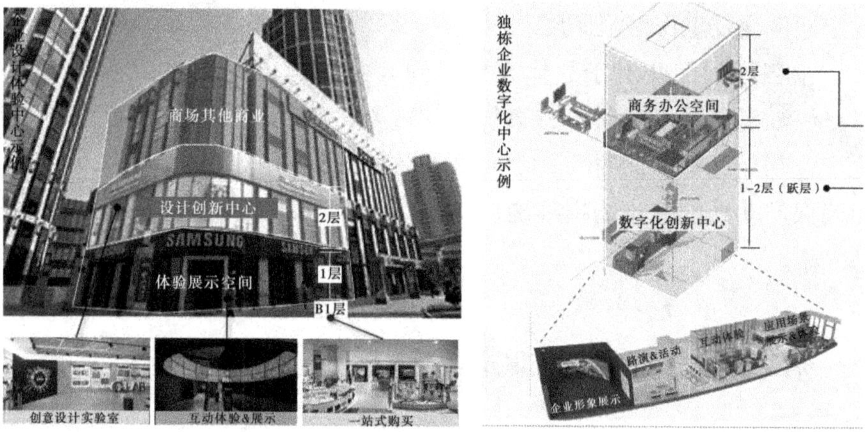

图 3-16-3　商业区物业功能布局

落地前准备：细化落地举措与实施路径

在产业主题和功能落位都已经清晰明确的基础上，为了顺利推动 A 商街产业升级方案的切实落地，中咨顾问对产业和商业项目落地的关键举措提出了建议，筛选并形成潜在合作伙伴清单，并协助 K 集团对接了多个潜在合作伙伴，在了解 A 商街未来发展定位和升级方案后，一些企业已经表现出较为明确的入驻意向。同时，中咨顾问对方案制定明确了分阶段实施路径和重点举措，使方案“落地有抓手，实施有路径”。

细化落地保障举措。聚焦统筹部署、营商支持、运营创新、要素保障四大维度制定关键举措：成立由政府部门、企业、外部专家组成的 A 商街商业管理联合会（图 3-16-4），统筹多方力量提升运营效率；从城市更新、首店经济、产业培育、产业升级等维度对 A 商街可以争取的营商支持政策进行全面梳理，优化“三新”产业营商环境；推动“房东 + 股东”培育模式，以产业投资等方式深度参与驻商企业的培育和发展，通过运营创新破解产业与商业长期升级发展难题；探索市场化运作等方式推动A商街公共空间效率提升，强化公共配套要素保障。

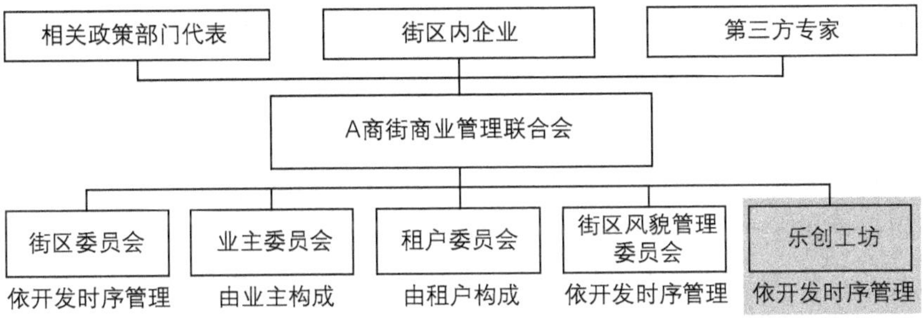

表 3-16-4 A 商街商业管理联合会组织结构

明确分阶段实施路径。项目团队配合商业策划方案的推进节奏，以五年为目标，分3个阶段逐步推进A商街产业与商业升级改造，2026年年底完成新消费空间和新产业生态的全面构建，并对各阶段的关键财务指标进行了预测（图3-16-5）。

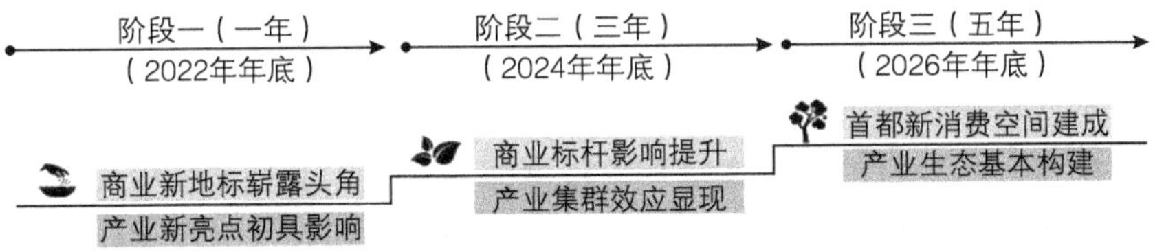

图 3-16-5 实施路径

梳理潜在驻商企业清单。针对首期启动的办公、商业、公共空间旗舰项目的打造需求，项目团队对各细分产业领域的亮点平台项目和重点驻商项目进行了筛选，形成潜在合作伙伴清单，协助K集团更高效地对接与升级后的A商街定位相匹配的潜在驻商。

至此，A商街产业升级方案的“全貌”得以一一展现，中咨顾问项目团队也对项目伊始提出的3个核心问题给出了完全“解题思路”。

咨询成果与总结启示

2022 年 3 月，中咨顾问项目团队正式向 K 集团提交了咨询方案最终成果，并根据 K 集团安排，向 K 集团领导、街道和区领导进行了多轮汇报沟通。K 集团管理层和区领导均对本次咨询方案给予高度评价，并以咨询成果为依据，同步推动商业 × 的落地开业和产业置换升级工程。

截至目前，商业 × 的内部结构与外立面改造正在如火如荼地进行，并同步推进配套重点物业的产业腾挪和招商工作，预计 2023 年年初启动试营业，作为 A 商街升级的第一个“引爆点”。我们也期待，随着商业新地标的开业，A 商街的产业和商业将逐步按照设想的蓝图实现成功迭代升级，一个全新的 A 商街，也是北京首个活力创新中心的迷人风貌将很快展现在大众面前。

中咨顾问项目团队在整个咨询工作过程中，将过去积累的区域规划和产业规划经验，充分与 A 商街肩负的战略使命和发展基础相结合，依据全球城市更新和产业升级的趋势因地制宜地形成为 A 商街量身定制的规划方案，同时在提交方案之后持续为 K 集团提供方案解读、招商对接等服务，既保证了方案的国际视野和高度，也使方案能够更好地落地执行。

本次咨询项目的亮点也是难点在于：一是将国际先进的城市更新理念和模式，与项目的资源禀赋和短板挑战相碰撞，通过“师夷长技”的定制化改造，走出了活力创新中心在北京的新路径；二是在多团队协同配合的项目中，产业的升级改造不能与商业业态升级“两层皮”，更需要为街区概念规划“注入灵魂”，因此中咨顾问在整个项目推进过程中都与合作伙伴密切合作，确保方案在各阶段的关键结论相互印证、相互支持。专业与协同也是项目能够获得客户认可并快速落地实施的两大关键要素，专业体现在兼顾先进实践与客户实际，协同在于在跨团队合作中提前构建良好的合作机制和信息共享，升级后的 A 商街有望成为北京乃至全国首个活力创新中心，打造城市更新“新样本”。

项目结束后，K 集团多次表示每次阅读项目方案都有新的发现和启示，并表示未来区域与产业发展如有需要，愿意继续选择中咨顾问作为可信赖的专业咨询合作伙伴。

第四章　中国咨询业发展 40 年大事记

中国咨询业是伴随着我们祖国的改革开放孕育和发展起来的。从1981年独立注册的第一家咨询公司至今，已经走过了整整40年的光阴。中国咨询业以事实为基础，秉承独立、科学、公正的原则，综合利用多学科知识、实践经验和现代化管理理论、方法及工具，在工程和现代企业建设过程中，发挥了各种先导作用，推动了我国各种决策的科学化、民主化进程，在保障工程质量、规避投资风险、优化重大产业布局、提高企业创新能力和管理效能、增强企业可持续发展能力等多方面发挥了重要的作用。

回首往昔，第一代咨询人都已经进入了70~90岁的高龄，今天我们追寻他们那无悔的脚步，拂去岁月的封尘，中国工程咨询协会、中国注册会计师协会和中国科技咨询协会共同合作，用大事记的方式来记录中国咨询业40年的足迹。

一、中国咨询业萌芽期（1981—1991 年）

1981 年

从咨询产业发展的角度讲，1981年应是我国咨询产业发展的初始点，因为那年我国第一家咨询公司注册成功，它就是中国国际经济咨询有限公司，中国国际经济咨询有限公司是中国中信集团有限公司的全资子公司，是由荣毅仁先生倡导，会同经叔平先生等老一辈中国企业家创立的，是改革开放后第一家专业咨询公司。在20世纪80—90年代，该公司主要在投融资咨询、战略咨询、金融咨询、管理咨询、工程咨询等领域提供综合性专业化的咨询服务，自2009年起，该公司开始构筑以金融咨询为中心，以投资咨询、管理咨询，工程咨询、项目管理为两翼的业务格局。

实际上，1980年咨询工作的萌芽就已经开始孕育，中国科协系统就启动了咨询工作，他们通过学会、协会或直接组织科学工作者为社会提供咨询服务。1980年12月23日，经国务院批准，财政部发布了《关于成立会计顾问处的暂行规定》，会计顾问处即会计师事务所前身，该规定标志着我国注册会计师制度的恢复重建。

1981年1月1日，恢复重建后第一家会计师事务所——上海会计师事务所成立。同年，广州、南京、新疆、昆明、中信、北京6家会计师事务所成立。同年1月，财政部批准永道财务会计公司（原阿柏斯·赖布兰公司）在上海设立代表处，成为外国会计公司在我国设立的首家涉外会计机构。

1981年，在中国科学院的学部委员大会上，中央领导人对科学家提出了新的要求：对国家建设提供更多成果的同时，还要运用知识和经验，对四化建设的重大问题，提供有价值的意见和建议。在1980—1983年，仅上海科协就完成咨询项目4000多项，内容包括决策咨询、管理咨询、技术咨询、人才培养、技术攻关和产品开发等。

1981年1月，国务院印发了《关于颁发〈技术引进和设备进口工作暂行条例〉的通知》（国发〔1981〕12号），文件规定了"所有技术引进和设备进口项目，都要参照本条例附录的要求，编制项目建议书和项目可行性研究报告"，为项目立项决策提供科学依据。进而出现以中国国际工程咨询公司为代表的一批为利用外资、技术引进和设备进口项目提供服务的工程咨询公司。

1981年，为适应改革开放和基本建设需要，国家建委建议国务院有关部门挑选技术力量较强且准备充分的部分设计单位，成立专业性的工程咨询公司。国家冶金部、一机部、化工部、商业部等部委的17个专业工程咨询公司相继成立。

1981年上半年，中国企业管理协会召开了第一次全国管理咨询工作会议，下半年中国企业管理协会邀请了一家日本公司到中国讲管理，在北京和日本分别举办了两期“企业诊断培训班”，在培训班结束后，针对北京机械局属下的北京钢锉厂进行了实地诊断，并在几周后出具了诊断报告，诊断报告让很多企业管理人员眼睛一亮。

1982 年

1982 年，北京市企业管理协会和北京机械局共同举办了管理咨询培训班，4 周的课堂学习加上两周的咨询实践，收到了良好的效果。

1982 年 8 月，中国国际工程咨询公司（简称中咨公司，英文缩写 CIECC）成立，列为国家经委直属单位。中国国际工程咨询公司成为我国首家综合性工程咨询机构。

1982年，中华、福建、西安、辽宁、无锡5家会计师事务所先后成立。

1983 年

1983 年，国家计委发布《关于建设项目进行可行性研究的试行管理办法》，这是我国发布的第一个针对可行性研究工作的政府文件。

1983 年 12 月，财政部发布《关于中外合资经营企业、外国企业委托会计师查账问题的若干规定》，国际会计公司经财政部批准后，可在我国设立常驻代表处。

1984 年

1984 年，党的十二届三中全会发布了《中共中央关于经济体制改革的决定》，该决定明确指出“计划经济是公有制基础上的有计划的商品经济，必须自觉运用价值规律”。突破了把计划经济同商品经济对立起来的传统观念；同时明确指出“所有权同经营权是可以适当分开的”，“要使企业真正成为相对独立的经济实体，成为自主经营、自负盈亏的社会主义商品生产者和经营者，具有自我改造和自我发展的能力，成为具有一定权利和义务的法人”，并明确肯定集体经济是“社会主义经济的重要组成部分”，个体经济是“社会主义经济必要的有益的补充”。

正是由于这些政策的导引，为我国咨询公司的成立和独立发展提供了发展基础和政策环境。

1984 年，北京机械局组织赴法学习企业管理咨询，参加者都经过外语培训并通过较为严格的考试。1985 年 8 月初，共 11 名学员赴法国艾赛克高等商业管理学院进行深造，为我国管理咨询的专业化培养了种子成员。

1984 年 9 月，财政部印发《关于成立会计咨询机构问题的通知》，对现行法律条例规定需由注册会计师办理的业务做了重申。

1984 年，中国企业联合会管理咨询委员会成立，并致力于推动全国各省市管理咨询行业的组织建设。

1984 年，美国宾夕法尼亚大学与上海交通大学就共同培养 MBA 硕士研究生签署协议。这是我国大学首次与美国联合培养工商管理学硕士（MBA）。

1985 年

1985 年 1 月 21 日，《中华人民共和国会计法》颁布，以国家法律形式明确规定“国务院财政部门批准组成会计师事务所，可以按照国家有关规定承办查账业务”，赋予了新时期注册会计师法律地位。

1985 年 7 月，国家计委在《关于加强中国国际工程咨询公司的报告》（计资〔1985〕1104 号）中提出建议，基本建设大中型项目和技术改造限额以上项目，决策前要由咨询公司先进行评估，得到国务院同意。自此，“先评估，后决策”成为项目建设的一项重要制度。

1985 年，国家科委和国务院技术经济中心组织编写了《工业建设项目可行性研究经济评价方法—企业经济评价》。

1986 年

1986 年，全国软科学工作座谈会召开。会上，中共中央政治局委员、国务院常务副总理万里发表了“决策民主化和科学化是政治体制改革的一个重要课题”的重要讲话。为领导决策服务，促进实现决策的民主化、科学化，成为软科学研究的基本宗旨和根本目的。软科学研究的任务是广泛的，大都是复杂的系统，往往涉及科技、经济、政治、社会协调发展中有关战略、政策、规划、管理等重大问题，这就要求应用定性与定量相结合的集成方法去分析、判断与综合思考，从而得出可靠结论，为决策者提供科学依据。软科学的大力发展为咨询业的兴起和繁荣发挥了重要的作用。

1986 年 3 月，经国务院批准设立了中国投资咨询有限公司，是中国建银投资有限责任公司的全资子公司，也是我国最早设立的，为投融资活动提供全方位、一体化咨询和资管服务的国有大型投资咨询公司，成立之初，承担着中国投资体制改革的使命，为国家主导的大型投资项目提供投资决策、经济可行性研究和咨询服务。2013 年，公司完成改制，总部迁往上海虹口，实现了战略东移。

1986 年 7 月 3 日，国务院颁布《中华人民共和国注册会计师条例》，同年 10 月 1 日起实施。这是新中国颁布的第一部规范注册会计师行业管理的行政法规，确立了注册会计师行业在改革开放和经济建设中的法律地位。

1986 年 10 月，财政部发布《会计师事务所管理暂行办法》。

1987 年

1987 年 3 月，财政部制发《注册会计师考试、考核暂行规定办法》，首次提出要开展注册会计师考试工作和成立财政部考试工作委员会。

1987 年 3 月，上海市科技咨询协会成立，1994 年更名为上海市咨询协会，2004 年 4 月更名为上海市咨询业行业协会（Shanghai Consulting Association，SCA），目前有会员 246 家。

1987 年，国家计委发布《建设项目经济评价方法与参数》，明确了投资建设开展经济评价的理论和方法。1993 年发布第二版，2006 年发布第三版。

1987 年，国家计委发布《建设项目评估暂行办法》，提出要认真贯彻落实国务院领导同志关于“决策民主化和科学化”和建设项目“先评估，后决策”的指示精神，做好政府和其他单位委托的建设项目前期工作阶段的评估，保证评估质量。

1988 年

1988 年 5 月 3 日，国务院发布《关于深化科技体制改革若干问题的决定》，中国共产党第十三次全国代表大会把发展科学技术放到了我国经济发展战略的首要位置。鼓励了一大批科技人员走出象牙塔，创办民营科技企业，因此，1988 年民营咨询公司注册数量出现明显峰值，科技人员服务社会的活力得到了极大释放。

1988 年 11 月 15—18 日，中国注册会计师协会成立大会召开，来自全国 30 个省、自治区、直辖市的 87 名代表出席了会议，国务委员、财政部部长王丙乾，财政部副部长刘仲藜出席会议并讲话。会议通过了《中国注册会计师协会章程（草案）》和中国注册会计师协会第一届理事会名单和名誉会长、顾问人选，聘请谢明担任中国注册会计师协会名誉会长，聘请李文杰、娄尔行、顾福佑担任中国注册会计师协会顾问。第一届理事会选举杨纪琬为会长、张德明为秘书长。行业协会的诞生，标志着中国注册会计师行业进入自我管理的新阶段。

截至 1988 年年底，全国已有注册会计师逾 2000 人，会计师事务所 200 多家。

1978—1988 年，我国政府加大与国际社会接触和了解，逐渐派出一些考察和学习代表团，学习发达国家的科学技术和管理方法，为我国的进一步改革开放积极储备力量，同时为中国咨询机构的发展储备了人才、机制和发展基础。

1989 年

1989 年 2 月 5 日，财政部发布《注册会计师执行业务收费管理办法》。

1989 年 2 月 20 日，财政部印发《关于批准中国注册会计师协会成立的通知》。

1989 年 5 月 10 日，《注册会计师通讯》创刊。7 月 20 日，中国注册会计师协会在香港举办现代财务管理培训班。

1990 年

1990 年 2 月 23 日，财政部颁发《注册会计师证书和会计师事务所批准证书发放办法》。同年，中国注册会计师协会先后选送 33 名注册会计师赴澳大利亚、日本和中国香港实习。

1990 年，国务院学位办正式批准设立 MBA 学位，并试办 MBA 教育，为我国管理专业人才的培养奠定了教育基础，也为未来咨询业发展积极储备人才。

1991 年

1991 年 2 月 12 日，财政部成立了注册会计师全国考试委员会，决定在当年举行首次注册会计师全国统一考试。12 月 7—8 日，举行第一次注册会计师全国统一考试，全国共有 2.3 万余人参加考试，472 人取得全科合格成绩。

1991 年，世界银行对国家科委就中国咨询发展的促进策略提供了技术援助，提出了用行业加功能的伞状方式进行推进的建议。进而专家们提出成立中国咨询业联合会的建议。

二、中国咨询业市场培育期（1992—2014 年）

1992 年

1992 年，中国经济发展进入快车道，外资进入中国的高潮呈现，他们在进入中国市场中购买咨询服务，同时外国咨询公司也开始入驻中国市场，并以规范的市场运作和专业的咨询技能对我国公司起到了很好的示范作用。

1992 年 5 月 6—8 日，中国注册会计师协会第二次全国会员代表大会在成都召开，财政部副部长张佑才出席并讲话，大会选举陶省隅为协会会长、张德明为秘书长。

1992 年 6 月 16 日，中共中央、国务院做出《关于加快发展第三产业的决定》，明确提出了咨询、信息和技术服务业等属于第三产业，并强调提供服务的单位要自主经营、自负盈亏，实行企业化管理。这个决定对咨询业的发展起到了推动的作用，当年在工商注册的咨询公司在数量上又出现了一个新的高峰。经叔平、李崇威、李京文、傅家骥等著名专家向国家科委提出成立“中国咨询业联合会”的倡议。

1992 年 6 月 23 日，国务院召开第 192 次总理办公会议，专题研究如何加速发展我国注册会计师事业。

1992 年 7 月，财政部批准成立中外合作会计师事务所，分别是毕马威华振、安达信华强、安永华明、沪江德勤、普华大华会计师事务所。后陆续批准成立了中信永道、柏得豪信德会计师事务所。

1992 年 9 月 17 日，财政部和国家体改委联合发出《注册会计师执行股份制试点企业有关业务的暂行规定》，根据该文件，财政部第一次审查批准了 13 家会计师事务所、103 名注册会计师具有执行证券业务资格。

1992 年 9 月 30 日，中国注册会计师协会印发《中国注册会计师职业道德守则（试行）》。

1992 年 10 月，国家科委组织召开了中国咨询业发展国际论坛，有 30 多个国家的代表参加。邹家华（副总理兼国家计委主任、党组书记）、宋健（国务委员兼国家科委主任）出席了会议，参会人员近千人。

1992 年 12 月，由 100 多家工程咨询机构发起、经民政部注册登记，中国工程咨询协会（China National Association of Engineering Consultants，CNAEC）成立，国家计委副主任金熙英当选为第一届理事会会长。中国工程咨询协会是由从事工程咨询及其相关业务的单位、咨询工程师以及在工程技术经济领域富有咨询和管理经验的专家、学者自愿组成的、具有社团法人资格的全国性、行业性、非营利性社会组织，主管单位为国家计委。

随后，各省、自治区、直辖市、计划单列市和新疆生产建设兵团相继成立了工程咨询（行业）协会。中国工程咨询协会还在石化、电力、水利、水电、冶金、有色、农、林、环保、机械、化工、轻工和电子等 17 个行业分别设立了专业委员会或行业分会；在中国工程咨询协会的指导下，东北、华北、华东、中南、西北等地区工程咨询机构纷纷自发组织形成工程咨询协作网，横向交流工程咨询工作经验，工程咨询行业组织网络逐步完善。

1993年

1993年2月23日，财政部、证监会印发《关于从事证券相关业务的会计师事务所、注册会计师资格确认的规定》。审查批准了可从事证券业务的会计师事务所45家，注册会计师375名。

1993年，美国安达信咨询公司和麦肯锡公司在上海开设办事处，同年美国麦肯锡公司也在中国大陆上海设立办事处，1994年这两家咨询公司在北京也设立了办事处。

1993年7月15日，财政部成立第二届注册会计师考试委员会，并发布《注册会计师统一考核办法》，根据该办法考核批准注册会计师5074人。

1993年7月29日，财政部发布《关于整顿注册会计师业务和会计师事务所的通知》，开展全国注册会计师行业第一次清理整顿。

1993年8月，江苏省科技咨询协会成立。同年12月，新华社记者徐机玲写了一份题目为《魅力无穷的头脑产业》的内参，国务委员兼国家科委主任宋健在这份内参上做了重要批示，希望国家科委政策法规司拿出切实可行的措施，推动市场上的软科学——咨询业的发展。

1993年10月4日，中国注册会计师协会派出代表参加经贸部团组，赴日内瓦进行会计市场开放条件的谈判。

1993年10月31日，第八届全国人大常委会第四次会议审议通过《中华人民共和国注册会计师法》，标志着我国注册会计师事业进入了法制化发展的新阶段。

1993年12月15日，财政部发布《注册会计师注册审批暂行办法》、《有限责任会计师事务所设立及审批办法》《合伙会计师事务所设立及审批试行办法》等文件。

1994年

1994年1月1日，《中华人民共和国注册会计师法》正式实施。

1994年1月3日，国家科委召开软科学咨询委员会工作会议，讨论如何促进中国咨询业发展问题，大家一致同意以试点工作起步探索经验，建立行业协会，用政府宏观指导及协会自律管理的方式促进我国咨询业的发展。

1994 年 4 月 6 日，中国注册会计师协会印发《港澳台居民及外国籍公民参加 1994 年中华人民共和国注册会计师（CPA）统一考试办法》。

1994 年 4 月，国家计委发布了《工程咨询业管理暂行办法》（国家计委 2 号令）和《工程咨询单位资格认定暂行办法》（国家计委 3 号令）。办法明确了工程咨询业的地位、作用和业务范围，提出了咨询服务实行合同管理、公平竞争、合理收费及工程咨询单位资格认证等重要制度。

1994 年 5 月 23 日，国务院办公厅印发《研究关于大力开展注册会计师培训工作的会议纪要》，成立由财政部、国家计委、国家经贸委、国家体改委、国家教委、人事部、审计署、中国人民银行 8 个部委领导组成的注册会计师培训工作领导小组，办公室设在中国注册会计师协会。

1994 年 6 月 24 日，国家科委批复北京市、天津市、上海市和江苏省为我国咨询业发展的试点省市。提出了“大力扶持、积极引导，按市场机制运行，向国际惯例靠拢”的试点原则，先行先试。

1994 年 9—11 月，国家科委组织赴美进行首次咨询业务研修。研修期间不仅对美国咨询机构的分类和管理进行了详细了解，还对各种咨询机构进行了实地考察，撰写了较为详细的考察报告，对我国促进咨询产业发展提供了很多重要的信息。

1994 年 9 月 16 日，中国注册会计师协会启动筹建中国注册会计师全国培训中心（北京、上海、广东）。

1994 年 9 月 29 日，在中国人民大学、厦门大学、上海财经大学、中南财经大学、东北财经大学、天津财经学院、西南财经大学 7 所高校开设首批注册会计师专业。

1994 年 10 月，财政部批准成立中国注册会计师协会独立审计准则组。

1994 年，加拿大管理咨询协会访问国家科委，并就共同促进两国企业咨询业务的开展签署了合作协议。

1994 年 12 月 23 日，第二次软科学大会召开，江泽民接见了与会代表，国务委员兼国家科委主任宋健做了“繁荣决策科学，发展咨询产业”的重要讲话。

1995年

1995年1月1日，财政部发布《会计师事务所财务管理若干问题的暂行规定》《会计师事务所会计核算办法》。

1995年3月7日，中国注册会计师协会组织了第一次全国注册会计师年检，参加年检的注册会计师共有22 324人，年检通过20 449人。

1995年4月，国家科委世界银行办公室利用增值日元（JGF）项目开展了扶持中国咨询产业走向国际、帮助国内乡镇企业提高管理水平的项目工作。

1995年5月，国家科委发布了《关于推动我国科技咨询业发展的若干意见》（国科发政字〔1995〕266号）。

1995年6月19日，财政部和审计署印发通知，决定中国注册会计师协会与中国注册审计师协会实行统一联合。

1995年12月25日，第一批独立审计准则批准发布，包括序言、基本准则、具体准则第1—7号、实务公告第1号。

1996年

1996年1月4日，在云南昆明举办第一届海峡两岸会计师行业研讨会。

1996年2月15日，财政部、证监会联合发布《会计师事务所、注册会计师从事证券相关业务许可证管理暂行办法》。

1996年3月28日，财政部发布《中外合作会计师事务所管理暂行办法》。

1996年4月19日，国务院发布《关于整顿会计工作秩序进一步提高会计工作质量的通知》，提出实行企业年度会计报表注册会计师审计制度。

1996年6月5—7日，中国注册会计师协会召开与中国注册审计师协会联合后的第一次全国特别代表大会。国务院总理李鹏为大会题词，副总理朱镕基发表书面讲话，国务委员李贵鲜出席会议并作重要讲话，财政部部长刘仲藜、审计署审计长郭振乾出席会议并讲话。会议通过了新的《中国注册会计师协会章程》，选举崔建民为会长、丁平准为秘书长。

1996年6月30日，全国注册审计师转为注册会计师审核发文工作全部完成，共计 28 464 名注册审计师转为注册会计师。

1996 年 6 月，国家科委在 4 个咨询业试点省市的基础上，又批复 12 个省市为促进咨询业发展的重点联系省市，扩大促进咨询业发展的区域范围。

1996 年 9 月 29 日，经国务院有关部门批准，中国工程咨询协会首次组团参加国际咨询工程师联合会（菲迪克，FIDIC）年会并正式加入国际咨询工程师联合会。

1996 年 10 月 4 日，中国注册会计师协会加入亚太会计师联合会（CAPA）。

1996 年，经国家计委同意，中国工程咨询协会成立专家学术委员会，并首次组织开展“全国优秀工程咨询成果奖”评选。

1996 年 12 月 20 日，中国注册会计师协会发布《中国注册会计师事业发展“九五”计划和 2010 年远景规划》。

1996 年 12 月 26 日，第二批独立审计准则批准发布。

1997 年

1997 年 2 月 18—28 日国家科委组织人员赴台湾、香港地区考察咨询业的发展，对台湾和香港的社会法人机构的管理、高技术中小企业孵化、知识产权、技术转移服务等做了深入的考察和交流，

1997 年 4 月 25 日，中国注册会计师协会举办“中国经济改革与会计市场开放”国际研讨会。财政部部长刘仲藜、副部长张佑才、国家经贸委副主任陈清泰、国家体改委副主任洪虎、对外贸易经济合作部副部长刘山在、国家税务总局副局长杨崇春、中国人民银行副行长尚福林、证监会副主席李剑阁出席会议并讲话。

1997 年 5 月 8 日，中国注册会计师协会加入国际会计师联合会（IFAC），成为第 120 个正式成员，同时成为国际会计准则委员会正式成员。

1997 年 6 月 10—13 日，国家科委在大连召开科技咨询发展试点工作交流会。

1997 年 6 月 21 日，财政部举办第一届注册会计师证券期货相关业务资格考试，1399 人获准报考，431 人合格。

1997年8月至1998年年底，中国注册会计师协会按照国务院领导“扎实工作，整顿会计师行业”的指导精神，在全国范围内开展注册会计师行业清理整顿工作。

1997年10月21日，中国注册会计师协会代表团参加APEC贸易开放谈判工作。

1997年10月25日，由中国注册会计师执业界人士30余人组成的代表团参加在法国巴黎召开的第十五届世界会计师大会。

1998年

1998年4月7日，财政部印发《关于执行证券期货相关业务的会计师事务所与挂靠单位脱钩的通知》。

1998年7月3日，财政部颁布《有限责任会计师事务所审批办法》。

1998年7月，国务院正式批准正在筹建的中国注册会计师北京培训中心，机构名称为“国家会计学院”。

1998年7月，科技部促进科技咨询的工作委托国家科学技术奖励工作办公室承担。

1998年8月，科技部组织人员赴德国参加咨询业管理业务研修，对德国和欧洲咨询市场需求情况，咨询业发展支持政策、措施、机制，对咨询机构的运营、服务等进行了解、交流和考察。

1998年9月28日，《外籍中国注册会计师注册审批暂行办法》发布，并第一次审核批准了4名参加中国注册会计师考试合格的境外人员为中国注册会计师。

1998年10月9日，中国注册会计师协会印发《关于会计师事务所、审计事务所脱钩改制若干问题的通知》。

1999年

1999年1月，中国工程咨询协会修订形成《中国工程咨询业职业道德行为准则》。

1999年1月22日，李勇任中国注册会计师协会秘书长。

1999年2月4日，中国注册会计师协会发布第三批独立审计准则。

包括具体准则第16—24号、实务公告第5—6号。

1999年4月13日，经国务院领导同意，财政部印发《会计师（审计）事务所脱钩改制实施意见》。到1999年12月31日，全国会计师（审计）事务所完成脱钩改制工作。

1999年7月，《注册会计师通讯》更名为《中国注册会计师》，并公开出版发行。

1999年9月7日，国务院成立经济鉴证类社会中介机构清理整顿领导小组，办公室设在中国注册会计师协会。

1999年9月，国家计委发布《建设项目前期工作咨询收费暂行规定》（计价格〔1999〕1283号文），明确建设项目估算投资额分档收费标准及调整系数、工程咨询人员工日费用标准，为咨询机构收费提供了重要依据。

1999年10月，亚洲开发银行向科技部提供“中国政府选聘咨询机构（顾问）规则”技术援助项目。2000年年底项目文稿完成，并用3个项目进行了试验检验，2001年年底整体项目结束。

1999—2012年，国家发展改革委副主任佘健明担任中国工程咨询协会第二届、第三届、第四届理事会会长。

2000年

2000年3月24日，财政部印发《会计师事务所扩大规模若干问题的指导意见》《会计师事务所合并审批管理暂行办法》《会计师事务所分所审批管理暂行办法》等文件，推动会计师事务所联合合并，实现上规模、上水平。

2000年6月15日，中国注册会计师协会举办“中介服务与市场经济发展”国际研讨会。财政部部长项怀诚、副部长张佑才，国务院体改办副主任李剑阁，建设部副部长叶如棠，国土资源部副部长寿嘉华出席会议并讲话。

2000年8月24日，全国清理整顿经济鉴证类社会中介机构工作会议召开。

2000年10月，“中国工程咨询网”创立，作为工程咨询行业信息发布的窗口和交流的平台。

2000 年 11 月 7 日，财政部部长助理、中国注册会计师协会秘书长李勇当选亚太会计师联合会副主席，并于 2002 年当选主席。

2000 年 11 月，由科技部组织、亚洲开发银行资助的“中国咨询业面向 21 世纪发展国际研讨会”在北京召开。第九、第十届全国人大常委会副委员长，中国民主建国会中央委员会主席成思危和科技部部长徐冠华到会讲话，有 200 多位代表出席会议。

2001 年

2001 年 1 月 1 日起，中国注册会计师协会做出了下放对直管所管理权限的决定，按照属地管理原则，改由其所在地的省级协会管理。

2001 年 1 月 21 日，中国注册会计师协会发布第四批独立审计准则，包括具体准则第 25 号，实务公告第 1 号、第 7—8 号。

2001 年 3 月，科技部对亚洲开发银行技术援助项目——“中国政府选聘咨询机构（顾问）规则”框架是否适合我国国情的 3 个实验性项目启动。

2001 年 5 月 30 日，中国工程咨询协会发布《工程咨询单位资格认定实施办法（修订）》，落实工程咨询业单位资格管理制度。

2001 年 5 月，中国工程咨询协会编写出版《中国工程咨询业质量管理导则》，建立国际通用的规范化质量管理体系，指导工程咨询企业加强工程咨询质量管理，更好为我国社会主义现代化建设服务。

2001 年 6 月 14 日，中国注册会计师协会建成注册会计师行业计算机广域网络系统。

2001 年 6 月 23 日，中国注册会计师协会启动西部注册会计师人才委培工程。

2001 年 8 月 12 日，科技部批准由 90 家管理与技术咨询机构发起的成立中国科技咨询协会的筹备工作。

2001 年 10 月，科技部执行的亚洲开发银行技术援助项目“中国政府选聘咨询机构（顾问）规则”顺利完成。该项目被亚洲开发银行评为对中国技术援助项目的第一名。

2001 年 12 月 20 日，人事部、国家计委联合印发《注册咨询工程师（投资）执业资格制度暂行规定》《注册咨询工程师（投资）执业资格考试实施办法》，咨询工程师（投资）个人执业资格制度建立。

2002 年

2002 年 1 月 4 日，国家计委发布《投资项目可行性研究指南》，这是我国第一个用以指导全国投资项目可行性研究工作的规范性文本。

2002 年 3 月 2—12 日，科技部派代表访问英国管理咨询协会，并就中小企业海外业务拓展等合作达成共识。

2002 年 3 月 5 日，中国注册会计师协会发布第五批独立审计准则，包括具体准则第 26—27 号、实务公告第 9—10 号。

2002 年 3 月 13 日，陈毓圭任中国注册会计师协会秘书长。

2002 年 6 月 25 日，中国注册会计师协会制定发布《注册会计师职业道德规范指导意见》。

2002 年 10 月 16 日，民政部正式批复筹备成立中国科技咨询协会。

2002 年 11 月 14 日，财政部印发《关于进一步加强注册会计师行业管理的意见》。

2002 年 11 月 18—21 日，第十六届世界会计师大会在香港召开，国务院总理朱镕基出席会议并作演讲。

2002 年 11 月 26 日，中国注册会计师协会印发《注册会计师、资产评估师行业诚信建设纲要》。

2003 年

2003 年 4 月，中国科技咨询协会第一次会员代表大会召开，选举石定寰为理事长，杨培青、张登义、徐善衍、于景元、梁占平为副理事长，璐羽为秘书长，并通过《中国科技咨询协会章程》。

2003 年 5 月 28 日，中国科技咨询协会发布了会员代表大会通过的《中国科技咨询协会会员职业行为准则》，作为会员自律性管理的指导性文件。

2003 年 6 月 26 日，中国注册会计师协会发布《关于加强行业自律管理体制建设的指导意见》《会计师事务所内部治理机制建设指导意见》。

2003 年 8 月 21 日，民政部批复成立中国科技咨询协会，并正式注册登记。中国科技咨询协会是我国以科学技术知识、方法、手段提供咨询服务的机构和从业人员自愿组建的全国性社会团体。协会的宗旨是在党的领导下，协助会员在咨询服务的实践中，不断提升其服务能力、通过建立会员的自律性管理规则，树立科技咨询的社会形象，促进会员与社会各界之间的相互理解和信任，维护会员的合法权益。

2003 年 9 月 24—29 日，中国科技咨询协会派代表出席了亚太地区以“基础发展与全球化——咨询在发展中国家的作用”为主题的国际研讨会，地点在印度尼西亚巴厘岛。

2003 年 11 月，中国注册会计师协会建设以宽带网络为传输手段的行业远程教育体系。

2003 年 12 月 12 日，中国科技咨询协会发布了《2003 年中国咨询业发展报告》，并召开了新闻发布会。

2003 年 12 月 13 日，中国科技咨询协会举办第一届“中国咨询业发展论坛”，主题为“创新中国——咨询业在我国企业发展中的创新作用”。

2004 年

2004 年 1 月 9 日，中国注册会计师协会发布《中国注册会计师协会会员诚信档案管理暂行办法》，全面建立行业诚信档案制度。

2004 年 3 月 4 日，中国注册会计师协会发布《会计师事务所执业质量检查制度（试行）》，并于年内开展了首次执业质量检查。

2004 年 4 月，中国工程咨询协会首次开展注册咨询工程师（投资）执业资格全国统一考试。截至 2021 年，全国共有超过 102.91 万人报名，65.16 万人参加考试，约 12.63 万人通过考试取得了咨询工程师（投资）资格证书，一支以咨询工程师（投资）为核心的高素质工程咨询专业技术人才队伍已经形成，并不断发展壮大，在工程咨询服务实践中，展现出了良好的职业素养和较高的业务水平，为我国经济社会发展做出了重要贡献。

2004 年 6 月 6 日，中国注册会计师协会在北京举办以“行业自律与公众利益”为主题的首届注册会计师论坛。

2004年6月，国务院将工程咨询单位资格认定、咨询工程师（投资）资格认定列入予以保留的事项并设定行政许可，确立了这两项工程咨询执业资格的合法性和权威性。

2004年7月16日，国务院印发《国务院关于投资体制改革的决定》（国发〔2004〕20号），对工程咨询的作用和职能进行了明确规定。《决定》提出：进一步完善和坚持科学的决策规则和程序，提高政府投资项目决策的科学化、民主化水平；政府投资项目一般都要经过符合资质要求的咨询中介机构的评估论证，咨询评估要引入竞争机制，并制定合理的竞争规则；特别重大的项目还应实行专家评议制度；逐步实行政府投资项目公示制度，广泛听取各方面的意见和建议；加强政府投资项目管理，改进建设实施方式，对咨询评估、招标代理等中介机构实行资质管理，提高中介服务质量；加强和改进投资的监督管理，建立政府投资责任追究制度，工程咨询、投资项目决策、设计、施工、监理等部门和单位，都应有相应的责任约束，对不遵守法律法规给国家造成重大损失的，要依法追究有关责任人的行政和法律责任。

2004年7月，首批取得咨询工程师（投资）执业资格的人员开始进行注册登记。

2004年10月，“中国科技咨询协会咨询创新奖”获得科技部批准。

2004年10月，中国科技咨询协会出席亚太地区以“知识基础发展：咨询的作用”为主题的国际会议，地点在印度新德里。

2004年11月1—3日，中国注册会计师协会第四次全国会员代表大会在北京召开，国务委员兼国务院秘书长华建敏、财政部部长金人庆出席会议并讲话。会议选举产生了协会新一届理事会和常务理事会，选举刘仲藜为会长、陈毓圭为秘书长；通过了新修订的《中国注册会计师协会章程》《中国注册会计师协会会费管理办法》；成立了审计准则委员会、惩戒委员会、申诉委员会、维权委员会、教育培训委员会、财务委员会、《中国注册会计师》编辑委员会和专业技术咨询委员会等8个专门（业）委员会。

2005年

2005年1月14日，中国科技咨询协会发布《2004年中国咨询业发展报告》。

2005年2月25—26日，中国科技咨询协会举办了第二届“中国咨询业发展论坛”，主题为“咨询促进科学发展”，地点在上海。

2005年3月4日，国家发展改革委颁布《工程咨询单位资格认定办法》（国家发展改革委第29号令）。《办法》分总则，工程咨询单位资格等级标准，工程咨询专业和服务范围的划分，工程咨询单位资格认定和管理权限，工程咨询单位资格认定程序，资格认定时限，工程咨询资格升级、降级、变更和终止，监督检查和法律责任，附则9章。

2005年5月17日，中国注册会计师协会在杭州举办第二届注册会计师论坛，主题为“注册会计师职业的国际化发展”。

2005年5月18日，中国科技咨询协会出席中美咨询专家座谈会，主题为“中国制造业发展和技术能力提升，开拓国际市场和双方合作”，地点在北京。

2005年5月19日，中国注册会计师协会与香港会计师公会签署《内地与香港注册会计师部分考试科目相互豁免实施协议》。

2005年6月7日，国家发展改革委印发《注册咨询工程师（投资）注册管理办法（试行）》（发改投资〔2005〕983号），加强对工程咨询专业技术人员的管理，规范工程咨询行为。

2005年6月8日，中国注册会计师协会印发《关于加强行业人才培养工作的指导意见》，即行业人才培养“三十条”。

2005年6月，印度尼西亚工程咨询协会访问中国科技咨询协会，并就技术咨询的业务合作签署合作备忘录。

2005年7月17日，中国注册会计师协会发布《合伙会计师事务所协议范本》《有限责任会计师事务所章程范本》。

2005年8月5日，中国注册会计师协会在内蒙古呼伦贝尔举办“合伙文化与会计师事务所内部治理”海峡两岸注册会计师研讨会。

2005年9月，中国工程咨询协会会同北京市人民政府在北京成功举办FIDIC年会，集中展示了中国工程咨询业的整体形象。中国工程咨询协会获得由 FIDIC 主席和秘书长共同签发的行业杰出贡献和 FIDIC 2005 年北京年会成功组织表彰证书。华杰工程咨询有限公司解绍璋当选 FIDIC 执行委员会委员，实现中国咨询工程师走向国际舞台零的突破。

2005 年 9 月 21 日，中国科技咨询协会召开“咨询行业发展研讨会”，主题是“促进咨询能力提高”，地点在北京。

2005 年 11—12 月，中国科技咨询协会开展“中国企业咨询效果调查”活动，并就调查结果召开新闻发布会。

2005 年 12 月 1—20 日，中国科技咨询协会举办第一期“中国科技促进经济发展政策与经验国际研修班”，来自亚洲、非洲 33 个国家的科技与经济官员参加，地点在北京。

2005 年 12 月 8 日，中国审计准则委员会和国际审计与鉴证准则理事会签署审计准则国际趋同联合声明。

2005 年 12 月 31 日，中国科技咨询协会发布《2005 年中国咨询业发展报告》。

2005 年 12 月，中国科技咨询协会发布《2003 年全国科技咨询统计报告》。

2006 年

2006 年 2 月 15 日，中国注册会计师协会正式发布包括 48 项审计准则在内的审计准则体系，实现了与国际审计准则的实质性趋同。

2006 年 3 月 3 日，中国科技咨询协会召开咨询专家座谈会，主题为“全球视野 · 创新战略 · 卓越成长”，地点在北京。

2006 年 5 月 29 日，中国注册会计师协会在北京举办第三届注册会计师论坛，主题为“会计师事务所内部治理与规模化发展”。

2006 年 7 月 10 日，国家发展改革委和建设部印发《水利、水电、电力建设项目前期工作工程勘察收费暂行规定》。

2006 年 8 月 9 日，财政部首次以部长令的形式发布实施《注册会计师全国统一考试违规行为处理办法》（财政部令第 40 号）。

2006 年 9 月 13 日，中国注册会计师协会发布《中国注册会计师继续教育制度》。

2006 年 11 月，中国代表团出席在土耳其伊斯坦布尔市召开的第 17 届世界会计师大会。本次大会以“会计师：促进全球经济增长和稳定”为主题。

2006 年 12 月 8 日，第三届“中国咨询业发展论坛”在北京召开，主题为“咨询·创新·中国”，与会代表签署了《中国咨询机构创新宣言》，并颁发“中国科技咨询协会咨询创新奖”。

2006 年 12 月 24 日，中国注册会计师协会发布《中国注册会计师协会会员执业违规行为惩戒办法》。

2006 年 12 月 31 日，中国科技咨询协会完成了科技部委托的“我国咨询业知识管理基础平台研究”课题和《中国咨询业发展战略框架研究》课题报告。

2007 年

2007 年 1 月 16 日，中国科技咨询协会出席 APEC 与科技部联合召开的“首都科技中介服务业创新与发展大会”，旨在促进科技中介服务业的发展，地点在北京。

2007 年 1 月 26 日，在比利时布鲁塞尔举行中国注册会计师统一考试欧洲考区的首次考试。

2007 年 2 月 5 日，中国科技咨询协会出席中国—东盟相互开放服务贸易市场座谈会，主题为“如何抓住中国与东盟相互开放市场商机”，地点在北京。

2007 年 5 月 26 日，中国注册会计师协会发布《关于推动会计师事务所做大做强的意见》《会计师事务所内部治理指南》。

2007 年 6 月 11 日，在中国注册会计师协会的全力配合、协调推动下，最高人民法院发布《最高人民法院关于审理涉及会计师事务所在审计业务活动中民事侵权赔偿案件的若干规定》（法释〔2007〕12 号）。

2007 年 6 月，中国科技咨询协会参加欧洲 5 国亚洲 2 国共同向欧盟提出“SIDEREOS 项目”申请，获得欧盟的批准，该项目旨在中欧之间进行导航技术交流并促进技术转移，同月派代表参加了在新加坡召开的项目启动会。

2007年9月11日，中国科技咨询协会出席“2007中澳合作与发展论坛”，主题为“中澳在各领域的合作与交流”，地点在北京。

2007年10月11日，中国注册会计师协会发布《中国注册会计师胜任能力指南》。

2007年11月5—8日，应美国科伦公司邀请，中国科技咨询协会赴美出席主题为“全球一体化的环境中促进协会组织发展”的国际研讨会，地点在美国纽约。

2007年11月16—30日，中国科技咨询协会举办第二期“中国科技促进经济发展政策与经验国际研修班”，来自亚非拉44个国家的74名政府官员参加了研修和考察，地点在北京、西安、上海。

2007年12月6日，中国会计准则委员会、中国审计准则委员会与香港会计师公会在香港签署联合声明，宣布中国内地企业会计、审计准则与香港财务报告准则、审计准则实现等效。

2007年12月26日，在中国注册会计师协会的协调推动下，商务部、财政部、公安部、中国人民银行、国务院国资委、海关总署、国家税务总局、证监会和国家外管局联合发布《关于支持会计师事务所扩大服务出口的若干意见》。

2007年12月，中国科技咨询协会完成了科技部委托的3个课题：“全国科技进步示范市县区案例研究”“科技咨询统计指标有效性研究”和“我国农村经济技术协会研究”的研究报告。

2008年

2008年1月9日，中国注册会计师协会与英格兰及威尔士特许会计师协会签署两会间职业资格考试部分科目互免协议。

2008年1月26日，中国科技咨询协会出席世界交流发展促进组织驻北京代表处成立大会，该组织主要通过与政府机构、社会团体、企业集团之间的合作，促进国际物流业的可持续发展，会议地点在北京。

2008年2月3日，中国注册会计师协会印发《注册会计师任职资格检查办法》。

2008年3月6日，中国科技咨询协会召开我国科技咨询领域咨询职业女性高峰论坛暨“2007 中国科技咨询协会职业女性风采人物”颁奖大会，会议地点在北京。

2008 年 4 月 20 日，中国科技咨询协会组织了第三期“中国科技促进经济发展政策与经验国际研修班”，共有 42 个国家的 69 名政府官员参加研修和考察，地点在北京、青岛、广州。

2008 年 4 月 30 日，中国注册会计师协会荣获（2007 年度）“中央国家机关文明单位”称号。

2008 年 6 月 30 日，中国注册会计师行业诚信信息监控体系上线运行。

2008 年 8 月，国务院在批准印发的国家发展改革“三定”方案中，明确国家发展改革委“指导工程咨询业发展”。

2008 年 11 月 21 日，举办注册会计师行业纪念改革开放 30 周年暨中国注册会计师协会成立 20 周年研讨会。财政部部长谢旭人发表书面讲话，财政部副部长王军、审计署副审计长董大胜、国务院国资委副主任孟建民出席会议并讲话。

2008 年 11 月 22 日，中国科技咨询协会与北京科技咨询协会联合举办了第四届“中国咨询业发展论坛”，主题为“关注全球危机，谋求创新中国”，参会代表 300 多人，地点在北京。

2008 年 11 月 26—28 日，中国科技咨询协会与欧亚 7 国联合举办“欧亚卫星导航企业合作大会（SIDEREUS）”，主题为“市场与机遇合作与发展”，来自 7 个国家和导航技术领域的 150 多名代表出席会议，地点在北京。

2008 年 11 月 28 日，中国注册会计师协会授予张佑才、崔建民、迟海滨、罗进新、傅芝邨、张相海、鞠庆麒、梁尤能、陈喜庆、包文发 10 位同志名誉会员称号。

2008 年 12 月 17 日，中国注册会计师协会制定发布《关于规范和发展中小会计师事务所的意见》。

2009 年

2009 年 1 月 15 日，中国注册会计师协会发布《注册会计师考试制度改革方案》，将原来一个阶段 5 科，改为两个阶段（专业阶段和综合阶段）“6+1”考试模式。至此，在完善考试基本制度、形成考试组织管理制度体系后，考试制度改革实现国际接轨——划分考试阶段，增加考试科目。

2009 年 2 月 28 日—3 月 8 日，中国科技咨询协会组织“海峡两岸中小企业技术创新与知识产权交流考察”活动，地点在中国台湾台北市。

2009 年 3 月 23 日，财政部公布实施《注册会计师全国统一考试办法》（财政部令第 55 号）。

2009 年 6 月 11—12 日，中国科技咨询协会组织国内有关企事业单位出席 SIDEREUS 项目罗马小型对接会，地点在意大利罗马。

2009 年 8 月 14 日，中国注册会计师协会办公地址变更到北京市海淀区西四环中路 16 号院 2 号楼。

2009 年 9 月 11 日，中国注册会计师协会印发《中国注册会计师协会非执业会员登记办法》。

2009 年 9 月 29 日，财政部党组印发《关于会计师事务所深入学习实践科学发展观活动有关指导工作的通知》。

2009 年 10 月 3 日，国务院办公厅转发财政部《关于加快发展我国注册会计师行业的若干意见》。

2009 年 10 月 14 日，中央组织部、财政部党组印发《关于进一步加强注册会计师行业党的建设工作的通知》，财政部党组印发《会计师事务所开展深入学习实践科学发展观活动的指导意见》。

2009 年 10 月 15 日，财政部党组印发《关于成立中国共产党中国注册会计师行业委员会的通知》，中国注册会计师行业党委成为全国第一家全国性行业党组织。

2009 年 10 月 18 日，会计师事务所深入学习实践科学发展观活动动员大会在北京召开，财政部部长谢旭人与中央组织部部务委员傅思和出席会议并讲话，会前共同为中国注册会计师行业党委揭牌。

2009 年 11 月，中国科技咨询协会发布 2009 年咨询业发展的年度报告——《咨询业——积极的经济发展促进力量》。

2009 年，中国工程咨询协会与台北市工程技术顾问商业同业公会签订合作协议，建立了定期交流沟通机制，并召开了第一届海峡两岸工程咨询论坛。

2009 年，中国科技咨询协会根据工作需求对协会网站进行了更新和改版工作。

2009 年，中国科技咨询协会组织了 9 期有关咨询行业人员技能培训活动，地点在北京。

2010 年

2010 年 1 月 16 日，中央政治局委员、中央书记处书记、中央组织部部长李源潮到财政部调研会计师事务所学习实践活动及注册会计师行业党建工作。

2010 年 1 月 29 日，中央政治局常委、中央书记处书记、中华人民共和国副主席习近平到国富浩华会计师事务所调研注册会计师行业开展科学发展观学习实践活动情况，李源潮陪同。

2010 年，由中国工程咨询协会和台北市工程技术顾问商业同业公会发起并主办的第二届海峡两岸工程咨询论坛在北京召开，国家发展改革委副主任穆虹和海协会会长陈云林等到会并致辞。此后，第三届、第四届、第五届、第六届海峡两岸工程咨询论坛分别在台北、北京、青岛等地成功召开。

2010 年 2 月 4 日，民政部授予中国注册会计师协会“全国先进社会组织”称号。

2010 年 2 月 8 日，中国注册会计师行业党委联合中共中央党校党建部在北京举办注册会计师行业党建理论研讨会，财政部副部长王军出席会议并讲话。

2010 年 2 月，中国注册会计师协会印发《关于加强会计师事务所业务质量控制制度建设的意见》《会计师事务所服务经济社会发展新领域业务拓展工作方案》《关于进一步加强行业职业道德建设的意见》。

2010 年 2 月，国家发展改革委发布《工程咨询业 2010—2015 年发展规划纲要》。这是我国政府首次发布的指导工程咨询业健康发展的纲领性文件，为规范和促进行业发展、引导市场主体行为提供了指导。

2010 年 7 月 21 日，财政部、工商总局印发《关于推动大中型会计师事务所采取特殊普通合伙组织形式的暂行规定》。

2010 年 8 月 13 日，中国注册会计师协会在北京举办第四届注册会计师论坛，主题为“拓展注册会计师业务新领域服务我国经济发展方式转变”。

2010 年 8 月，中国科技咨询协会在深入调研、组织各种课题讨论会的基础上，完成中国科协委托的“影响农民科技素质因素分析”课题报告。

2010 年 9 月 16 日，中国注册会计师协会驻港联络处（会员服务有限公司）在香港成立。

2010 年 10 月 23 日，中国科技咨询协会派代表出席“中国管理，全球力量——2010 中国企业管理高峰论坛”并致辞，会议内容为“咨询管理创新的必要性；咨询在中国发展中的地位和引领作用；咨询管理创新面临的挑战”，地点在北京。

2010 年 11 月 15 日，中国审计准则委员会与国际审计与鉴证准则理事会再次签署联合声明，宣布我国修订发布的新审计准则与明晰化后的国际审计准则实现实质性趋同。

2010 年 11 月 18 日，中国科技咨询协会代表出席了江西省咨询业协会代表大会并发表致辞。会议选举产生了江西省咨询业协会第二届理事会领导班子。

2010 年 11 月 25—26 日，中国注册会计师协会第五次全国会员代表大会在北京召开，财政部部长谢旭人出席并讲话。会议通过了新的《中国注册会计师协会章程》，选举产生了新一届理事会、常务理事会，选举李勇为中国注册会计师协会会长、陈毓圭为中国注册会计师协会秘书长，授予一批名誉会员和资深会员。

2010 年 11 月，中国代表团出席在马来西亚吉隆坡召开的第十八届世界会计师大会，主题为“会计师：持续价值创造”。

2010 年 12 月，经国务院批准，菲迪克工程师培训和认证试点工作在广州启动。

2011 年

2011 年 2 月 23 日，中国注册会计师协会召开行业信息化委员会第一次会议，财政部副部长王军出席并讲话，标志着行业信息化战略的正式启动。

2011 年 2 月，欧盟正式通过决议，确认我国审计监管体系与欧盟审计监管体系等效。

2011 年 3 月，《中华人民共和国国民经济和社会发展第十二个五年规划纲要》第四篇“营造环境，推动服务业大发展”第十五章“加快发展生产性服务业”第四节“规范提升商务服务业”中明确：大力发展会计、审计、税务、工程咨询、认证认可、信用评估、经纪代理、管理咨询、市场调查等专业服务。积极发展律师、公证、司法鉴定、经济仲裁等法律服务。加快发展项目策划、并购重组、财务顾问等企业管理服务。

2011 年 3 月，工程咨询服务业列入国家发展改革委发布的《产业结构调整指导目录（2011 年本）》鼓励类。

2011 年 4 月 19 日，中国注册会计师行业党委、中国注册会计师协会印发《关于深入开展创先争优“制度建设年”活动的通知》。

2011 年 4 月，民政部向中国工程咨询协会颁发“中国社会组织评估等级”AAAAA 级证书和奖牌。

2011 年 4 月，中国科技咨询协会根据科技部部署开展了专项保密检查工作。

2011 年 4 月，中国注册会计师协会被民政部评为 5A 等级全国性行业协会商会。

2011 年 5 月，中国科技咨询协会启动电子会刊——《国际快讯》工作。

2011 年 5 月，中国科技咨询协会根据科技部部署开展了“小金库”专项治理工作。

2011 年 6 月 16—17 日，中国科技咨询协会组织召开了“全球政商领袖北京峰会”，科技部党组副书记、副部长王志刚到会致欢迎词，会上中国国家创新与发展战略研究会会长郑必坚教授（著名理论家、中央宣传部原副部长、中央党校原副校长）做主题演讲，全球政商领袖基金会创始人、纳斯达克交易所董事长奥斯瓦德・布杰兰德做主题演讲。来自全球政商界的著名人士 70 多人出席了会议，会议地点在北京。

2011 年 6 月，中国科技咨询协会发布《中国机构采购咨询服务规则指南》。

2011 年 7 月，中国科技咨询协会在 100 家咨询公司中开展了“中国咨询公司客户服务”问卷调查工作。

2011 年 9 月 4 日，中国注册会计师协会发布《中国注册会计师行业发展规划（2011—2015 年）》。

2011 年 9 月 5 日，中国注册会计师协会与香港会计师公会在香港签署审计准则持续等效联合声明，确认新修订的中国内地审计准则与香港审计准则实现持续等效。

2011 年 9 月，中国科技咨询协会正式启动“咨询创新奖”申报系统开发工作，3 个月后正式上线。

2011 年 11 月 7 日，中国注册会计师协会与香港会计师公会在北京签署职业道德守则等效联合声明。

2011 年 11 月，中国科技咨询协会向单位会员发送“咨询服务能力推荐证明”。

2011 年 12 月 2 日，中央统战部、财政部党组联合印发《关于加强注册会计师行业统战工作的意见》。

2011 年 12 月，中国科技咨询协会向会员发送《全球咨询公司成长的 100 个秘诀》报告（电子版）。

2012 年

2012 年 1 月 3 日，中华全国总工会、财政部联合印发《关于加强注册会计师行业基层工会建设的通知》。

2012 年 2 月 15 日，中国科技咨询协会召开了“2012 年度中国科技咨询协会工作研讨会”。

2012 年 4 月 7 日，中央政治局常委、中央书记处书记、中华人民共和国副主席习近平对注册会计师行业做出重要批示，“注册会计师行业在创先争优活动中把加强行业党建与推进行业发展紧密结合起来，以富有成效的党建工作促进了行业专业化、规范化水平的提升，进而提高了服务国家建设的能力和水平。希望再接再厉，紧紧抓住服务国家建设这个主题和诚信建设这条主线，进一步完善行业党建工作机制、夯实党建工作基础，以行业发展和服务国家建设的优异成绩迎接党的十八大胜利召开”。

2012 年 4 月 16 日，中国科技咨询协会对《中国科技咨询协会咨询创新奖奖励管理办法》进行了二次修订并发布。

2012 年 4 月 26 日，中国科技咨询协会发布了《中国科技咨询协会咨询创新奖评审专家管理办法》。

2012 年 5 月 8 日，财政部、工商总局、商务部、外汇局、证监会联合印发《中外合作会计师事务所本土化转制方案》。

2012 年 5 月 9 日，中国科技咨询协会启动 2012 年“中国科技咨询协会咨询创新奖”相关工作。

2012 年 6 月 1 日，中国注册会计师协会参加首届京交会，承办了会计服务主题系列活动。

2012 年 6 月 5 日，中国工程咨询协会第五届会员代表大会在北京召开，王武龙当选第五届理事会会长。

2012 年 6 月 8 日，中国注册会计师协会印发《关于支持会计师事务所进一步做强做大的若干政策措施》。

2012 年 6 月 8 日，中国科技咨询协会“技术预测专家组”成立。

2012 年 6 月，中国注册会计师协会制定《注册会计师考试实行计算机化考试实施方案》，实施注册会计师考试计算机化改革。

2012 年 7 月 9 日，经共青团中央批准，中国注册会计师行业团委成立。团中央第一书记陆昊，财政部党组副书记、副部长王军共同为行业团委揭牌。

2012 年 7 月 10 日，中国科技咨询协会案例研究小组成立。

2012 年 8 月，国家发展改革委印发《国家发展改革委重大固定资产投资项目社会稳定风险评估暂行办法》，建立和规范重大固定资产投资项目社会稳定风险评估机制。

2012 年 8 月，中国注册会计师协会党委“五对接工作法”被中央国家机关工委确定为中央国家机关基层党组织 12 个典型支部工作法之一，在中央国家机关宣传推广。

2012 年 9 月 22 日，中国注册会计师行业党委在京召开全国注册会计师行业创先争优总结暨“网络建设年”交流推进会。

2012年9月，国务院取消了“注册咨询工程师（投资）执业资格认定”的行政许可审批项目，注册咨询工程师（投资）执业资格认定工作由政府主导向行业自律管理过渡。

2012年10月9日，中国科技咨询协会召开咨询案例研究小组中期阶段会议。

2012年12月27日，中国科技咨询协会召开2012年中国科技咨询协会咨询创新奖评审委员会评审会议。

2012年12月，国务院发布《服务业发展“十二五”规划》，第一次将工程咨询单列并明确为生产性服务业。《规划》提出：完善市场机制，鼓励工程咨询单位深化体制机制创新，形成以企业为主体的工程咨询服务体系；规范市场准入，建立统一规范的职业资格制度和行业管理体系，鼓励和引导民间资本进入工程咨询领域，支持工程咨询机构为民间投资提供服务；加快工程咨询业务结构调整，促进工程咨询全过程协调发展；加强投资建设项目策划、准备、实施、运营、评价各阶段咨询服务能力建设，提高咨询服务科学水平，推进工程项目全过程管理，充分发挥工程咨询服务业在投资建设中的关键作用；培育一批具有国际竞争力的企业，培养一批具有国际视野、熟悉国际惯例的人才。

2012年12月，中国科技咨询协会启动考察加拿大管理咨询协会的有关工作。

2013年

2013年1月9日，中国科技咨询协会启动会员业务发展情况的调查工作。

2013年1月21日，中国科技咨询协会发布2012年中国科技咨询协会咨询创新奖获奖名单公告。

2013年2月，国家发展改革委办公厅印发《重大固定资产投资项目社会稳定风险分析篇章和评估报告编制大纲（试行）》，规范和指导重大固定资产投资项目社会稳定风险分析和评估工作。

2013年2月4日，中国科技咨询协会启动《中国科技咨询协会个人会员注册管理办法》征求会员意见活动。

2013 年 3 月 1 日，中国科技咨询协会启动以 2012 年中国科技咨询协会咨询创新奖获奖项目为基础，编写管理与技术咨询案例的研究工作。

2013 年 3 月 19 日，中国注册会计师协会印发《支持会计师事务所进一步做强做大若干政策措施奖励资金申报办法》。

2013 年 3 月，在泰国曼谷召开的 FIDIC 亚太分会执委会上，经中国工程咨询协会提名，上海投资咨询公司的刘罗炳成功当选 FIDIC 亚太分会副主席，2016 年成功当选主席。

2013 年 4 月 19 日，中国注册会计师行业党委、中国注册会计师协会印发《注册会计师行业“诚信文化建设年”活动实施方案》。

2013 年 4 月 15 日，中国科技咨询协会启动“注册分析员职业能力训练规划”编制工作。

2013 年 5 月 30 日，国家发展改革委发布《咨询工程师（投资）管理办法》（国家发展改革委令第 2 号），加强对咨询工程师（投资）的行业自律管理，明确法律责任，规范执业行为，保证服务质量，促进工程咨询行业健康发展。

2013 年 5 月 31 日，中国注册会计师协会以“会计行业的品牌化和国际化——会计服务贸易价值提升新引擎”为主题，在国家会议中心举办第二届“京交会”会计服务系列活动。

2013 年 5 月，中国科技咨询协会启动个人会员注册管理系统规划与建设工作。

2013 年 6 月 11—21 日，中国科技咨询协会访问加拿大管理咨询协会及会员单位。

2013 年 7 月 26 日，召开 2013 年中国科技咨询协会“年中咨询业务发展座谈会”。

2013 年 8 月 4 日，中国科技咨询协会发布“2012 年我国咨询业发展报告”。

2013 年 9 月，菲迪克在西班牙巴塞罗那召开了主题为“提高生活质量——我们的责任”年会暨菲迪克成立百年庆典大会，并举行了“菲迪克百年工程项目奖”颁奖典礼。我国有 13 个项目获得菲迪克百年重大工程项目杰出奖和优秀奖，3 名咨询工程师获得菲迪克百年优秀咨询工程师奖。截至 2021 年，中国共有 85 个项目获奖，连续八年获奖总数排名世界第一，向世界展示了中国咨询、中国技术、中国标准、中国质量，彰显了我国在工程咨询理念、技术创新和高质量发展方面的卓越成就。

2013 年 10 月 11 日，中国注册会计师行业团委在北京举办行业创建青年文明号推进交流会。

2013 年 10 月 31 日，中国注册会计师协会印发《中国注册会计师审计准则问题解答第 1 号——职业怀疑》等 6 项审计准则问题解答。

2013 年 11 月，第十届中韩两国工程咨询年会在深圳召开，会议由中韩两国工程咨询协会共同主办，广东省工程咨询协会、深圳市工程咨询协会和深圳市华伦投资咨询有限公司协办，探讨两国工程咨询业的交流与合作。

2013 年 11 月 26 日，中国科技咨询协会发布咨询人员注册及管理办法。

2013 年 12 月 10 日，中国科技咨询协会个人会员注册管理系统投入使用，并启动邀请首批个人会员开展注册工作。

2014 年

2014 年 1 月 8 日，全国注册会计师行业诚信建设理论研讨会召开。

2014 年 3 月 19 日，财政部党组印发《关于在注册会计师行业开展第二批党的群众路线教育实践活动的指导意见》。

2014 年 3 月 31 日，中国注册会计师行业党委、中国注册会计师协会印发《关于注册会计师行业“人才队伍建设”活动的指导意见》。

2014 年 4 月 22 日，中国科技咨询协会大学生实习基地建设工作正式启动。

2014 年 4 月 23 日，财政部发布中华人民共和国财政部令第 75 号——《财政部关于修改〈注册会计师全国统一考试办法〉的决定》。

2014 年 5 月 12 日，中国注册会计师协会印发《会计师事务所综合评价办法》。

2014 年 8 月 31 日，中华人民共和国第十二届全国人民代表大会常务委员会第十次会议通过了修改《中华人民共和国注册会计师法》等 5 部法律的决定。

2014 年 9 月 2 日，中国科技咨询协会官方微信公众平台开通。

2014 年 11 月 18 日，中国科技咨询协会召开“咨询公司人力资源开发研讨会”。

2014 年 11 月，中国工程咨询协会在北京召开年会，国家发展改革委副主任朱之鑫以及办公厅、投资司、人事司领导出席会议。朱之鑫做了经济形势辅导报告。会议审议通过了《工程咨询行业诚信建设实施办法（试行）》《咨询工程师（投资）继续教育暂行办法（试行）》《中国工程咨询协会分支机构管理办法（审议稿）》《工程咨询行业诚信建设纲要》《工程咨询行业诚信建设有关信息披露制度（试行）》《工程咨询服务合同范本》《执业检查自查申报表》等文件。

2014 年 11 月，国际咨询工程师联合会（菲迪克，FIDIC）认证工程师首期培训班在北京开班。培训是菲迪克认证工程师培训和认证试点项目的重要一环，首期培训班的举办标志着试点项目正式进入全面实施阶段。

2014 年 12 月 30 日，中国科技咨询协会召开贯彻《国务院关于加快科技服务业发展的若干意见》吹风会。

2014 年 12 月 30 日，中国科技咨询协会公布 2014 年“中国科技咨询协会咨询创新奖”获奖名单。

2014 年 12 月，中国注册会计师协会印发《高等学校财务报表审计指引》《中国注册会计师审计准则问题解答第 7 号——会计分录测试》等 7 项审计准则问题解答及《商业银行审计指引》。

三、中国咨询业转型期（2015—2021 年）

2015 年

2015 年 2 月 5 日，中国注册会计师协会印发《企业内部控制审计问题解答》。

2015 年 3 月 16 日，中国注册会计师行业党委、中国注册会计师协会印发《注册会计师行业“国际化建设年”主题活动实施方案》。

2015 年 3 月 26 日，中国注册会计师协会印发《中国注册会计师职业判断指南》。

2015 年 3 月 26 日，中国科技咨询协会发布《中国科技咨询协会科技成果评价规则》。

2015 年 4 月 17 日，中国科技咨询协会召开第五届“中国咨询业发展论坛”暨 2014 年年会，主题为：“迈向强国之路的中国科技新梦想”。

2015 年 5 月 20 日，《中国科技咨询协会工作委员会组织管理办法（试行）》发布。

2015 年 5 月 30 日，国家发展改革委发布第 26 号令，对《工程咨询单位资格认定办法》的部分条款予以修改。删除第八条第（一）项中的“2. 注册资金不低于 500 万元（事业单位除外）”，删除第九条第（一）项中的“2. 注册资金不低于 200 万元（事业单位除外）”，删除第十条第（一）项：“注册资金不低于 50 万元（事业单位除外）”。

2015 年 6 月，中国工程咨询协会在北京组织召开全国咨询工程师（投资）继续教育工作会议，成立由各地方协会负责教育培训工作的负责人参加的咨询工程师（投资）继续教育工作委员会。8 月 1 日，咨询工程师（投资）继续教育正式启动。

2015 年 6 月，人力资源社会保障部、国家发展改革委联合印发了《工程咨询（投资）专业技术人员职业资格制度暂行规定》和《咨询工程师（投资）职业资格考试实施办法》，文件规定中国工程咨询协会具体承担工程咨询（投资）专业技术人员职业资格评价工作，咨询工程师（投资）资格列入国家水平评价类职业资格目录。

2015 年 7 月 1 日，中国注册会计师协会修订发布《会计师事务所综合评价办法》。

2015 年 9 月 24 日，中国注册会计师协会印发《关于申报 2015 年会计师事务所信息化建设奖励的通知》。

2015 年 12 月 29 日，中国科技咨询协会成立创业导师工作委员会。

2015 年 12 月，民政部授予中国注册会计师协会“全国先进社会组织”称号。中国注册会计师协会党委“四位一体”服务行业发展的经验做法，被中央国家机关工委选树为“中央国家机关基层服务型党组织建设十大服务品牌”之一，在中央国家机关展示宣传。

2016 年

2016 年 3 月 18 日，中国科技咨询协会召开第六届“中国咨询业发展论坛”暨 2015 年年会，主题为“互联网 + 咨询”。会上选举产生了中国科技咨询协会第二届理事会理事成员和第二届理事会领导成员。第二届理事长为施祖麟，副理事长为郭辰健、张晓东、王德禄、闫同柱、孙兵、苏文忠、周江、周培康、璐羽，秘书长为璐羽。会上对 2015 年中国科技咨询协会职业咨询女性风采人物的获奖者进行表彰。

2016 年 4 月 6 日，中国注册会计师协会印发《会计师事务所财政支出绩效评价业务指引》。

2016 年 4 月 28 日，中国注册会计师行业党委、中国注册会计师协会印发《注册会计师行业“创新服务年”主题活动实施方案》。

2016 年 5 月 18 日，财政部党组印发《注册会计师行业“学党章党规、学系列讲话，做合格党员”学习教育的指导意见》。

2016 年 5 月 30 日，财政部党组印发《关于进一步深化注册会计师行业党的建设工作的指导意见》。

2016 年 7 月 5 日，《中共中央、国务院关于深化投融资体制改革的意见》印发，意见明确：建立政府投资范围定期评估调整机制，不断优化投资方向和结构，提高投资效率；改进和规范政府投资项目审批制，采用直接投资和资本金注入方式的项目，对经济社会发展、社会公众利益有重大影响或者投资规模较大的，要在咨询机构评估、公众参与、专家评议、风险评估等科学论证基础上，严格审批项目建议书、可行性研究报告、初步设计；要发挥工程咨询、金融、财务、法律等方面专业机构作用，提高项目决策的科学性、项目管理的专业性和项目实施的有效性。

2016 年 8 月 2 日，中国注册会计师协会被民政部评为 5A 等级（最高评估等级）全国性行业协会商会。

2016 年 9 月 4—23 日，中国科技咨询协会举办了“全球价值链视角下的企业研发能力建设国际研修班”，来自 8 个国家的 17 位学员参加了学习考察并按期结业，地点在北京、上海。

2016 年 11 月 2 日，中国注册会计师协会印发《会计师事务所品牌建设指南》。

2016 年 12 月 15 日，中国注册会计师协会印发《注册会计师行业发展规划（2016—2020 年）》《注册会计师行业信息化建设规划（2016—2020 年）》。

2016 年 12 月，中国工程咨询协会印发《工程咨询业 2016—2020 年发展规划》，推动工程咨询业“十三五”时期创新发展。

2017 年

2017 年 1 月 1 日，财政部印发《在审计报告中沟通关键审计事项》等 12 项中国注册会计师审计准则，于 2017 年 1 月 1 日首先在 A+H 股公司以及纯 H 股公司的审计业务中实施。

2017 年 2 月 28 日，中国注册会计师协会发布《〈中国注册会计师审计准则第 1504 号——在审计报告中沟通关键审计事项〉应用指南》等 16 项应用指南。

2017 年 3 月 21 日，中国注册会计师行业党委、中国注册会计师协会印发《注册会计师行业“质量提升年”主题活动实施方案》。

2017 年 3 月，中国工程咨询协会印发《工程咨询业深入贯彻落实中共中央国务院关于深化投融资体制改革的意见》的实施意见，推动工程咨询业转变理念、顺应深化改革与创新发展。

2017 年 4 月，中国工程咨询协会印发《工程咨询行业进一步服务好新时期“走出去”战略的指导意见》，提出要更好发挥工程咨询在“一带一路”、国际产能合作、对外援助中的作用，加快推动我国工程咨询机构“走出去”，向更高层次、更高水平、更宽领域发展。

2017 年 4 月，中国工程咨询协会印发《工程咨询行业诚信体系建设指引》，打造行业诚信体系，着力解决工程咨询市场诚信缺失的突出问题。

2017 年 6 月 14 日，中国科技咨询协会与智囊传媒、中国产业发展智库等多家机构在优客工场联合举办沙龙研讨，有 30 多位专家学者和企业界高层共同对话和交流。

2017 年 6 月 30 日，中国注册会计师协会印发《会计师事务所信息化促进工作方案》。

2017 年 6 月，菲迪克认证咨询工程师培训和认证试点项目举行第一次考试和认证工作，共有 500 余名考生通过考试和认证成为全球首批菲迪克认证咨询工程师，并获得菲迪克主席签发的证书。

2017 年 8 月 17 日，以“创新创业，思想同行”为主题的中国科技咨询协会“西藏首届（2017）创新创业高峰论坛”在拉萨众创空间的北大创业训练营西藏特训营的会议室举行。来自中国科技咨询协会的 40 多位资深咨询顾问和拉萨企业代表出席了会议。

2017 年 8 月 20 日，财政部印发中华人民共和国财政部令第 89 号——《会计师事务所执业许可和监督管理办法》。

2017 年 9 月 2 日，由中国科技咨询协会联合“钱学森大成智慧教育研究与实验”总课题组召开的“艺术教育科学探索和创新实践”研讨会在北京人民大会堂宾馆举行。

2017 年 9 月 22 日，国务院发布《国务院关于取消一批行政许可事项的决定》(国发〔2017〕46 号)，取消工程咨询单位资格认定。

2017 年 9 月，中国工程咨询协会印发《关于工程咨询业开展智库建设的指导意见》，推动加快我国工程咨询行业智库建设。

2017 年 10 月 26 日，中国注册会计师行业党委编发《会计师事务所支部工作法》。

2017 年 10 月，中国工程咨询协会完成与国家发展改革委脱钩。其后，各地方工程咨询（行业）协会也陆续完成与当地政府部门的脱钩工作。

2017 年 11 月 6 日，国家发展改革委发布《工程咨询行业管理办法》(国家发展改革委令 2017 年第 9 号)，工程咨询取消准入门槛，对工程咨询单位实行告知性备案管理，工作重心由事前行政许可转向事中事后监管。9 号令的颁布对于激发工程咨询单位及市场活力、规范行业持续健康发展具有重要意义。

2017 年 12 月 2 日，由中国科技咨询协会主办，江苏省钟楼经济开发区、常州市钟楼区科技局协办，中国科技咨询协会基金专业委员会、常州青枫资本管理有限公司、百度（常州）创新中心承办，常州市科技局、江苏省政府投资基金恚泉凯通智能制造产业投资基金支持的“精益创业精准转化”加速产业升级系列活动之常州智能制造专题研讨会在常州都喜天丽富都中航酒店成功举办。

2017 年 12 月 8 日，由中国科技咨询协会、上海市咨询业行业协会共同举办的中国科技咨询协会上海工作座谈会在上海科学会堂顺利召开。本次会议围绕咨询业行业发展现状，咨询行业面临的机遇与挑战、协会会员对协会的诉求等内容展开探讨。

2017 年 12 月 9 日，由中国科技咨询协会、江苏省科技咨询协会共同举办的中国科技咨询协会江苏调研座谈会在江苏省科学技术情报研究所召开。本次会议围绕随着中国经济转型、产业结构调整，咨询业应该随之怎样变化，协会会员对协会有怎样的需求等内容进行探讨。

2017 年 12 月 18 日，中国工程咨询协会印发《工程咨询业贯彻新发展理念的指导意见》，全面贯彻落实党的十八届五中全会提出的创新、协调、绿色、开放、共享新发展理念。

2018 年

2018 年 1 月 2 日，中国注册会计师协会发布《年度业务收入前 100 家会计师事务所信息发布办法》。

2018 年 1 月 18 日，2018 年“中国科技咨询协会咨询创新奖”申报活动启动。

2018 年 1 月，中国注册会计师协会《“五结合”打造“学习大课堂”平台服务队伍建设和行业发展》案例被中央国家机关工委评为“2017 年中央国家机关社会组织党建工作十佳案例”。

2018 年 3 月 20—23 日，中国科技咨询协会召开第七届“中国咨询业发展论坛”暨 2017 年年会，主题为“咨询创新驱动企业高质量发展”，会议地点在浙江台州。

2018 年 4 月 15 日，中国注册会计师协会发布《中国注册会计师审计准则问题解答第 14 号——关键审计事项》《中国注册会计师审计准则问题解答第 15 号——其他信息》。

2018 年 4 月 24 日，中国注册会计师行业党委、中国注册会计师协会印发《关于深入开展注册会计师行业“质量提升年”主题活动的通知》。

2018 年 6 月 1 日，中国科技咨询协会以“展现会员的前沿观点和视角，促进会员交流并服务社会”为宗旨，推出了“中国科技咨询协会人物访谈”活动。

2018 年 6 月 26 日，中国注册会计师协会第六次全国会员代表大会召开。财政部党组成员、副部长程丽华出席并讲话。大会选举产生了中国注册会计师协会第六届理事会领导机构，选举赵鸣骥担任中国注册会计师协会会长、陈毓圭担任中国注册会计师协会秘书长；审议通过了《中国注册会计师协会章程（修订）》《中国注册会计师协会会费管理办法（修订）》等。

2018 年 6 月 15 日，中国科技咨询协会召开 2018 年工作委员会会议。会议主要内容包括传达新通过的《中国科技咨询协会工作委员会管理办法》；各工作委员会汇报工作总结、工作规划；讨论今后工作委员会工作开展建议。

2018 年 6 月，中国工程咨询协会第六届会员代表大会召开。肖凤桐主持大会开幕式，国家发展改革委投资司副司长韩志峰致辞，中央国家机关工委、国家发展改革委、人力资源社会保障部有关领导出席。会议表决通过了新修订的《中国工程咨询协会章程》等文件，并选举肖凤桐为第六届理事会会长。

2018 年 6 月，中国工程咨询协会在北京召开首次工程咨询单位资信评价工作会议。

2018 年 7 月 1 日，中国科技咨询协会召开“进一步发挥科技成果评价在促进创新驱动中的作用”研讨会，旨在鼓励民间创新，促进技术成果转化，进一步做好专利成果评价、评估等服务工作。

2018 年 9 月 1—4 日，2018 年促进咨询人才发展研讨会暨地方协会工作会议在内蒙古额尔古纳市召开。会议探讨了中国科技咨询协会建立促进咨询人才发展规划的框架及实施方案。

2018 年 12 月 21 日，中国注册会计师协会常务理事会召开座谈会，总结交流改革开放 40 周年注册会计师行业发展经验。

2018 年 12 月 30 日，2018 年“中国科技咨询协会咨询创新奖”获奖名单发布。

2018 年，为全面系统总结行业发展现状、把握行业发展规律、展望行业前景，中国工程咨询协会第一次组织编写年度行业发展报告，并发布了 2017 年度《中国工程咨询行业发展报告》。此后，先后编写发布了《中国工程咨询 2018 年度行业发展报告》《中国工程咨询 2019 年度行业发展报告》《中国工程咨询 2020 年度行业发展报告》。

2019 年

2019 年 1 月，中国科技咨询协会公布 2018 年“中国科技咨询协会咨询创新奖”获奖名单。

2019 年 2 月 20 日，财政部发布《中国注册会计师审计准则第 1101 号——注册会计师的总体目标和审计工作的基本要求》等 18 项审计准则。

2019 年 2 月，中国科技咨询协会召开第八届“中国咨询业发展论坛”，主题为“咨询助力民营企业创新发展暨 2018 年中国科技咨询协会年会”，会上还举办了 2018 年“中国科技咨询协会咨询创新奖”颁奖仪式，地点在上海。

2019 年 3 月 15 日，财政部发布《关于修改〈注册会计师注册办法〉的决定》。

2019 年 4 月 29 日，中国注册会计师行业党委、中国注册会计师协会印发《注册会计师行业“职业化建设年”主题活动实施方案》。

2019 年 5 月 31 日，中国注册会计师协会召开第六届理事会第三次会议，选举舒惠好担任中国注册会计师协会理事、常务理事、秘书长。

2019 年 5 月，中国工程咨询协会在北京召开“工程咨询行业高质量发展论坛”。论坛邀请菲迪克主席、候任主席、副主席和秘书长以及宏观经济研究院专家和有关工程咨询单位负责人作形势分析和经验交流。

2019 年 5 月，中国科技咨询协会应邀去上海出席 APEC 中国工商理事会妇女领导力峰会。

2019 年 6 月 14 日，国家发展改革委、民政部、财政部等十部委联合印发《关于全面推开行业协会商会与行政机关脱钩改革的实施意见》，全国性行业协会商会脱钩改革名单不包括中国注册会计师协会。

2019 年 6 月，中国科技咨询协会与加拿大魁北克省圣劳伦斯咨询公司签署战略合作协议，并出席该机构在上海举办的国际会议。

2019 年 7 月 1 日，《政府投资条例》施行。《政府投资条例》是深化投融资体制改革的重点任务，将政府投资纳入法治轨道。《条例》规定：明确界定政府投资范围，确保政府投资聚焦重点、精准发力；明确政府投资的主要原则和基本要求；规范和优化政府投资决策程序，确保政府投资科学决策；明确政府投资年度计划的相关要求；严格项目实施和事中事后监管。

2019 年 8 月，中国工程咨询协会组织全行业开展庆祝新中国成立 70 周年主题系列活动，以“咨询服务发展，建设美丽中国”为主题，通过不同活动形式展现工程咨询行业取得的丰硕成果、发生的巨大变化，充分展示新时代新面貌，凸显行业在中国特色社会主义建设中的使命与担当。

2019 年 9—12 月，根据中央主题教育工作部署，在财政部党组的领导下，中国注册会计师协会联合中国资产评估协会制定《会计师事务所资产评估机构开展“不忘初心、牢记使命”主题教育的指导意见》，组织开展全行业主题教育，成立包含财政部党组成员的领导小组，并成立 6 个指导组对 31 个省份开展巡回指导。

2019 年 9 月 18—20 日，中国注册会计师协会举办“注册会计师行业诚信教育远程示范培训班”，全国 32 家地方注册会计师协会设置了近 300 个分会场，共约 1.65 万人参加，培训期间举办了行业诚信宣誓活动。

2019 年 9 月，中国科技咨询协会受邀参加“广东河源 5G 应用暨行业人才高峰论坛”。

2019 年 10 月，中国科技咨询协会举办了“纪念中华人民共和国成立 70 周年咨询征文活动”。

2019 年 11 月，为推动工程咨询行业服务“一带一路”建设，中国工程咨询协会在北京召开“咨询引领，提升中国软实力”论坛。

2019 年 11—12 月，菲迪克工程师培训和认证管理委员会在北京、广州、杭州三地组织举行了“菲迪克认证咨询工程师认证”首次考试。

2019 年 11 月，中国科技咨询协会召开系列“新时期咨询服务转型研讨会”，结合机构调研，提出了新时期中国科技咨询协会 10 项新工作。

2019 年 12 月，中国科技咨询协会与天津市科技咨询业协会联合举办首届咨询师职业能力训练活动。

2019 年 12 月，中国科技咨询协会作为指导单位，参加了中国数据智能高峰论坛暨第九届中国大数据应用金玲奖颁奖盛典并致辞。

2019 年 12 月，中国科技咨询协会组织编写的《中国咨询业发展蓝皮书》初稿完成。

2020 年

2020 年 1 月 19 日，中国科技咨询协会召开《中国咨询业发展蓝皮书》初稿第二次研讨会。

2020 年 1 月 24 日，中国注册会计师协会发布《致中国注册会计师协会广大会员及从业人员的信》，引导会员和从业人员正确认识对待疫情，掌握科学防护知识和方法，确保身体健康和生命安全，及时报告疫情动态。

2020 年 2 月 5 日，中国科技咨询协会向全国咨询机构发起“咨询机构在疫情期间提供免费咨询服务的倡议”，随后向社会动态公布在疫情期间积极响应倡议为各企业免费咨询服务的机构名单。

2020 年 2 月 7 日，中国科技咨询协会因疫情关系，部署查询全球著名咨询公司数字化转型的有关资料工作。

2020 年 2 月 28 日，中国注册会计师协会印发《关于统筹推进新冠肺炎疫情防控和注册会计师行业工作的通知》。

2020 年 2 月，为贯彻党中央决策部署，打赢疫情防控阻击战，推进复工复产，中国工程咨询协会发布《众志成城，共克时艰，我们一起行动——中国工程咨询协会抗击新型冠状病毒感染肺炎疫情倡议书》《关于做好工程咨询服务助力打赢疫情防控阻击战的意见》等文件。

2020 年 3 月 20 日，中国注册会计师协会印发《关于在新冠肺炎疫情下执行审计工作的指导意见》，指导会计师事务所在疫情下做好 2019 年度财务报表审计工作，确保审计质量。

2020 年 4 月 10 日，中国科技咨询协会通过线上组织召开了有关“新基建”咨询的第一次工作研讨会。

2020 年 4 月 22 日，财政部监督评价局、中国注册会计师协会联合发布《加强注册会计师行业联合监管若干措施》。

2020 年 4 月 27 日，中国注册会计师行业党委、中国注册会计师协会印发《注册会计师行业“质量管理提升年”主题活动实施方案》。

2020 年 6 月 9 日，中国科技咨询协会启动 2020 年“中国科技咨询协会咨询创新奖”申报工作。

2020 年 6 月 29 日，中国科技咨询协会线上召开“地摊经济生命力”主题研讨会。

2020 年 6 月，中国科技咨询协会组织编写的《中国咨询业发展蓝皮书》在各方的支持和努力下完成了编纂工作。

2020 年 8 月，为贯彻国务院《深化标准化工作改革方案》，加快落实《中华人民共和国标准化法》的要求，中国工程咨询协会先后出台《中国工程咨询协会团体标准管理办法》《中国工程咨询协会团体标准工作细则》《中国工程咨询协会标准化工作委员会工作规则》（试行）。

2020 年 8 月，中国科技咨询协会与科技部正式脱钩。

2020 年 9 月 11—27 日，中国科技咨询协会全月召开 6 次线上“中国咨询业发展趋势研讨会”。

2020 年 10 月 20 日，中国科技咨询协会发布《中国科技咨询协会团体标准管理办法》。

2020 年 12 月 18 日，中国科技咨询协会启动开展 2020 年“最佳咨询实践案例”编撰活动。

2020 年 12 月 28 日，中国科技咨询协会发布 2020 年“中国科技咨询协会咨询创新奖”获奖名单。

2020 年 12 月 31 日，《中国咨询业发展蓝皮书》最终稿交付科学技术文献出版社出版。

2021 年

2021 年 1 月，中国科技咨询协会团体标准在全国团体标准信息平台进行了注册。

2021 年 1 月，《中国咨询业发展蓝皮书》正式出版。

2021 年 1 月，中国科技咨询协会制订完成了 2021 年团体标准工作计划。

2021 年 2 月，中国科技咨询协会基本确立云端“咨询业发展资料博物馆”框架。

2021 年 3 月，为推动工程咨询行业品牌建设，规范行业行为，提高行业自律水平，推动行业高质量发展，中国工程咨询协会印发《工程咨询单位排名办法（试行）》。

2021 年 3 月，中国科技咨询协会 2020 年“最佳咨询实践案例”完成。

2021 年 3 月，中国科技咨询协会提出协会未来三年发展的三大发展战略。

2021 年 4 月 25 日—5 月 6 日，中国科技咨询协会启动了对上海市、江苏省及安徽省咨询机构调研活动。

2021 年 4 月 26 日，中国科技咨询协会主办第九届“中国咨询业发展论坛”，主题为“突破自我，放眼未来”暨 2020 年“咨询创新奖”颁奖盛典。

2021 年 5 月 18 日，中央和国家机关行业协会商会党委正式接收中国科技咨询协会的党组织关系。

2021 年 5 月 25 日—6 月 11 日，中国科技咨询协会启动了对河南省和湖南省咨询机构的调研活动。

2021 年 6 月，中国科技咨询协会参加中央和国家机关行业协会商会党委党史学习教育推进暨党建工作培训会。

2021 年 7 月，中国科技咨询协会参加了中央和国家机关行业协会商会党委部署的建党百年的系列活动。

2021 年 7 月，中国科技咨询协会撰写并完成五省市调研报告。

2021 年 8 月，中国科技咨询协会启动编制《中国科技咨询协会管理与技术咨询指南》团体标准，完成研制团队组建。

2021 年 9 月，中国工程咨询协会荣获“2021 年度菲迪克最佳协会奖”。

2021 年 9 月，中国科技咨询协会参加民政部组织的全国性社会组织未按期换届督促整改视频会议。

2021 年 10 月，2020 年度工程咨询单位营业收入 100 强和智库型单位影响力 30 强公布。

2021 年 10 月，中国科技咨询协会启动中国咨询业发展 40 周年纪念活动。邀请相关协会一起共同编写中国咨询业发展 40 周年的大事记。

2021 年 10 月，为庆祝建党 100 周年，中国工程咨询协会组织编辑出版《当惊世界殊——菲迪克工程项目奖中国获奖工程集》，展示中国工程咨询业取得的重大成就。

2021 年 10 月，国家市场监督管理总局和国家标准化管理委员会发布我国工程咨询行业首个国家标准《工程咨询　基本术语》（GB/Z 40846—2021）。

2021 年 11 月，中国科技咨询协会向会员发出了《关于认真学习贯彻党的十九届六中全会精神的通知》。

2021 年 11 月，中国工程咨询协会发布《水利水电工程全过程工程咨询服务导则》。

2021 年 12 月 3 日，中国科技咨询协会组织召开《中国科技咨询协会管理与技术咨询服务指南》团体标准小组工作汇总研讨会。

2021 年 12 月 31 日，中国工程咨询协会、中国注册会计师协会和中国科技咨询协会共同联手，通力合作，完成中国咨询业发展 40 年大事记。

在我国咨询业发展过程中，党和国家领导人历来高度重视，在工程咨询业发展方面，多位国家领导同志先后多次对工程咨询机构和中国工程咨询协会做出重要指示、批示和题词，指出工程咨询工作很重要，关系着数以亿计的国家财富的合理使用和节约，要坚持先咨询后决策，确保投资质量效益，希望工程咨询机构锐意进取、开拓创新，诚信为本、优质高效，始终秉持“敢言、多谋、善断”，努力攀登国际先进水平的高峰，并勉励中国工程咨询协会与时俱进、积极作为，认真组织学习利用国内外先进技术和管理方法，不断总结经验，更好地为提高经济效益和加速经济发展服务。

在注册会计师行业领域，党中央历来高度重视注册会计师事业发展，习近平总书记多次对行业改革发展做出重要指示批示，并于2010年亲临行业视察。习近平总书记关于行业紧紧抓住服务国家建设主题和诚信建设主线、加强会计审计机构和专业化队伍建设、发挥财会监督作用等系列重要论述，为行业改革发展提供了根本遵循。40年来，在党中央的坚强领导下，中国注册会计师行业坚持服务国家建设，从无到有、由弱变强，从国内走向国际，行业诚信建设扎实推进，服务领域不断拓展，服务品种持续创新，成为促进经济社会健康发展的重要力量。40年来，财政部始终把注册会计师事业作为财政事业的重要组成部分，建立健全促进行业高质量发展的政策措施，优化行业监管，行业法律制度不断健全，队伍规模不断壮大，执业行为持续规范，影响力稳步提升，行业党建和协会建设持续深化，日益成为党和国家信赖和倚重的一支专业力量。

2021年12月31日完成

后　记

认识我们：中国科技咨询协会

中国科技咨询协会是经国务院批准，2003年在民政部正式注册的非营利自律性管理的咨询行业协会。

她自成立以来，逐渐明确了自己的责任和工作范围，并面对各种挑战，与广大会员一道积极应对，维护职业行为准则。

我们的宗旨：协助会员不断提升其服务能力，确保为客户提供高水平的服务。

我们的使命：维护职业行为准则，树立本行业在公众心目中的社会形象，促进会员与社会各界之间的相互理解和信任。

我们的工作目标：为了完成以上使命，协会制定了以下工作目标。

（1）开发、改善和激励职业咨询实践活动；

（2）开展咨询业可持续发展规划和行为研究；

（3）促进社会对咨询技能、科学性、实践效果和咨询角色的开发和理解；

（4）就会员共同关心的问题与产业界、科技界、教育界、专业机构进行合作；

（5）对影响咨询行业的直接和普遍性问题发表观点，并阐明立场；

（6）为赢得客户的信任和尊重，维护和贯彻“执业行为准则”；

（7）组织研究有关咨询行业发展的重大理论和实际问题。

通过开展各种活动，发挥咨询行业的引领作用：

（1）定期业内研讨会；

（2）定期业内培训；

（3）实时从业人员职业能力综合测评；

（4）咨询创新奖、女性风采人物奖；

（5）国内外业务交流与合作；

（6）向潜在客户推荐选聘咨询公司（顾问）的方法和技能；

（7）向潜在客户推荐会员的咨询服务；

（8）行业年度会议；

（9）咨询行业发展研究报告。

愿你与我们同行，迎接美好的明天！